文庫

反=日本語論

蓮實重彦

筑摩書房

反=日本語論【目次】

反＝日本語論

à Chantal et Omi

序章

パスカルにさからって

古典主義的神童

今日では誰もが『パンセ』と呼ばれる一冊の書物として知っているキリスト教弁証論を書いた十七世紀フランスの思想家ブレーズ・パスカル、もっとも、書いたといっても、彼はその論証体系の構造を明示することなく、未刊の草稿を幾綴りもの紙片のまま残して三十九歳の若さで死ななければならなかったのだが、そのことによってかえって、天才と夭折との神話的結合ぶりを正当化しているかにみえるパスカルは、姉ジルベルトの回想によると、すでに幼少期から、「神童」にふさわしい孤独にして特権的な視線によって、世界の諸々の相貌を鋭く解読していたらしい。十二歳という年齢で、独力で「三角形の内角の和は二直角である」というユークリッド幾何学の定理の証明に熱中し、古くからヨーロッパで用いられていた貨幣単位の十二進法を十進法に換算するための計算器を二十歳にならずして発明し、トリチェリの「真空実験」に刺激されて『流体平衡論』をほぼ三十歳ごろまでに書きあげている科学者パスカルを彩る諸挿話は、確かに「神童」の名にふさわしい彼の青春を鮮明な輪郭のもとにわれわれに提示している。姉のジルベルトは、パスカルのこうした「科学的」独創性の基礎となったものが、父親エティエンヌの特異な教育法にあったことを証言しているが、その父親という人は、いわゆる「法服貴族」であって、十六世紀の「文芸復興期」いらいのフランス文化の中心的な担い手として、その子弟たちの教育を中世のスコラ神学から解放する重要な役割りをはたした一人だといえよう。この「法服貴族」と呼ばれる中間的階級の独特な疎外意識の実態は、すでに翻訳もあるリュシアン・ゴールドマンの『隠れたる神』（山形頼洋訳、社会思想社）に詳しいので参照されたいが、年金生活者として余暇を送りながら数学や音楽への実証的な分析を深めて行った父エティエンヌにとって、息子ブレーズの学問への接近をさまざまな試みによって、準備し実践して行ったとき、そこにあったのは、ゴールドマンのいう中間階級としての疎外意識というより、階級的上昇の気運に乗った「自由」の実感だったことは間違いないと思う。

では、幼少期のブレーズを「実証的科学」へと導いたというエティエンヌの特異な教育法とは、実際にはいかなるものであったのか。

「弟は一度たりとも学校へ入ったことはなく、父以外に教師を持ったことがない」と証言する姉のジルベルトは、父親がその一人息子に施した教育の一環を、こんなふうに記述している。

この教育にあたっての父の基本方針は、この子をつねにその勉強より上においておくことであった。その理由から、弟が十二歳になるまではラテン語を教え始めようとしなかった。そのころになったほうが楽にできるだろうからである。

　それまでのあいだもただほってはおかなかった。なぜなら弟にわかると思われたすべてのことについて話したからである。いろいろな国語というものがどういうものであるかを一般的に教え、それらの国語がどういうふうにして一定の規定のもとに文法としてまとめられたか、それらの規則にはさらにいろいろの例外があり、その例外もそれぞれ銘記されていること、そしてこのようにして、すべての国語を、一つの国から他の国へとつうじさせることができるようにする手段が見つかったのだということを、父は教えた。こうした一般的概念が弟の考えをはっきりさせ、文法の規則というものの存在理由を理解させた。それで、いよいよ文法を学ぶ段になったときには、弟はなぜそれを学ぶのかをすでに知っており、一番しっかりやらなければいけないところを、まさにしっかりやったのである。(前田陽一著、『パスカル』中公新書、傍点引用者)

　かつて、学生時代に前田陽一教授のパスカルの演習に参加してこの挿話に接したとき、この引用の「いろいろな国語というものがどういうものであるかを一般的に教え」という部分にある種の衝撃を感じたので深く記憶にとどめているこの教育法には、幾つかの問題点が生なましく語られている。それはまず、父が当時はそれが学問の別名にほかならなかったラテン語教育の時期を意図的に遅らせている点であり、次に、幾つかの国語について の一般概念を教え、その上で比較対照へと向っている点であり、最後に、文法の規則の存在理由を子供に教え込むことであらかじめ問題点を理解させてしまうというやり方である。この第一の点、つまりラテン語教育をめぐる新機軸という問題は、それが、フランス語による最初の哲学的著作たるルネ・デカルトの『方法序説』が発表された十七世紀前半のことであれば、ラテン語万能のスコラ的教育法へのいささかカテゴリックな反抗というかたちで理解できそうな事実である。フランス語の浄化と洗練を目ざしたさまざまな制度的な場が、たとえばアカデミー・フランセーズのごとく絶対主義王権の確立への一環として政治的に設置されようとする時代であっただけに、現在進行しつつある事態からそれにふさわしい未来への展開を獲得せんとする革新的な視点の持ち主にとっては、むしろきわめて「自然」な、「歴史的」姿勢であったかもしれないのだ。だが、次の二点、すなわち言語の「一般概念」と「文法的規則」という問題は、時代の特質を如実に示す「歴史的」姿勢というよりは、むしろ普遍的な態度、言語教育一般について敷衍した上で、今日でもその妥当性を論じうる「非歴史的」な姿勢であるように思われる。事実、前田教授も、「モンテーニュの父が、息子が生まれるとすぐまわりでラテン語ばかり使わせて母国語のように覚えさせたのと比べて、学習法自体としては優れていたとは言えないが」と、一つの価値判断を下しておられるし、また、外国語教育にたずさわる筆者自身の体験からしても、現代の日本という特殊な文化的状況にあってさえ評価の対象たりうる、普遍的な姿勢であるかとも思われるのだ。つまり、一国語の習得にあたって、個体を無意識のまま言語体系の中に泳がせるか、それとも意図的に差異の一覧表と対決させるか、そのいずれがより有効な方法であろうかという二者択一をわれわれに迫る、重要な問題がそこに提起されているのではないか。そしてその問題は、たまたま母親が外国人であったために、日常生活にあっては二カ国語を話すべく運命づけられた子供を持つ筆者自身にとって、子供が言語的生活を旺盛に開始しようとする時期には、パスカルの父親の「言語の一般概念」、「文法の規則性」といった問題が、言葉で世界を触知せんとする瞬間の子供を前にするこちらの意識を揺さぶり続けていたものだった。子供の教育に専念しうるほどの余暇をもたらす年金などに恵まれてはいない自分としては、いまではかなりの器用さでフランス語と日本語とを使いわける子供に向って、いつか、「言語の一般概念」と「文法の規則性」とを秩序だって教え込むべきであろうか。あるいは、その時期はもう過ぎてしまっているのかもしれぬ。いずれにせよ、フランスの幼稚園を二つと、日本のものを二つ制度的な教育機関として体験してしまった子供は、すでに幼少期から「父親いがいの教師」を何人か持っていたし、三年前の四月からは日本の小学校で更に多くの教師との接触を持ちはじめている。別だん二十世紀のパスカルに仕立てあげようとする野心があるわけではなく、ただ、子供に二つの母国語を与えてしまったことの責任を、何らかのかたちで果しておきたいというだけの気持からではあるが、子供と同じ環境に置かれた何人かの混血の少年・少女が、言語障害に近い例症を呈している例を知っている以上、「言語の一般概念」と「文法の規則性」というパスカル的主題が、言語習得を超えた人格形成の次元で、避けて通ることの不可能な局面をかたちづくっているかに思われたのだ。

だから、情操教育といった高尚な見地からではなく、ただ、ふとしたはずみでベッドのかたわらに置いておいたレコードに異様な関心を示し、ほぼ一歳を過ぎたころから機嫌のいい時など「オディーット」と叫び、ドーナッツ盤のありかを指し示し、「オディーット、オレ、オレ」と文節化しうる文章を口ばしり、それがわれわれの家庭での公用語ともいうべきフランス語の Le disque où il est?（ル・ディスク、ウ・イ・レ）をなぞったものだと気がついたとき、同じ状況であれば「レコード、どこ？」と口にするはずの父親としては、思わずパスカルを想起せずにはいられなかったのだ。彼が「オディーット」と呼ぶ le disque が日本語では「レコード」といわれる事実を、そして彼が「オレ・オレ」と口にすれば充分だと信じている文章が日本語では「どこ？」の二語で表現されるといった事実を、いつか「言語の一般概念」と「文法の規則性」の面から説明しなければならないのだろうか。だが、子供が現実に体験した言語学習法は、パスカルのそれにはさからったかたちでなされ、むしろモンテーニュ的方法が、より徹底性を欠いた妥協的なかたちをとって続けられた。そして九歳に達したいま、子供は「オディーット！」と絶叫した記憶をいささかもとどめてはおらず、フランス語の le disque が「レコード」に当ることももちろん承知しているし、もはや「どこ？」を「オレ・オレ」とは口にせず、疑問文の創造の規則に従って Où est-il? と発音する。それればかりではない。時と状況に応じて、両親を罵倒する間投詞を、たくみに日本語とフランス語を選びわけて浴びせかけさえするのだ。つまり、「一般性」と「規則性」は、すでに二カ国語とも子供にあっては獲得されてしまっているのであり、そこに至るまでの彼の旺盛な、というより自然な好奇心の発露が父親の怠惰と非力をなかば救ったかたちになったのである。この経験的な事実からして、パスカル的言語習得法は、父親にとって一つの固定観念であることをやめはじめたように思う。だが、それは単なる怠惰の正当化ゆえにではない。そうではなくて、「言語の一般性」および「文法の規則性」という主題そのものが、実はそれ自体としてはいささかも「一般的」な概念ではなく、むしろきわめて特殊な、「フランス十七世紀＝古典主義的」な言語概念の反映にすぎない点が次第に明らかになってきたからである。つまりパスカルは、すぐれて「古典主義的な神童」、つまりは歴史的条件に規定された「神童」だったのであり、彼がこうむった言語教育を「普遍的」な問題としてあつかってはならないと思うにいたったのだ。その事実は、後に詳しく検討するとして、当面は、子供の言語体験を跡づけながら、彼がフランスの幼稚園で経験した幾つかの「話し言葉」の教育を紹介してみたいと思う。

「マロニエの木の下で……」

まず、子供にとっての言語的環境を要約しておこう。彼は、昭和四十二年末に東京で生まれ、今日に至るまで、フランス語を母国語とする母親と、日本語を母国語とする父親を両親として持ち続けた。二歳のはじめの六カ月と、四歳から五歳にかけての一年間をフランスで過したほかは、ほぼ二年に一度のわりで繰り返される夏休みのヨーロッパ滞在をのぞいて、日本の首府に定住している。家庭では、原則としてフランス語のみを使用する。それは、たまたま日本人の父親の話すフランス語がフランス人の母親が話す日本語より流暢であったからという理由によるものだ。テレヴィジョンは、小学校に入る前は、朝九時から十時までの低学年向けのNHK第三チャンネルと、夕方五時からの第八チャンネルの子供番組、並びに六時からの第三チャンネルの中国語、スペイン語番組を二歳半ごろから見はじめ、それ以外のものは、両親の趣味とそれに続くピアノのおけいこを強要して絶対に見せなかった（パリの中国料理屋で「ニー・メン・ハオ」と口にして、それが通じたことに彼は驚嘆したが、今日に至るも、大して単語数は増していない）。兄弟姉妹を持たず、従弟もいないので、二歳半から幼稚園に通わされ、フランス滞在中、二つ幼稚園を知り、帰国後、前とは別の日本の幼稚園に入った。フランスに到着して二カ月、日本に帰ってほぼ三カ月、新たな環境への順応にやや苛立ったが、それを過ぎると、フランスではフランス語が、日本では日本語が彼の無意識的思考をより強く操作しはじめる。独りごとを口にするときの国語に変化が生じ、眠る前に語ってきかせる「お話し」の言葉を、自分から指定するようになる。九歳を迎えたばかりの今日では、その言語的環境の増大と濃密化とともに日本語的思考をより自然なものとして身につけ、母親と手をつないで散歩しているときでも、西欧人をみかけると「ガイジーン！」と指さす。彼にいわせると、フランスの幼稚園で、何度説明しても「シノワ（中国人）」と呼ばれたことへの国粋主義的な反撃なのだそうだ。もっとも、今でも子供同士で言い争っているときなど、言葉につまると、フランス時代の思い出がよみがえって、「キャピタリスト（資本主義者め）！」とか「コロニアリスト（植民地主義者め）！」とやりかえし、相手をキョトンとさせたりする。だが、結論として、彼は自分を日本人であると深く信じ、パリよりも東京を愛して母親をなげかせるが、それはせいぜい東京の電車の系統がパリの地下鉄より豊富であるといった理由からであるにすぎない。だいいち、「カブシキガイシャ」の私鉄がパリにはないし、「私鉄」「国鉄」が「地下鉄」と「ノリイレ」しているなんて、東京だけじゃないか。ところで「ノリイレ」ってフランス語で何ていうのといわれて父親はぐっとつまり、和仏辞典を引いてみると「都心まで〜れる（私鉄などが）」とあって、pénétrer jusqu'au centre de la ville と訳されてはいるが、これは「説明」であって「訳」ではない。確かにパリには、昔から「ソー線」というのがあって地下鉄区間に国鉄が乗り入れているし、最近も郊外直結の急行の地下鉄が国鉄と乗り入れを始めて、そんな記事を「週刊誌」の一つで読んだ気がするので、さがしてみるが見当らず、状況を説明して妻に救いを求めてみても、そんな便利な単語はフランス語には存在しないという。そこで、ね、やっぱり東京の方がパリより面白いでしょといったことになり、両親は、それぞれ子供の反応に不満なのだが、「ノリイレ」に相当する呪文のような言葉を発見しない限り、彼に翻意を促すことはできないのだ。そして子供は、その勝ち誇った気持を、あの「ネーッ」といういや味な日本語でまず口にし、母親に向きなおって「Tu vois!」と念を入れる。

総じて、子供の頭の中にはわれわれが日頃使用するものとは全く異った字引きが存在していて、彼が無意識に機能させている解読板の仕組みには、しばしばおどろかされる。たとえば、英語の because にあたる接続詞はフランス語には car と parce que と二つ存在し、それを誰もが「何故なら」とか「というのは」と訳すことになっているが、子供の解読板は、それとはまるで違う表現を訳語としてはじきだす。つまり、彼にとって、parce que の日本語訳は、「だって」と「でも」の二つなのだ。なるほど、日常会話において「なぜ?」と問いを発すれば、人はきまって「でも」と答えるのである。これは、ある大学のフランス語の授業で試みてみて、子供の正しさを確認しえたことだが、初級文法を終えた程度の学生に、parce que は日本語の何という言葉にあたるかとたずねてみると、どの学校へ行っても答えは「なぜなら」となる。そこで、「どうして parce que はなぜならとなるのか」と問い続けると、必ず、だって、そう習いましたとか、でも、辞書にそう書いてありますと彼らは弁じたてるのだ。ほら、そのだってとでもとが parce que なのだというと、みんな言葉の神秘に触れたように感心しているが、実はそのとき得意げな顔の奥で、フランス語教師はその限界と無力感をかみしめているのだ。

　いまでこそ自分を日本語も話す日本人だと信じきっている子供は、しかし三歳半をちょっとまわったころにフランスに着いたときは、日本人でもなければフランス人でもなかった。外界の事物やできごとを旺盛な好奇心で吸収するだけで、無言のうちに遂行されていた拒絶や排除をあからさまに顕示することなく、新たな環境としてのフランスに浸りきってゆくかに見えた。といっても、それはある程度楽天的になって子供の順応能力に信頼を置いていただけで、実は、パリの幼稚園という徹底して閉ざされた世界の内部で何が進行しつつあったかを、両親はほとんど知ることがなかったのである。正門を入ると校庭があって、その奥に校舎がT字型だのL字型だのに拡がっている日本の学校建築からすると、まるで兵営か警察署かなんぞのように厳しく街路を見降しているフランスの学校は、まるで両親の心の随行をも拒否するかのように冷たくその玄関を外界にさらしている。が、本当のところは、日本の学校のあけっぴろげな空間が、その周辺部に不可視の幕を張りめぐらせて児童を社会から、世界から、大人から保護し、隔離しているのとは反対に、フランスの学校は、子供たちを両親から無残に引き離すかにみえて、実は大人たちの社会とじかに通じあった「社会」へと投入しているのだ。だからそこで求められるのは、子供たちが如何に大人たるにふさわしくある条件を獲得するかにかかっていて、子供っぽい無邪気さなどは人格評価の対象となどなりはしない。両親たちは、子供から引き離された瞬間、それ故安心して大人たる自分の時間を回復し、子供に邪魔されることのない一日を享受する。人間はおろか、たがいに顔を合わせても吼えたてることのないように教育された愛犬たちの人間をみつめるときのあのうらめしげな瞳、ああしたフランスの犬の瞳に似たものをフランスの子供たちは持っている。が、それでも幼稚園へ行きたくないなどと一度も口にしないばかりか、登校の時間が待ち遠しくてならないようなそぶりさえ見せていたところを見ると、そんな冷酷ともいえる環境が子供にとっては結構楽しかったらしい。十三区というかなり場末に近い界隈の公立の幼稚園と、六区の中心街の私立のそれとに、子供は朝の八時半から十一時半までと、午後一時半から四時半まで、毎日通い続けた。

あれは、子供が幼稚園に通いはじめて二カ月ほどたった折のことであったろうか。ある夕食のテーブルで、不意にわれわれは子供の詩の朗読に接してある種の感動を憶えたものだ。彼は、フォークを運ぶ手をとめると、人さし指を口に持っていって、両親たちの会話を中断すると、静聴をうながしてこう口にしたのだ。

Je me suis endormi,
Sous un marronnier.
Un moustique m'a piqué,
Je ne dormirai plus,
Sous un marronnier.

マロニエの木の下で、
寝込んでしまうと、
一疋の蚊にさされた。
マロニエの木の下では、
もう眠るのはやめよう。

彼は、ひと息にこれだけ言ってしまうと、今度はひたいのところに手をやって dans la tête（頭の中で）といいそえてから、一本の樹をあらわす身振りに続いて、眠る仕草、蚊が腕をさすそぶり、否定の仕草とを、無言のうちにいまの詩句をたどりなおすゆっくりしたリズムで演じたのだ。フランス語を母国語とする母親は、その朗読と演技とにほとんど涙を流さんばかりに感激した。その心の動きに共感した父親は、この詩句が、子供にとって生涯記憶から失われることのない言葉になると直観し、やはり深い感慨にふけった。子供は、やはりある種の満足を味わいつつ、食事を続けた。

この、とりたてて深い意味もない詩句の朗読は、それがはたして「詩」と呼びうるか否かは問わずにおくとするなら、幾つかの点で注目に値いする。まず、その詩の音節が「マロニエの木の下で」のリフレインにあたる原文の二行目と五行目を除くといずれも六つで、フランス人にとってもっとも自然なものと思われている、ラシーヌやコルネイユの古典劇と同じリズムを刻む十二音節のいわゆるアレクサンドランの基本的な単位をかたちづくっていること。われわれ日本人にとって親しみ深い七五調が、今日の幼稚園あるいは小学校の低学年でどんなに不当な扱いをうけているかを知っているなら、ここでまずフランス語に最もふさわしいリズムが頭からたたきこまれている点がわれわれの興味を惹く。またその過程で、リエゾンといった発音上の問題にも触れている点も面白い。言葉は、単語に還元されることなく、一連のスピーチ、すなわちディスクールとして憶えこまれているということなのだ。

次に注目されるのは、フランス語の習得にあたって最も複雑な動詞のうちで、過去と未来が含まれていること。とりわけ、日常語にあって多用される「複合過去型」が、動詞のうちでも特殊な代名動詞 s'endormir と、ごく普通の他動詞 piquer との対照によって明確にされているのだ。しかも、未来は「単純未来型」が、やはり「もはや〜しない」ne

〜plusという特殊な否定型とともに用いられてもいる。そして、「時制」の上でのかなり単純さが、詩句全体の発想の単純さと程よく調和しているといえよう。つまり、主題のな複雑さが、文法的規則の複雑さの理解をたすけているのである。

最後に注目すべきは、これが単に詩の暗記を目的としているのでなく、頭の中でいま一度繰り返されて、それにふさわしい動作を子供たちに演じさせている事実であろう。つまり、これは日本でいう「お遊戯」ではなく、日常生活における仕草と言葉のリズムとの必然的な関係を子供に認識させているのだ。たとえば、最後の「もう眠るのはやめよう」に伴って胸の前で左右にふられる人さし指の動きは、公園などの守衛が芝生に入った子供たちに近づいて行くときの否定の仕草そのままなのだ。

こうして言葉は、意味の異った単語の連鎖というより、一息の、動作を伴ったリズムとして体得される。いわば、生きられた一つの構文として子供たちの中に浸透してゆくのである。そして、ここで暗記される詩が、いささかも文学的ではないこと、つまり、大人だけがわかる文語体ではなく、また子供向きの捏造された幼児語でもなく、そのまま日常語として通用しうるものである点は、わが国の小学校における文章の朗読が、かりに口語調として想定された文体で書かれた文章であっても、いわゆる朗読調になってしまうことを思いあわせると、きわめて興味深い。すなわち、日本語には「口語」と「文語」の二つの文法が存在すると思われているが、実際には、「口語」とは「話しことば」の体系とは本質的に異った何ものかであり、最終的には「読みかた」と「書きかた」の問題なのであって、だからいわゆる「文語」も「口語」も書かれた字に従属するという共通の性格をそなえているのではないかと予想させるものが、この詩篇の分析を通じて明らかにされてくるのだ。日本語における「話し言葉」とは、おそらく「文語」とも「口語」とも違う第三の体系をかたちづくっていながら、まだその構造は描写されることも分析されることもなく、したがっていかなる制度的な場で教育されることもない、というのが現状ではないのか。

こうした問題は、より厳密な視点から改めて検討されねばならないが、確かなことは、フランスにおけるフランス語教育の第一歩が、「話しことば」、というより厳密には音声の連鎖を基盤にしているという点であり、このことを教えてくれるのが、「マロニエの木の下で」ではじまる五行の詩であるように思う。もちろん、小学校に入ればフランスの子供たちも字をならう。だが、それは、しかるべき字のつらなりがしかるべく発音されるという順序ではなく、しかるべき音はしかるべく綴られるという事実を彼らはそこで習得するのであり、その点で、この字はこう読むと教えられる日本人の場合とは順序が逆だというべきであろう。フランス人にとって困難なのは、書かれたものをどう読むかではなく、口にされている音のつらなりを如何に綴るかなのだ。比較的教養のない人から受けとった手紙が、見ただけでは何のことかさっぱりわからず、口に出して読んでみると簡単にわかるといった経験はフランスに滞在した人間になら誰にもあると思うが、これは、「構文法」

といわれるものがあくまで「音声言語」に従属するもので、文字に写されたものは音声の影でしかないという事実から来ているのだろう。そしておそらくは、われわれにとっての「西欧」とは、文字が音声の影にすぎないという言語的特性そのものをいかに触知するかという一点にかかっているといえるのだ。そのことの意味は、きわめて重い。それは、いったいどういうことなのか。その事実は、たとえば文芸上の諸ジャンルのうちで書かれるものとしての「小説」が、口にされ身振りで示される「詩」や「演劇」のかたわらで絶えず軽蔑され、しいたげられたジャンルであったということのうちに確認しうるものかもしれない。しばしばブルジョワジーの階級的上昇との関連で語られる十九世紀フランス小説の隆盛は、大革命以後に中央集権化された初等教育の場での、綴字法の普及を度外視しては理解しえない事実だと思うが、いずれにせよ、「西欧」は、いまから一世紀ほど前に、はじめて「書く」という言語的実践を知ったのである。もちろん、それ以前から「詩」や「演劇」は書かれていたが、あくまで「音声」を表象する補助的な手段として「文字」が使用されていたにすぎない。ところが、「小説」というしいたげられたジャンルが盛んになるにつれて「表象」であり「代理」的な技術にすぎない「文字」が奇妙な一人歩きを始めたのだ。そしていま、「西欧」は、「文字」の一人歩きを前にして戸惑い、途方に暮れ、しかもその動揺を躍起になってとりつくろおうとしている。そのことの意味をさぐってみよう。

美しさを超えて

言語が、おぼつかない手つきでではあっても言語自身についての距離と関係との測定をはじめたのは、フランスにおいては十七世紀、いわゆる古典主義時代になってのことである。美しいというよりは危険なまでに快いミシェル・フーコーの書物『言葉と物』（渡辺・佐々木訳、新潮社）は、思考を「表象＝代行《ルプレザンテ》」するものとしての自分の存在を確かなものとして触知するに至ったとき何が起るかを周到に分析している。言語が言語そのものととり結ぶべき関係は、十六世紀的特質としての「注釈」から「批評」へと向うとフーコーはいう。だが、言語は「表象」としてみずからを生きるものである以上、「批評」は、言語を「表象」するものとされるものとの間にある関係の「真実性」、「正確」さといった視点からしか言語に近づけなくなってしまう。つまり、言語とは、そのとき「純粋な機能、メカニスムの総体」に還元されてしまい、単語としていま語りつつあるときの言語の「現存の様態」を視界にとどめえないという限界性を示さざるをえなくなる。言語がこうした限界内でみずからを生きるとき、「批評」が展開さるべき特権的な地帯の一つとして、いわゆる「一般文法」なるものの概念がかたちづくられる。一六六〇年、『一般・理論文法』として刊行された書物、いわゆる「ポール・ロワイヤル文法」とは、いわばそうした風潮を反映しながら、「諸言語のなかには明瞭に再構成しうるある秩序が存在する」という考えに基いた「話す技術」に関する文法である。つまり「音声言語」の体系をめぐる規則であり、したがって、その解明は「論理学」に限りなく接近させ、ほとんどそれに従属させるに至るのだ。冒頭で触れたパスカルの父親の言語観、すなわち「言語の一般概念」と「文法の規則性」とは、こうしたきわめて特殊＝歴史的な潮流の中にあって最も合理的な教育法であったとはいえ、言語の「表象性」への信仰を堅持しているという意味で、決して普遍的な言語教育論理とはなりがたいのだ。「真理」の探究としての「哲学」、「神」の信仰としての「宗教」、とりわけ一神教としてのキリスト教は、当然のことながらこの「表象性」なしには成立しえないものだから、西欧とは、まさにこの「表象的思考」の総体であり、またそれと同時に、その「表象的思考」の崩壊のうちにいま「近代化」を獲得しつつあるものでもあるのだ。つまり、言語がその「嘘と真実」とを同時に露呈しつつその存在を顕示しはじめていらい、西欧それ自体としてあったはずの「表象性」そのものが苛酷な、そして同時に痛々しい批判の対象となったのである。

それは例えば、ジャック・デリダのいう「ロゴス中心思想」批判としての「グラマトロジー」構築の提起に如実にあらわれているものである。フーコーの著作がその危険なまでの快さによってある読みやすさの錯覚を与えうるものであったとすれば、デリダの『グラマトロジーについて』(邦題『根源の彼方に』足立和浩訳、現代思潮社)は、ほとんど苦痛なまでの難解さの印象を与えるが、デリダにとって、きわめて図式的に要約すれば、西欧の歴史とは、「話しことば＝声」による「書きことば＝文字」抑圧の歴史にほかならない。現代言語学の父といわれるフェルディナン・ド・ソシュールが、その『一般言語学講義』（邦題『言語学原論』小林英夫訳、岩波書店）の冒頭で「言語学」の対象を「音声言語」に限った事実が明瞭に示しているように、言語のあり方そのものとして「字」は「声」に隷属するものとみなされてきたのである。「ロゴス」に対して、「声」すなわち音はすでにそれ自体が「表象」なのだから、「字」すなわち「書きことば」とは「表象」の「表象」でしかなくなってしまう。ごく大ざっぱにいってしまえば、デリダのきわめて難解な言語的戦略とは、「音声言語」の圧政から「文字言語」を解放せんとする試みなのだ。その戦略が、いかなる困難を伴ったものであるかはここではとても詳述しがたいので、筆者のジャック・デリダ論（『フーコー・ドゥルーズ・デリダ』朝日出版社）を参照されたいが、いずれにせよ、こうした認識は、日本語を母国語として語り、話し、書き、読み、思考するわれわれにとっては、ほとんどその想像をこえたものだといわねばならない。今日、西欧において言語への関心が高まっているといった前提から、わが国でも言語をめぐる論述がいたるところで展開されているが、この、われわれの経験や想像をこえたところで展開されている西欧の「表象性批判」をあっさり通りこして、「言語とは何か」といった一般的、普遍的、かつ抽象的な設問を発してみたところで、それはまったく無償の饒舌というほかはないだろう。

いうまでもなく、いまここに挙げた二人の思想家は同じ視点を共有しあってはいない。いわば、「表象」の衣を脱ぎさった言葉がその生なましい表層を露呈しはじめていながら、いまなお言葉の裸の表情に視線を注ぐことを避け続けている西欧にいらだっているのがミシェル・フーコーであるとしたら、デリダは、「文字」という言葉の未知の相貌に戸惑う西欧が、その戸惑いを科学の名を借りて何とか隠蔽せんとする無意識の身振りのうちに、虚構の歴史を解体する契機をつかまんとしているのだ。だが彼らは、言語を語ることが、「言語」の領域をはるかに逸脱してしまうという必然に自覚的であるし、その過程で、体系としての言語の秩序が、言語ならざるものによって醜く汚染したものであるという現実を誰の目にも否定しがたい姿で浮かびあがらせてしまう。だというのに、いま、あたりにたち騒ぐあまたの「日本語論」は、たしかに乱れた表情を示してもいよう現在の日本語を前にしたいらだちを、正しさだの美しさだのの語彙によって解消せんと躍起になっている。かつて、日本語はこれほど醜いものではなかった。それが、敗戦後の漢字制限などをくぐりぬけて来た結果、今日のごとき貧しい状況に陥ってしまったとする郷愁が、一方にある。また他方に、日本語は、他の外国語に比較して決して劣ってはいないが、にもかかわらず外国語が妙にもてはやされ、日本語がいささか軽視されている現状があるとすれば、それはわれわれの外国文化の理解がいまだに不充分で、いたるところで真実が歪曲化されているからだと説く人たちがいる。その歪曲を正せば、日本人がみずからの国語に注ぐ視線はより正確なものとなるはずだと彼らはいう。そしてその二つの視点が手をたずさえると、日本語は、その失われていた美しさを回復し、正しさを目ざして再編成されねばならないといった展望が生まれ、いずれにせよ、その展望のもとでは、日本語の現状が正しさを欠いた醜い畸型性と断じられてしまう。それは、やがては修正さるべき誤謬、美しさに向って脱ぎすてるべき醜い仮の衣裳でしかないのだ。

たしかに、こうした「日本語論者」の視点にはそれなりの正当性がそなわっている。われわれが日々実践している言語的体験は途方もなく貧しいし、なし崩しの無秩序がいたるところで肯定されてゆく。だが、この混乱は、秩序によって統禦され、正しく美しい体系へとおさまってゆくときに姿を消すものとは思われない。というのも、かりに言葉がおさまるべき理想的な秩序があったにしても、その秩序の全貌を一目で把握しうるものは誰ひとりとしておらず、われわれが目にしているのは、たえず露呈した言葉の表層にすぎないからだ。秩序と思われたものは、ごく局部的な世界で凝固したかにみえる言葉たち、つまりは慣用というやつだ。そして、どうやら一定の秩序におさまっているかに見える慣用についてなら、その慣用を共有する人びとにとっての美しさなり正しさなりは口にしうるだろう。だが、その美しさと正しさの背後には、たえず凝固することのない言葉のうねりが、無秩序に渦巻いている。美しい日本語への郷愁も、正しい日本語への展望も、凝固する言葉の背後へと視線を注ぐ姿勢をとりあえず忘れたふりを装うことによってはじめて可能となるにすぎない。だが、怖ろしいのは、このとりあえず装われた忘却が、いつしか真実の忘却へと変容してしまうことだ。われわれが「文化」を語る場合に陥りがちなのは、どんな「文化」であれ必然的にはらみ持っているだろう負の局面、たとえば醜かったり、滑稽であったり、貧しかったり、愚かしく思われたりする局面を、一定の時がくれば常態に復するはずの一時的な錯誤、やがては快癒して秩序へと帰従する束の間の混乱とみなして視界の外へ追いやってしまうという欠点である。こうした姿勢は、先天的であれ一時的であれ病気に冒されたものを、人間の範疇から除外して健康者のみを人間とみなそうとする差別者の視点にほかなるまいが、この無意識の差別を弄ぶ人たちの思考は、当然のことながら抽象的たらざるをえまい。この書物は、いま、いたるところでくり拡げられている美しさという名の抽象、正しさという抽象への一つの批判として提出される。そのことが、このいささか大げさな『反＝日本語論』という題名をわずかなりとも正当化してくれればと思う。

いうまでもなく、この『反＝日本語論』は、正しさと美しさに対して、誤りと醜さを顕揚せんとするものではない。真の問題は、言葉について思考をめぐらせるものが、美しさと同時に醜さを、正しさと同時に誤りを口にすることの抽象を、自分自身に禁ずることにあるのだ。というのも、われわれの周囲に裸の表層を露呈する言葉は、いま、この瞬間、美しさや醜さを超えた生なましい現実としてあるからだ。それ故、これに続く部分では、生なましい現実としてある露呈された表層との戯れが語られることになるだろう。その戯れを支えてくれるのは、決して正しく美しい日本語を語りはしない妻と、日本語とフランス語とを同時に母国語として操る子供と、母国語ではないフランス語を、家庭的な必然と職業上の必要とから語り、かつ教えつつある筆者とが描きあげる日々の摩擦であり葛藤である。そしてその摩擦と葛藤は、ある刺激をもって筆者の感性をふるわせる幾つかの言語的な「作品」、たとえば日本の小説とかフランスの哲学・思想とかいったものの上にその反響を見出すこととなろう。だが、この書物の言葉は、その反響に誘われるまま、持続する摩擦と葛藤を快くすりぬけて、西欧と日本との比較文明論といったもっともらしい地平で均衡を回復したいと願ってはいない。そうではなく、言葉自身が生きる現在の相貌を不意撃ちし、みずからもその相貌によって不意撃ちされながら、言葉の限界領域を漂流しつづけ、言葉とともに生きることの息苦しさといらだちとを、どこまでも深めて行きたい。そうすることによって、言葉で言葉を語ろうとするものが、すでに言葉ならざる何ものかによって犯されているさまを、身をもってさぐりあててみたいのだ。言葉とは、本質においてある不自然な何ものかであろう。その不自然が自然であるかに錯覚されてしまうのはなぜか。迂回や逸脱によって進展する『反＝日本語論』に主題らしきものがあるとすれば、それは、この自然と不自然との大がかりなすりかえを操作するものの解明をおいてはほかにない。

I

滑稽さの彼岸に

あるイメージの記憶

なにも別だん斜に構えて無関心を誇示する必要もないし、軽蔑や敵意をちらつかせつつ批判めいた言辞を弄するほどの興味もないのだから、たとえばそれが世界に存在してしまうことを不当だと断じようとは思わぬが、さりとて積極的に好きになる理由も発見しがたいといった料理とか人の顔とか、とにかく曖昧にその脇をすりぬけてしまえばもうそれで充分だと納得しうる種類の何ものかの一つとしてテレヴィジョンと呼ばれる装置があるわけで、まあいってみればすべては趣味の問題に帰着しうるとするほかはないのだが、たぶん倖いなことにというべきだろう、妻もまたさりげなくその無関心を共有してくれるので、テレヴィジョンへの執着の希薄さは、もちろん「比較的」というほどのことだが、われわれの子供のうちに遺伝として確実に受けつがれている。というか、当年九歳になる一人息子は、両親との類似を装う術をしかるべく心得ていて、いまのところは反乱の気配すら示そうとはしない。

ときに麻薬を思わせるともいわれるあの受像器とかなりの距離を保ちつつ生きてきたことの代償として、では、子供が何を余計に手にしたかとなるとどうもあまりはっきりしないが、確かなことは、われわれの家庭の受像器が、といってもそれは今日の常識からすればいささかもテレヴィジョンには似ていない傷だらけの小型ポータブルなのだが、人目に触れる場所にはまず置かれていたためしがないという点であろう。だから子供の仲間たちが遊びにやってきたりすると、きまってやや不安げにきょろきょろしながら、きみんちにテレビはないの、と問いただすことになる。ないことはないけど、と息子はややはにかんで答える。じゃあ、どこにあんの。戸棚にしまってあるんだ。友達は、彼らがまだ知らない新式の眺めかたがまだこの装置に残されていたのかとたじろぎ、話題をそらせてしまう。

ところで、そんな挿話をのっけから持ちだしたのは、なにもテレヴィジョンの不在の効用について語るためではない。必要とあれば、イヤホーンを耳にさしこんで、画像と孤独に向いあうことがないわけではないのだから、われわれはこの装置を必要以上に貶めているのではない。そうではなくて、きわめて鮮明な輪郭におさまって記憶されている一つの番組のことを語りたいからこそ、まずテレヴィジョンへの希薄な関心を話しはじめたわけなのだが、そこに登場した人間たちの表情や、彼らが語った言葉までがそうした思い出の網にすくわれて残っていながら、それが受像器の上の画面のできごととはとても信じられないほどに孤立していて、それがどんな状況のもとで眺められたのかどうしても思い出すことができず、まるで、戸棚の扉ごしに、見えてはいない受像器から、直接頭の中に投影されたイメージのように思えてならないからである。

あれは、いつのことであったか。その番組で人はフランス語を話していた。とすると東京のことではなかった。では、舞台はパリだったのか。だが、パリほど、記憶の中でテレヴィジョンから遠い場所は存在しまい。ことによると、誰か知人の家、田舎の安宿の食堂のかたすみ、あるいは、パリ十四区の大学都市の地下室であったかも知れぬ。なにか、長い一日の終りの時刻、それも華やいだ雰囲気があたりにたちこめていたようにも思う。パーティーがはねた後とか、どこかへ食事に出かけての帰りがけとか、とにかく誰か親しい友人たちと顔を見あわせて笑った記憶がある。だとすれば、一九六二年から六五年にかけての第一回のフランス滞在の折のこととしか考えられない。それは、もう十年以上の昔になるが、では、あの細部の鮮明さはどこからくるのか。妻にはこの番組の記憶はまるでないという。それなら、しばしば行動をともにした仲間たち、これからフランス文学者になろうとしていた稲生永《いのうひさし》、文化人類学者になろうとしていた川田順造といった人たちが傍にいたのだろうか。

だが、フルシチョフの辞任とか、ケネディの暗殺とかいった特別の事件でもない限り、ブラウン管の前に並んで腰をおろすほど、われわれは暇な留学生ではなかったし、だいいち、そんなことが気晴らしになるほど、パリの夜は退屈ではなかったはずだ。では、この例外的な体験は、いかにして記憶の底にまぎれこんでしまったのか。

三人の少年

われわれが見入っていた画像には、というのはぼくとかわたくしとか自分とかいった確実な意識主体がそこにあったとはとても思えず、なにか曖昧に漂いだした幾つかの意識があったばかりなのでわれわれというほかはないのだが、その画像の上には三人の子供の顔が、ときにクローズアップとして浮きあがり、ときにゆったりとソファに身を埋めた全身像として捉えられている。いま一つの顔、たぶん大人のそれもあったかと思われるが、こちらは声として響いていただけかも知れず、いずれにしてもこの記憶の光景で演ずべき重要な役は担ってはいない。鮮明なのは、幼いとはいい切れぬが妙に大人びたところもない三つの顔、三つの声、三つの姿勢、三つの身振りであり、話されていた言葉はいずれもフランス語であったにもかかわらず、その抑揚は、たがいの容貌や仕草がそうであったように、決して同じものではない。それはその三人が、アメリカ人、ロシア人、それにフランス人の少年であったからだが、ほぼ中学に入りたてといったやや曖昧な年齢ながら、戸惑いや逡巡もなく言葉は淀みなく三つの口から流れでてくる。まず、一人ひとりが大写しで画面に姿を見せるとき、ややぎごちなく身構えるかと思えるが、その緊張をときほぐすかのように、季節の挨拶とか世間話などによって対話を滑走させようとする大人の声が、やがて彼らが語るべき共通の主題を、それぞれの状況に従って質問の形式にまとめあげてゆく。きみにとって、尊敬すべき人物とはどんな種類の人間のことか、あるいは、大きくなったら誰のようになりたいか、世界の名高い人物の名をかりてそれを語ってほしいというのが、ほぼ大人の声の投げかけた質問の大意である。三人の少年たちは、それぞれのやり方で言葉を選び、母国語を話す場合の身振りに乗せ、おそらく適当に編集されたものであろう画面の連鎖につれて、一貫した返答をつむぎあげてゆく。そのつど異っている背景からして、別々の場所で録画が行なわれたものと思われるが、実際にアメリカとソ連に派遣された特派員がインタヴューを試みて作りあげたというほど大げさな番組ではない。たぶん、パリに住むアメリカ人、ロシア人の子弟の中から選ばれた少年たちではないかと思うが、彼らが同じ場所で顔をあわせながら語りあった形跡はなく、明らかに構成された番組の中で同じ時間を共有しあっていたにすぎない。

はじめに画面に登場したアメリカ人の少年は、質問をきき終ってからおもむろに足を組みかえ、Well… といったたぐいの馴れ親しんだ合いの手を奪われたことから生じる居心地の悪さを、かけていた黒縁の眼鏡をはずしてそのはしを口もとに持って行く仕草で解消し、一呼吸おいてから、画面には映っていない質問者の方に向きなおった斜めの姿勢で語りはじめる。われわれ合衆国にとっての理想的な人物とは、一人の英雄的な指導者、それも民主的な手続きに従って選出された偉大な政治的指導者である。英雄は、歴史の中に数知れずに存在している。だが、現代における英雄の定義には、民主的な選出という手続きが不可欠のものである。ごく近い過去の不幸な出来事が、その過程を経ずに指導者となった人びとの陥りがちな誇大妄想といったものの危険性を教訓としてわれわれに示してくれる。だからこそ、と話を続けるアメリカ人の少年が選びとる単語と、その単語がおさまってゆく文脈的構造、そしてその構造が明らかにしてゆく少年の思考は、決して上手なフランス語で語られているわけではないが、あくまで一貫しており、一つの見解の出発点とそれがおさまるべき展望とを明確に予告している。だからこそ、われわれが必要としている英雄は、国民の利益をまもり、国民の意志を代表する指導者でなければならず、民意と遊離した独善は厳しく斥けられねばならぬ。人びとを戦争へとかりたてる英雄ではなくて、平和の確立に腐心する指導者、それこそが、われわれ合衆国の理想と、世界の理想とを調和せしめる人間だという意味で、真に尊敬に値いする人物というべきである。

では、そんな人物の一人として、あなたは誰のことを考えておいでですか、と、画面では見えない大人の声がたずねる。

そう、と眼鏡の少年は短くかりこまれた髪に手をやりながら再び足を組みかえていう。そう、あなたは例を挙げることをお望みですか。それなら、ヨーロッパの歴史が持ちえた最も国民的英雄、他国の侵略から国民をまもり、かつ世界の輿論とともにヨーロッパ大陸を不当な戦争から解放したチャーチルを挙げたいと思います。

ああ、第二次大戦当時のイギリスの首相ですね。大人の声は、少年の口にした固有名詞をフランス式に発音しなおして念を入れる。画面には、そのとき、例の勝利の指サインをかかげた肥満体の老人の写真が挿入されている。そう、われわれにとっての理想的な指導者、真に英雄的な指導者とは、ウィンストン・チャーチル卿その人です。大人になって、あらゆる状況が有利な条件をかたちづくってくれるようなことがあれば、ぼくは、チャーチルのような人間になりたい。そして、人びとが寄せる尊敬の念にこたえうる、真に英雄的な指導力を発揮してみたいと思う。そういいきると、母国語でなされたわけではない見解の表明が終ったことで強いられていたある身構えに終止符をうつといった按配に、少年はやや芝居がかった身振りではずしていた眼鏡をかけなおし、親指と中指とをそえて位置をただした。

続いて画面に登場したロシア人の少年は、絵に描いたようなヤンキーの優等生にくらべてどこといってきわだった特徴もない、ごくあたり前のヨーロッパの子供にみえ、そのそぶりも、むしろ西欧的に洗練され、ものごしもはるかにおだやかである。それは、まず、あなたとお話しする機会が持てて光栄ですといった台詞で対話を始めている点からも明らかだし、言葉の抑揚も目にみえておだやかで、やはりヨーロッパとは一つの旧大陸だったのだと納得せずにはいられないある自然な表情が、そこで交わりあう二つの声からも感じられる。どんな人間になりたいかと仰言るのですか。私は同国人の多くがそうであるように大変音楽を好みますから、音楽という世界共通の分野に限ってお話ししたいと思います。
そう、私は歌を歌うのが好きです。歌を歌っていると、人生が楽しく、未来への希望も明るくなる。ですからわたくしは、いつでも音楽と親しんでいるし、また大人になってからもこの趣味は持ちつづけたい。

しかし、とその少年は続ける。しかし、私は音楽が自分にもたらすこの無上の喜びを自分だけの楽しみとして独占せず、それを多くの人びととわかちあいたい。より多くの人たちを、この喜びの方へと引き寄せたい。そのためにも、私は勉強をつんで、秀れた芸術家になって、民衆の中に入って民衆のために歌を歌えたら幸福だと思います。あなたのお国にも、秀れた民衆芸術家がおられますね。常に民衆のために歌う歌手、イヴ・モンタン。素晴らしい芸術家だと思います。彼は私の国へもやって来て、多くの聴衆を前にして歌い、深い感動を与えました。そう、私は大きくなったら、イヴ・モンタンのような歌手になって、音楽により民衆たちの未来の力をやしない、いろいろな国々の人たちの相互理解に役だちたい。

その時、画面にはソ連でのリサイタルで歌うモンタンの舞台姿が映っていたように思うが、確かではない。別の機会に見た映画の光景が記憶の底で揺れているだけなのかもしれない。が、とにかく、チャーチルのVサインに続いてイヴ・モンタンのリサイタルの光景が見る者の脳裡をかすめたところで、二人の外国人の子供によるフランス語のインタヴューは終りとなる。そして、それだけのことであれば、はたして十二、三歳の日本人の少年が、外国のテレヴィジョン放送のためにこれだけ筋のとおった話を外国語でやってのけられるか否かの問題を別にすれば、何ということもない番組の一つにすぎない。テレヴィジョンは程よく教育的でなければならぬという日本での暗黙の了解事項にそった、いささか目先は変っていても本質的には何ら刺激的なところのない、この種のメディアがよくやる途方もない非教育的な無駄遣いの一つがここにあるというべきだろう。アメリカはやはりアメリカ的だし、ソ連はあくまでソ連的だという同語反復を誰もが教訓的だと安心してうけとめ、何かを納得した気になったつもりでスウィッチを切る。比較文化的観点とやらが臆面もなく頭をもたげるのも、そうした程よく教育的な安心と納得が支配する圏域にほかなるまい。

だが、この番組が殊のほか鮮明な映像として記憶されているというのは、教育的なるものの秀れて非=教育的な風土の蔓延をフランスのテレヴィジョンの番組に認めたことを指摘するためではない。ましてや比較文化的な展望のもとに少年たちの反応の類型化を試みるためでもなかったはずだ。それは、番組の最後に登場するフランス人の少年の言動が如実に実践してみせた比較の概念の暴力的な廃棄の衝撃の幾重にも振幅する余波として、いつまでも記憶の底にとどまりつづけていたのだ。言動といっても、そこには言葉も身振りもほとんど定着されてはおらず、あるのはあくまで経済的節制のきいた言葉と身振りによる、言葉と身振りの消滅作用ばかりだ。画面に姿を見せるのは、どことい って典型的なところはないが、しかしフランス人いがいの何ものでもない少年である。画面の外から響く声が改めて繰り返す質問をうけとめ、少年は心持ち表情をゆるめてみせる。それは、相手の悪い冗談をいましめる大人びた微笑なのだが、軽蔑よりはむしろ無関心を表明しながらも、できれば話題を変えてこの場を救ってやりたいが、場合が場合だけに、そんなことを口にしてしまった後始末はやはり自分でとっていただかないと困りますといった、いわば教訓めいた沈黙というべきものだ。そして、そのことを誇るでもなく、ごく自然な調子で、そんな人はいませんとのみ口にする。Personne... つまり尊敬する人物など誰もいないという否定の一語のみを相手に送り返すと、あとはその微笑を崩さずに、まるで中止符……をなぞろうとするかのような仕草を首から肩、そして腕にかけてゆるやかに移行させる。つまり、少年はごく慎しくいわゆる肩をすくめる動作を演じてみせたわけだが、その身振りが対話拒絶の完璧な符牒を描き切る以前に、番組は終りとなる。見ていたわれわれは、この唐突な終りかたと、声として響かぬだけに幾多の言葉を招き寄せずにはおかぬその仕草の中止符の余韻に煽られて、大いに笑った。そして笑いとともに弛緩してゆく全身の筋肉が、この記憶の光景に終りをつげているのだ。

絶望的な笑い

われわれは笑った。だが、そんな人はいませんというときに見せた少年の表情の微妙な推移がいかにもフランス的でおかしかったから笑ったというのであれば、笑いは、アメリカの少年が、民主的手続きによって選出された偉大なる政治的指導者というもっともらしい言葉を真顔で表明した瞬間から爆発していなければならなかったし、ソ連の少年の民衆的芸術家云々……もまた、滑稽さという点でそれに劣りはしまい。そこには、少年であるという事がいささかも救いにはならないある種のグロテスクが露呈している。アメリカ的、ロシア的といった典型を超えて、汎人類的なスケールでそれは滑稽なのである。しかしその滑稽さは、多かれ少なかれ軽蔑的な色調を帯びているコカコラとかウォツカとかの文化的な符牒にまで行きつく戯画的側面を確かに持っているという意味で、あの束の間の淡いシャンパンの泡にも似たフランス的軽薄さの印象とも通じあった滑稽さといえようし、またそのグロテスクぶりにしても、ニヒリズムに流れ落ちる一歩手前で優雅に身仕度を整える無関心というものが、フランス以外の国にも明らかに存在しているという意味で、このフランスの少年を特権的に排除するものでもないだろう。わが国の教育的風土からすれば可愛さに欠け、むしろ不健康さと接しあったこの種のこまっしゃくれた子供は、実はどこにも存在しているはずなのだ。ただ、よその国ではあまり珍重されてはおらず、扱いにくい胡散臭げな存在として、大人たちから遠ざけられているというだけの話である。ところが、たまたまフランスでは、この種の少年が、才気煥発な大人の卵として頼もしがられているにすぎない。だから誰もいませんもまた、一つの戯画には違いないのである。

ではわれわれは、この挿話に接した折のみに、なぜ笑ったのか。それはいうまでもなく、番組に意図された誇張が含まれていたからであろう。ドキュメントとして笑いを誘ったというよりは、明らかに滑稽さが演出されているのだ。そして、その意図された誇張は、アメリカ人とロシア人の少年が外国語として操ったフランス語をフランス人の少年が母国語として操り、しかもそこでの会話が、質問に対する返答として画面に定着されており、さらには、フランス人の少年の言葉を伴わぬ微笑が、最も雄弁な言説をかたちづくるように構成されているという番組の形式から導きだされていたことは間違いがない。そしてその演出が、最後に登場したフランス人の少年の寡黙な微笑をとりわけ才気にとみ、かつまた優雅なスターに仕立てあげていたからこそ、われわれは笑ったのだ。

だが、このわれわれの笑いには、何か絶望的なものが含まれている。というのは、彼の沈黙による回答の回避は、質問者である画面の外の大人よりは、既に返答をしおえた二人の外国人を直接的に笑いの対象としており、かえってそのことでフランス人の大人と子供との間に秘かな妥協が成立してさえいるからである。はたして番組担当者の当初の意図がそうであったかは知るよしもないが、結果として、われわれが笑ったのは、アメリカとソ連の少年の馬鹿正直ぶりにほかならなかったからである。それは、いささか不愉快な事態というべきではないか。彼らは、自国語ではないフランス語で、しかも日本の大学生がはたして口にしうるかどうかもわからない高級な言いまわしを使って、一つの依頼された返答を無理して作りあげていたからである。二人は、日本の教育好きな両親たちができれば自分の子供をそんなふうに仕立てあげたいと思っている理想的な少年として、十二、三歳でほぼ完璧な外国語を操りながら、しかも礼儀正しく、日本の会社の就職試験で人事部長を喜ばせそうな「尊敬する人物像」を鮮明に描きあげている。それでいて、その夜の放送をみていた大多数のフランス人から、しかもその中にまじっていた日本人からさえも笑われてしまったのだ。

これには、一つの教訓が含まれている。つまりどの国の人間であれ、自分の外国語の力にどれほど自信があっても、外国語では意見を表明すべきでないという教訓である。外国語を話すことは、あらゆる人間にとって、本質的に滑稽なことだ、ということだ。それは、たとえばアメリカとソ連の少年が、フランス人にくらべてフランス語の知識が劣っていたり、発音がいささか奇妙だったり、その発言がフランス文化の文脈にうまくおさまりがつかないから滑稽なのではない。外国語を話すことによって、しかも相手の意向にそって一つのまとまった考えを主張しようとする場合、人は必要以上に真面目になって、その真面目さがかえって途方もない不誠実へと自分を導いてしまうからである。考えてみるまでもなく、このアメリカやソ連の少年は、英語やロシア語で同国人の仲間と無邪気に遊んでいるときや、家族との語らいの場で、民主的な手続きに従って選出された偉大な政治的指導者とか民衆的な芸術家とかいう言葉を口にしたりするはずがないだろう。政治家になりたいだの、音楽家になりたいだの素朴な夢は持っていようが、その夢の素朴さが、外国語で語る場合にひからびた言葉に置きかえられてしまったままのことである。しかもこの現象は、少年に限らず、あらゆる人間に見られる現象であり、おそらく、今日は天気がいいだのイギリスの首府はロンドンですといった他愛のない会話教則本の領域を離れた知的な議論を外国語で行なったことのある人なら、誰でも体験しているに違いない。そしてその時の自分が、客観的にも主観的にも滑稽であった記憶を持っているはずだ。さらにいうなら、その滑稽さは、外国語が淀みなく口をついてでて、むしろ快いリズムと抑揚とが思考を円滑に導きだしてしまうような場合に、ますます顕著なものになってゆく。たとえば阿部良雄氏は、イギリスのある大学でのフランス語の講演の途中で、「もう直しようもほとんどないほど形もしっかり定まって、意味の脈絡もよく続く文章」を、「コメディー・フランセーズの俳優からわざわざ習った朗読術の要領」で得々と読みあげつつあった自分が捕われた不意の滑稽さについて語っている(『西欧との対話』河出書房新社)が、実際、自国語にはよらない見解の表明の場にあっては、あらかじめ滑稽さを逃れようとする意図そのものが、人を滑稽さの淵へと導きよせてしまうものなのだ。そして、まがりなりにも一つの理解がかたちづくられたと思える瞬間には、自分がその滑稽さを滑稽さと自覚し、相手もその滑稽さを滑稽さとしてうけ入れてくれた場合に限られている。われわれがフランス文学についての論文をフランス語で発表したり、フランスの学会でフランス語の議論をしながら、フランス人の側に何か有効な反応があったと確信しうるのも、そんなときである。諸外国の日本文化研究者たちとのつきあいも、彼らが決してまぬかれることのない滑稽さを、われわれが一つの「自然」としてうけいれた瞬間から可能となる。その滑稽さが、一つの「不自然」として日常会話の表層を滑走すれば、あのフランスのテレヴィジョン番組の笑いとなり、いささか遅い夕食後の口なおしとしてブルジョワ的に消費されてしまうだろう。

この夜、受像器の前で笑った笑いがいまでも鮮やかな光景として記憶のうちにとどまっているとしたら、それは疑いもなく、自国語を話す外国人の少年を一夜の座興に仕立てあげたフランス人の意地の悪さを通じて、外国語で意見を表明することの滑稽さを、そして真面目であろうとするあまりに陥りがちな不誠実さを思い知らされたからであろう。それが、その当時執筆中だったフランス語の学位論文の完成にかえって貢献したと思えるのは、これを機会に、滑稽さの彼岸へと自分を送りこむ決意が確かなものとなったからである。だがそのとき、自分が日本語とフランス語とをともに母国語として操る少年の父親になろうとは、考えても見なかった。

歓待の掟

「タスケテクレ」と「ケッコンスル」

別だん結論をだすのださぬのといった大袈裟な話じゃあないけど、あるときふっと、その深層構造とでもいうべきものに触れてしまったような気がしたわけ。すると、何だかもう妙に情ない思いに捉われて、げんなりしてしまった。つまり、いかにも単純な双極構造というのかしら。勿論、あらゆる図式化が伴う誇張を承知の上でのことだけど、日本のテレヴィジョンの番組ってのは、すべてがタスケテクレとケッコンスルに還元されてしまうんだわ。この二つの単語の反復と変奏。それしかないのよ。そして、そう思ってしまったが最後、もう駄目。どんなドラマを見ていても、そこで語られている台詞は、遥かにケッコンスルを導きだす口実のように聞えてしまって、とても本気で画面の対話に耳を傾ける気がしなくなってしまう。だって、いい年をした夫婦が何か深刻な顔でひそひそやっているかと思うと、それがきまって娘の結婚の話で、しかもその娘というのが、例の、ほら何といったかしら、いつも同じ唄ばかり歌っている若い歌手で、それがケッコンスル、ケッコンスルというような話ばかり。そこでチャンネルをまわすと、今度は何やら血なまぐさい雰囲気が漂っていて、聞えてくるのは、結局、タスケテクレ。本当にもう、タスケテクレとしかいいようがないわ、と、まあそんな意味のことを、妻は、われわれが二人でいる時には最も自然に口にされるフランス語で、しかし片仮名の部分だけは日本語で話すわけだが、それは、わが国のテレヴィジョンの番組の低劣さ加減を嘆くためではいささかもない。ブラウン管から家庭に送りとどけられるこの種のイメージなど、どの国へ行ってみたところで、どうせ高が知れているのだ。フランスであれば、さしずめ遺産相続と旨い喰いものの二語が、ケッコンスルとタスケテクレに置き換えられるだけといったことだろう。妻が絶望的に語りはじめたのは、テレヴィジョンで語られる言葉が実に限られていて、とても日本語の勉強の役に立ちそうもないという点である。日本の土を踏む以前に妻が知っていた日本語といえば、オバケダゾーの一語のみであったし、また着いてからも出産の準備や育児に追われて日本語学校に充分通う暇がなかったので、文法や構文法を基礎からかためて行くというより、その日本語習得法は、いきおい日本人との日常的な接触と、テレヴィジョンに限られていたわけだ。勿論、夫としても幾ぶんかの手だすけをしないではなかったし、事実、買物の折や受像器に見入っている時に耳にした単語を書きとめておいて、夜、子供が寝てしまってからそれを説明するといった機会は随分と持ったものだ。だが、夫婦という関係ほどこうした授業形態から遠いものもまたとあるまい。誰もが体験として知っているように、それは相互刺激の場でこそあれ教える＝習うことを可能にする環境とはなりがたいのだ。だから些細な言い落しや説明不足が、必要以上に相手を苛立たせる。そして、日本語で始められていたレッスンが、知らぬ間にフランス語での言い争いになっているのを発見し、思わず笑いだしてしまうこともしばしばだった。いずれにしても、テレヴィジョンはかなり早い時期に放擲された。それが、純粋に日本語習得上の理由からばかりでは勿論ない。小津安二郎というケッコンスルの天才を持つ国のホーム・ドラマにしては、いくら何でも芸がなさすぎはしないかという不満もあった。また逆に、フランスのシネマテークで接していた限りでは非常に日本的なものだと思われていた小津の映画が、むしろ例外的な傑作であるという事を理解させてくれたのも、テレヴィジョンであるという。妻は、映画にはかなりうるさい方なのだ。あれは坂本武と突貫小僧であったか。とにかく『浮草物語』で親子が並んで釣糸をたれる場面ほど美しい場面はそう簡単に思い出せない。だというのに、かなり映画好きの知識人でもこの作品を知っている人がほとんどいない。日本に来て小津安二郎の話ができないなんて、これはいったいどういうことか。それでは、日本語を習う理由がないではないか。結局、テレヴィジョンのおかげで、妻は日本語を深刻に学ばずにすます口実を発見したわけだ。いずれにしても、妻は、子供が日本の小学校で学ぶことを強く主張し、その三年生の教科書をそっくりそろえて辞書など引いている身でありながら、変に日本語のうまい奇妙な外人に分類されたためしは一度もない。

妻があまり人前で日本語を話そうとしないのは、何もテレヴィジョンのせいばかりではない。それよりもむしろ、外国語を介して成立する人間関係の曖昧さ、というのかむしろ醜さとさえ呼ぶべきものが、日本ではとりわけ強調されているかに見えるからだという。それは、二重の意味で醜い。まず、たとえば、子供を公園に散歩させている時など、多くの場合は英語で、しかも理由もなく話しかけてくる日本人の顔が、例外もなく醜いという。同時に、場所がらもわきまえずに、大声で日本語を操る仲間の外国人も醜い。勿論、と、妻はいいそえる。勿論、外国語一般を頭から否定しているわけではないし、必要とあれば、日本語も話さねばならないし、英語で意思を通じあうことだってある。また、街頭での偶然の出逢いから親しいつきあいが生まれたことも随分とある。なかには、本当に親切さから言葉をかけてくれる日本人もいる。そんな時は、日本に暮している以上、当然の礼儀だと思って何とか下手な日本語で返事をしようとする。問題はそれから後に起る事態なのよ。まず、こちらが日本語で話していることに気がついて、知っている限りの外国語の単語を挿入し、どれぐらいわかってるのかなあとなかば心配げに、時に身振りなどまじえて説明しながら日本語で答えてくれる人がいる。そんなときその人は如何にも快活に生活を楽しんでいるなあと思って嬉しくなる。次に、実に自然な日本語で、しかもいかにも繊細な心遣いで難解な単語をそれとなく排除しながら会話を続けてくれる人がいる。そんな人には、かりに言葉につまって非礼を覚悟でフランス語を使ってしまっても、それを許してくれる心の柔軟さがそなわっているから、あとは何語で話そうと、人間としての心の触れあいを持つことができる。ところがこちらが無理して口にする日本語の言葉など頭からうけつけようとせず、たて続けに外国語を話し続ける人がいて、何とも醜いのはこの三番目の連中なのだと妻はいう。彼らは、身振りも表情もどこか似かよっていて、多くの場合、季節の変化とか、東京に住んで何年になるかとか、シャンソンが好きだとか、外国旅行にでかけたことがあるとか、パリの女性は美しいとか、そんな種類の文句ばかりをこちらの存在を無視してしゃべりまくる。そして、たまたま話題を転じて会話教則本の範囲をぬけでようとすると、あとはもう、イエスとかウイとか、何でもかでも肯定してしまう。最近、そんな人たちのふるまいの意味がどうやらわかって来た。自分が習った外国語が通じるかどうか、あたしを使って実験しているというわけなのね。日本という国の地理的配置からしてそれも無理はないと思う。それにしても、と、妻は不満げに口にするのだ。それにしても、そんなとき、こちらはガイジンという抽象的存在であって、人間とはまるで認められていない。それは贅沢な不満かも知れないけれど、何とも情ない話だと思う。それに、絶望的な点は、外国語を話すことで、自分のまわりに厚い壁をこしらえあげて、頑迷なまでにコミュニケーションを断っているのだということを、その人たちがまるで気づいていないらしいこと。それはちょうど、日本語がわかるということを示そうとするだけの目的で、入ったレストランの料理に文句をつけたりする外国人が、まさに自分の使っている日本語で日本人との対話を断ち切っているさまに似ているといえばいいかしら。とにかく、言葉の壁というものがあるというけど、それは外国語の無知が築きあげる障害というより、なまじ外国語を知っている人が捏造する文化的な環境汚染の一つだというべきだわ。だから自分としては、あまり流暢に日本語を操る気がしないのだというのが、妻の一応の結論である。結論といっても、怠惰であることの正当化の一つかも知れないけれど。でも、醜さに加担して言葉の環境汚染を蔓延させる気にはどうしてもなれない。

滑稽さに慣れること

妻は、何も特別目新しい発見をしたわけではない。それは、日本に暮す外国人の多くが日々体験していることであろうし、われわれが祖国を離れて異国の地で生活するときにも、しばしば実感される現象であろう。

たとえば、パリのカフェのテラスに何時間も腰を据えて、フランスの知人の一人と何やら話をしているときの光景を思い出してみる。そんな場合、ごく他愛のない話題をあきずに語り続けていることもあれば、たがいに共有している専攻領域での特殊な主題を熱っぽく語りあっていることもある。われわれは、ごく自然にフランス語を使って意思を疎通しあっている。しかしそれは、われわれが、パリにやってくる限りは誰もがフランス語を知っているはずだと思い込むフランス的な中華思想の支配下にあるからではない。そうではなく、相手のフランス人が、妙にフランスに詳しい日本人の操るフランス語を滑稽だと思わなくなってからかなりの時間が経過しているからだ。パリのアカデミスムにおける学閥の構成だの、某教授の離婚話だの、何某の学位論文の進行状態だの、誰々がフランス共産党内にかなりの地位を占めていながらプールつきの別荘を持っているだの、まあ、いずれもどうということのない話題から二人はその対話を始めるのだが、こちらがそんな話に通じているのが不思議ではないという事情を、相手がとうの昔に納得してくれている。そして何よりも、二人が同じ好奇心と同じ競争意識を共有していることの確実さが、とめどもない討論を可能にしてくれるのだといえようか。とにかく、そんなとき、語り合うことが無上の快楽に思われてくる。自分が日本人であるということが、嘘のように忘れられてしまう。そして、かりに後から思い起してみて、すべてが無償の饒舌にすぎなかったと感じられるようなことがあっても、ともに同じ時間を過しえたことの快い余韻が、いつか思いがけない瞬間に、いかにも意義深い刺激となって不意によみがえって来たりする。

だが、こんな体験について語り始めたのは、それを、外国語による自然なコミュニケーションの成就として浪漫的に讃美するためでは勿論ない。外国語を操ろうが、日本語を駆使しようが、日々の生活とは、本来、この種の時間にみち溢れていて、そこに浪漫主義のまぎれ込む余地など残されてはいないからである。では、何でこんな話を持ちだしたのか。

日本人である自分を徐々に忘却してゆくという過程が、自己同一性とやらの視点から、由々しき問題だというためであろうか。そうではない。こうして過される時間が貴重だと思えるのは、こちらはこちらで、自分をあたうる限りフランス的な思考へと一体化して、また相手も相手で、徐々にフランス化してゆく日本人の変貌ぶりに心を許してゆくという現象がそこに起っているからではいささかもない。そうではなく、どう見てもフランス人とは思えない一人の男がフランス語を操り、しかもその男とカフェで快い午後を過しうることの不思議に、相手がゆっくり時間をかけて馴れて行くという事態が間違いなく進行したが故に、遂には自然な対話が成立しうるのだという点を強調したいのだ。問題は、こちらが流暢さを装って口にするフランス語にあるのではない。かりにそれが一応の自然さに達していたにしても、こちらがそんなフランス語を操ることの奇怪さ、というか滑稽さにゆっくり時間をかけて馴れてゆく経過こそが、重要な点なのだ。そしてその間の事情は、発音が優雅であるとか、選ばれる言葉の配列が気が利いているとかには、本質的な関係を持ってはいない。確かに、言葉が巧みであればあるほど、自分が歓迎されている、容認されているという印象が誇張されはしよう。だが、真の歓待とは、ちょっとした長所を讃美することでも、欠陥をうやむやに見逃すことでもないだろう。まぎれもない差異としての他者の不気味さに、存在のあらゆる側面で馴れ親しむことこそが、歓待の掟であるはずだ。したがって、自然さとは、忘却の身振りではなく、あくまで意識化のそれでなければなるまい。

たとえば、フランス人の旧友と午後のひとときを過すような場合、こうして成立した自然さに埋没した結果、ついいましがた読んだばかりの週刊誌で目にした流行語とか、大学という環境の中でのみ流通しうる俗語の幾つかを思わず口にしてしまうときがある。すると相手は、全く別の文脈の中にそれに相応するより由緒正しい語彙をさりげなくまぎれこませ、その種の流行語や俗語を使って自然さを捏造しようとする外国人の不自然さを、いかにも自然に指摘してくれるのだ。勿論、あらゆるフランス人が、あらゆる外国人に対して、この種の自然さで接しているというのではない。だがそれは、日本人同士の日々の生活にあっても同じことだろう。要は、他なるものへの全的な合一でも、他なるものの全的な容認でもない。そして、そんな話はごく自然のことだと抽象的には理解できても、ひとたび外国語と呼ばれるものが介在するとあっさり忘れられて、流暢さという不自然のみが夢みられてしまうのだ。日本語を話そうとする妻を戸惑わせるものが、この不自然さへの怖れであることはいうまでもない。日本という風土にはこの不自然さを蔓延させるものが絶えず漂っている。そしてとりわけここで強調しておきたいのは、日本に住む外国人のかなりの数の人間が、この風土にすっかり浸りきっているかにみえる点だ。つまり、あんな風にだけはなりたくないと妻がいう奇妙なガイジン達は、程よい巧みさで日本語を操って日本人の間を泳ぎまわりながら、彼ら自身の言動の根源に横たわる本質的な滑稽さに日本人が向ける寛大さ、つまり稀少価値からくる怠惰な許容を絶好の隠れみのとして、日本人との間に目には触れない隔離の幕を張りめぐらせてゆく。それは、彼らにとってもわれわれ自身にとっても不幸な事というべきだろう。すでに述べたごとく、この自堕落な寛大さこそが、真の言葉の障害と呼ばれるものにほかならないからだ。そのため、コミュニケーションの道はいたるところで絶たれ、新たな鎖国が始まっている。そして、二十一世紀を間近に準備しつつある時期のこの鎖国状態は、その鎖が人目に触れないだけにいっそう開国を困難なものにしてゆく。すべては、起源に身を潜める滑稽さを明確に標定し、しかる後に共有しつつある何ものかをたがいに辛抱強くさぐりあてながら、滑稽それ事体にゆっくり時間をかけて馴れてゆくという作業があらかじめ放棄されてしまっている点から来ているのだ。この放棄こそが、豊かな矛盾と混淆をはらんだ文化の伝統を持ちながら、日本が、多くの場合、二流の研究者の薄められた関心しか惹きえないでいる直接の原因をかたちづくるものだという点に、人は、いま一度思いをめぐらさねばならない。歓待の掟のうやむやな放棄が、「二十世紀」の日本を殊のほか刺激を欠いた「知の環境」に仕立てあげてしまっているのだ。

だが、まあ、さしあたってそんな話はどうでもよろしい。ドナルド・キーンにしろ、サイデンステッカーにしろ、世界的な知の交流の分脈からして本源的に滑稽な存在であるということ、しかもその滑稽さは、彼らの日本に対する知識が不充分であったり、理解が完全ではない点からくるのではないということ、さらには感性的にいっても知性の点からしても、この二人にはとどまらない多くの外国の日本文学の研究者たちが日本に対して示す理解と知識とが、日本の平均的な「知識人」が自国の文化についていだく知識とは比較にならない充実ぶりを誇示するものだという事実そのものが、真の滑稽さの源泉にほかならぬこと。重要なのは、その滑稽がみなぎらせている途方もない活力である。滑稽は、いささかも蔑視の対象となるものではない。あらゆる硬直をいたるところで解きほぐし、世界をおおらかな「肯定」の場として組織してゆく。コミュニケーションとは、このおおらかな「肯定」でなくて何であろうか。

滑稽さを欠いた道化ほど気の利かない存在はまたとあるまい。ドナルド・キーンにしろ、サイデンステッカーにしろ、あるいはわれわれの視界に浮上することはなくても着実に育ちはじめている海外の日本文化の研究者たちは、それを滑稽の一語で意識することはなくても、そうした自らの存在の条件には充分に自覚的であろうと思う。ひたすら「道化」の主題にこだわりつつ「知」の相互肯定的な刺激の場に身をさらしている山口昌男氏が、日本という環境に触れることでおのれの滑稽さを意識しはじめたあるユダヤ系のアメリカ青年が、その滑稽さを無意識のうちに隠蔽すべくとりつくろおうとする身振りとして、ユダヤ的アイデンティティーへの壮大な遡行の試みを日本語で綴り、日本の雑誌に発表しはじめてしまったことの二流の道化ぶりについて語っているのは、だからきわめて当を得た企ていうべきである。それは、いまでは『逃亡師』(晶文社)として書物にまとめられたデイヴィッド・グッドマンについて語ったものなのだが、無邪気といえば無邪気、臆面もないといえば臆面もないこのユダヤ系のアメリカ青年の言葉に耳を傾けていると、「知」的環境としての日本が、まるで精神科医の快適なソファーか何かのように、この青年の内的葛藤を解きほぐしてやっているのがよくわかる。それはそれでかなり興味深い現象だろうが、われわれはこんな患者の治療にかかずらわっているほど暇ではないし、ましてや「甘え」という精神分析的な概念を、外国人ばかりに肯定的に適用する理由もなかろうと思う。ここでは、いま一人の滑稽さを欠いた道化についてごく簡単に触れておきたい。

日本の方言に深い学識を持ち、その方面ではしかるべき評価をうけている一人の外国人の研究者が、一方で誤訳の厳格な指摘者として日本のジャーナリズムの中でかなりの発言権を持っていることは、多くの人が知っているかも知れない。グロータースと呼ばれるその人の専攻領域としての方言の分野での実践ぶりは、さしあたりここでは問題とならない。それはそれで、立派なことだと思うからだ。また明らかに翻訳が氾濫しつつあるわが国の文化にあって、目にあまる誤訳を指摘することも決して悪いことではない。筆者自身も、機会がある限り、かなり積極的にその問題にはとり組んできたつもりだし、また無意識のうちに幾つかの誤訳を書物にまぎれこませてもきただろう。しかし間違いはただざるべきだし、それはもっと盛んであっていいとさえ思う。

だが、翻訳が世界的な規模で文化の交流に少なからず貢献しているとはいえ、それぞれの国がそれなりの「誤訳」の問題をかかえていることを知っているものとしては、今日、各国で盛んに行なわれているきわめて「文化」的な主題としての翻訳論一般にも無自覚なまま、ほぼ技術論的な水準に限って誤りを指摘してまわり、それで『誤訳』と呼ばれる一冊の書物をまとめあげたり、もっともらしい論文を発表してしまう道化ぶりの貧しさには何か耐えがたいものが含まれている。その人が一応母国語として操ることになっているフランス語に、それも英語を介して移植された日本の作家の無残な虐殺ぶりはどうかとか、ロシア・フォルマリズムの批評家の同じ著作がたまたま同時に二冊刊行されてしまった時にフランスで起った誤訳談義をどう見るかとか、そんなことをこの人にいおうとは思わない。かつて、自分は日本人になりたいと口にしたとかいうこの人に欠けているのは、知識ではないからだ。いかにして相手の滑稽さに馴れてゆくかという心の構えが、どこかに置き忘れられているという点をいっておきたいのだ。それは、教養と呼ぶべきものかも知れないし、山口昌男氏の語彙に翻訳すれば「知の遠近法」ということになろうか。そして、本来欠けていたわけではなかろう教養をこの人から奪ってしまったものが、あの自堕落な日本的寛大さであるとしたら、それこそ絶望的だというほかはあるまい。刺激を欠いた「知の環境」としての現代日本は、たんにいかがわしい日本人ばかりでなく、この種の外国人をものさばらせる陰鬱な風土なのだろうか。

ある日一度どこかで紹介されたことのあるこの人から一通の手紙がとどいた。それは、倖い筆者の誤訳を指摘したものではなく、ある言語学系の雑誌に発表したエッセイに対しての、どちらかといえば共感を日本語で綴った手紙であった。だが、その封筒に記された住所と名前には、幾つかの誤字が含まれていた。外国人が漢字を書いているのだから、寛大に見逃すべきであろうか。だが、それは何とも不愉快であった。というのは、どうしても間違えてはもらいたくない筆者の苗字の一つが、多くの日本人が間違えるのと同じやり方で、別の文字に置き換えられていたからだ。外国人であればこそ、書簡の相手の姓名はこの上ない正確さで書かれねばなるまい。とりわけ、はじめて手紙を出す相手の名前を間違いなく書くというのは、一つの常識だろう。それが、日本人そっくりに間違っているというのは、いかにも滑稽さを欠いた道化にふさわしい身振りではないか。勿論、その人への礼状は、書かれもしなければ、投函されもしなかった。それが、歓待の掟にかなったやり方だと確信しているからだ。本来であれば、この種の私信に見られる誤りなど公表される筋合いのものではなかろう。だが、その人は、誤訳の指摘をされた相手との電話での交信の模様や、相手の人格にかかわるような個人的な判断を誤訳談義にかこつけて公表する臆面のなさをそなえている。そうしたはしたない言動にはからずも露呈する教養の欠如をそっと耳もとでささやいて矯正してやるほど、筆者はこの人と多くのものを共有してはいないし、またしようとも思わない。たった一人の外国人が犯した漢字の間違いを発見して、鬼の首でもとったように騒ぎたて、だから外国人には日本語は無理なんだとひらきなおるためにこれを公表したのでない点は、全篇の文意からして理解していただけると思う。ただ、道化の役を買って出た人がいたとするなら、それをみんなで笑ってやるのが礼儀というものだろう。口笛を吹かれることだって、道化の成長には貴重な経験なのだ。

外国生まれの猿

いささか不快な色調を帯びてしまったこの言葉たちに、朗らかな表情をよみがえらさねばなるまい。それには、藤枝静男の短篇集『壜の中の水』におさめられた「わが先生のひとり」と呼ばれる美しい作品に描かれた大正期の一人の外国人の表情を思い出してみるとよい。この短篇集は永らく絶版になっているが、倖い「わが先生のひとり」は『藤枝静男作品集』(筑摩書房)におさめられているし、『藤枝静男著作集』(講談社)も刊行され始めているので、詳しくはそれを読んでいただきたい。ここでは、この作品がこの上なく美しいとしたら、それは「紋付きの羽織袴に薩摩下駄を穿き、太い毛繻子の洋傘と風呂敷包みを小脇にかかえ、六尺余りの痩身を前のめりに屈めて、非常な速度で校門を入ってくる」イギリス人の英語教師との遭遇の記録が、作者自身と思われる「私」の中で、徐々にその滑稽さに馴れてゆくことで成就される全的な「肯定」への歩みとして定着されている点にあるということのみを示しておきたい。悪戯ざかりの中学生であった「私」にとって、

「日本人の風習のすべてを体現しようとする」この中年のイギリス人が、「それが洋風だという理由から」帽子もかぶらず、「納豆ハ水戸ニカギリマス」と広言し、「日本皇室に対する愚民的な忠誠心」を表明する姿ほど奇妙なものはない。神道の研究のために無給教師として京都に移住し、現天皇の即位式に際しては、御所の門前の群衆にまじって立ちつくし、「御馬車が近づくと見るや、周囲の驚きをものともせず、ひとり下駄を脱いで土下座し、顔を砂利に擦りつけて拝んだ」りする貴族出身の独身者など、ひたすら滑稽なものとしてしか映るまい。だが、「私」は彼に愛される。アメリカ人の女教師に蛙をとびつかせた「私」に向って、「勇敢ノ子。アメリカ人汚イデス」とその行為を彼が賞讃した瞬間から、ある共感が二人を結びつける。とはいえ、やがて左翼運動の洗礼をうける年齢に達した「私」の目には、「新居の洋式便所を破壊して肥溜め式に改め」させたりする彼の姿は、「一匹の滑稽な、外国生まれの猿」としてしか映らなくなっているのも当然だろう。「彼のやり方は哲学を欠いた放漫な些末主義にすぎないと感じられ」るからだ。「私」はいささか迷惑げに、またいささかの距離をおいて、この中年の奇怪なイギリス男の日本への没入ぶりを見まもっているばかりだ。日本の大陸への野心が国際的な葛藤を拡大し、リットン卿の率いる国際連盟調査団が来日し、大学生の間に「赤旗」の購読の輪が拡がっていこうとするとき、彼は粥占《かゆうら》という神道のしきたりの研究に没頭している。「私」には、それが何で「大切ノコト」なのかとうてい理解できなかった。

だが、「今考えてみて、私は間違っていたと思う」と藤枝氏は書く。「知」の充足しきった体系を超えたところで、滑稽さを全的に引きうけながら、その滑稽さに「私」が馴れ、それを一つの自然としてうけ入れることを、彼は執拗に希求していたのではないか。彼は、滞英中に胃潰瘍の発作で倒れるが、「医師の制止をふり切って日本に帰り、やがて吐血を繰り返し、頑固な信念あるいは恐怖心からレントゲン撮影と一切の注射輸血を拒否して、心臓衰弱の結果死んだ」。「私」は、枕元に坐る知人の手に「サヨウナラ」と別れの接吻をしながら彼が生きた死が、太平洋戦争より以前に彼を襲ったことを嬉しく思う。そして何がこれほどまでの執拗さで彼を日本に駆りたてたのかも、またその日本への没入ぶりの真の意味をも理解しえなかった。いささか偏屈な上に病弱である理由も加わり、いわばイギリスの名家の厄介者として故郷を追われ、「弱イ人馬鹿ニサレマス。恐ロシイ国王、恐ロシイ家来バカリ、野蛮ノ国」とイギリスについて語る彼の誇張された言動にうんざりして、その滑稽さが何を隠していたかを理解する心の構えが欠けていたのだ。「私」が、その滑稽さに馴れ親しむには、彼の生命の消滅と日本という国家の敗戦とが必要であったのかも知れない。「わが先生のひとり」は、こんな数行で終っている。

終戦後いちはやく外国に渡った私たちの嘗ての校長が、ロンドンで彼の後嗣に会った際、肖像画は画像室に掲げてあるかと聞くと“yes”と答え、“He was a curious man.”と一言だけつけ加えたとのことであった。この話を聞いたとき、私の胸に、この肉親の甥に対する満身の憎悪がこみあげて、気が顚倒しそうになった。

滑稽さを曖昧に許すのではなく、それを滑稽さとしてうけ入れ、その表情にゆっくり時間をかけて馴れ親しみ、遂にはそれを全的に「肯定」すること。かけがえがなく貴重なものは、この遭遇それ自体であろう。それに較べてみれば、日本を理解するの外国を理解するのといった問題は、所詮、二義的なものにすぎまい。歓待の掟とは、滑稽さの彼岸で演じられるこの遭遇へと向けて開かるべきものにほかならず、異質の文化の相互理解というあの永遠の抽象的命題とは、何ら触れあうものを持ちはしまい。

人の名前について

一九七六年のミスタンゲット

国鉄のストライキが幾日も続いて翌日の予定がたたないとか、裏日本に大雪が降って交通網が麻痺してしまったとか、まあ、選択の基準はきわめて曖昧なのだけれど、とにかく久しぶりに午後七時のニュースでも見ようかということになって、こわれかかったポータブルのテレヴィジョン受像器を戸棚から運びだすことがある。すると息子は、やった！　と歓声をあげ、サイエ、サイエ Ça y est, ça y est！ とはしゃぎまわって母親の頰にありったけのキスをふりまく。両親の前時代的な無理解でテレヴィジョンを奪われている自分にどうやら馴れきってしまった子供にとっては、どちらかといえば単調なあの七時のニュースを見られることが、一日の大事件なのである。その貧しさを前にした無上の興奮ぶりは、糖分を奪われて育ったわれわれの少年時代が、純白の砂糖を前にして体験したときの気の遠くなるような至福感にどこか似かよっている。こんな他愛もないことに、これほど興奮してしまっていいものかどうか。指をかむほど熱中しながらブラウン管に見入っている子供の横顔を眺めながら、こうした欠如による幸福の捏造がはたして健康なことかどうか、父親はしばしば自信を失いそうになる。幼少期に禁じられていたテレヴィジョンが、やがて途方もない荒唐無稽な夢を肥大させることになりはしまいか。たとえば少年時代に喰べることのできなかったあの綿菓子というやつが、この子供の父親の青春を奇妙な不自然さで染めあげはしなかったかどうか。フランス語で「パパのオヒゲ」Barbes à papa と呼ばれるあの未知の味覚、ただ理由もなくハッカのような冷たさを誇る白さに違いないと信じられていたあの綿菓子のイメージが、どこかで異性のイメージとかさなりあって、青春の日々の言動を遥かに操作していはしなかったか。しかし、そんな父親の思いをよそに、子供は、これほどの積雪は十何年ぶりのことだとか、労使の交渉が徹夜で行なわれるだろうとか、ニュースの要点をかいつまんでフランス語に訳し、まるで祭りの日のようにはなやいだ口調で、かたわらの母親に説明してやる。綴りや発音を忘れさせまいとする母親の手で行なわれる一日三十分ほどのフランス語のレッスンをあれだけいやがっていた子供が、これほどの闊達さで通訳を買ってでるとは、いったいどういうことなのか。

われわれの子供にとって、自分が日仏両国語を同時に操ることは、誇りでも何でもない。彼は、自分が日本の小学校に通っている限り、できれば日本語一つですましたいとさえ願っている。ああ、ぼくはなぜフランス語なんか話せちゃうんだろうなと、彼はことあるごとに不満げに表明する。だから、母親に対する最大の反抗は、あの「ガイジーン！」という国粋主義的な罵倒の言葉となってたちあらわれてくる。もちろん、父親に対しては、普段は口にしてはならぬとされているフランス語の罵詈雑言をたて続けに投げかけることで反抗する。いずれにせよ、そんなとき、子供は日仏両語で二重に罰せられることになるのだ。ところがそんな彼が、いま、七時のニュースに見入りながら、日本語とフランス語との間を、何のためらいもなしに自由に往復している。だから母親もまた、子供の無上の喜びにみあった大げさな身振りで降りやまぬ雪や政府の未決断におどろいてみせる。すると子供は、思いだしたように母親の首にすがっていて、メルシー、メルシーと接吻を浴びせかける。こんなことが、いつまで続くかどうか。やがて子供は、七時のニュースにもあきて、何やらやっかいな番組をみたいといいだすのかもしれぬ。だが、われわれ二人がこれほど感謝される瞬間は一日にそう何度もあるわけではないので、思わず、七時のニュースさえ見せておけば子供は永遠に幸福であり続けるだろうといった錯覚にとらわれてしまう。

あれはたぶん土曜か日曜のことであろうが、七時二十分から、海外の話題をトピックスふうにまとめたいかにも曖昧な番組が始まったことがある。本来ならそこでスウィッチは切られるところなのだが、たまたま画面に映ったのがパリの街頭風景だったので、われわれは瞳でうなずきあって、あと何分間かの猶予を子供に与えることにする。ところがそれは、いまやポルノグラフィー一色に彩どられた映画館の看板をめぐる短いルポルタージュであった。一目でシャン＝ゼリゼとわかる大通りで行列をつくっている観客の姿が示され、それに、子供の前では読みあげたくはないような題名の大写しが挿入されている。われわれは、決して道学者でも偏窟な倫理家でもないが、せっかくの特典が子供にこんな粗雑な映像しかもたらしえなかったことを知り、軽い失望にとらわれていた。だが、子供の方をうかがってみると、その目は妙に輝き、興奮ぶりがさらに高まっているかにみえる。パリの街への郷愁が不意によみがえって来たのだろうか。一瞬、パリだ！　という叫びがその口から洩れるのではないかと母親は期待する。父親は父親で彼の口から「凱旋門」の一語がなつかしげにつぶやかれるのではないかと予想した。幼稚園時代の一年間をパリで過した子供は、「凱旋門」Arc de Triomphe を Parc de Triomphe（凱旋公園）と憶えこんで、母方の祖父母を笑わせていた記憶があったからである。だが、子供の口から洩れた一語は、両親の期待と予想を裏切って、ミスタンゲット！……の一語であった。それも感きわまれりといった歓喜の絶叫なのだ。われわれは、思わずうろたえて、何がミスタンゲットなのだか合点がいかない。すると、その一瞬の躊躇を察したかのように、C'est Mistinguett qui chante！と子供は両親をしかりつける。これは、ミスタンゲットの歌じゃあないか。Vous n'avez pas d'oreilles？あれが聞えないの？

なるほど、それはミスタンゲットの歌声には違いなかった。五十年も昔に、世界を魅了したあのミスタンゲットの下町なまりのフランス語であった。彼は、画面の背後に流れるバック・グラウンド・ミュージックの話をしていたのだ。本当だわ、本当にミスタンゲットの声だわ、と、妻はいささか興奮しながらうなずいている。どうしてそれに気がつかなかったのかしら。

どうしてそれに気がつかなかったのか。理由は簡単であろう。われわれ大人は、たいして関心も示さぬまま漠然と画面を眺めていただけで、背後に流れる音楽などまるで聞いてはいなかったのだ。ところが、十歳にもならぬ子供が、その歌声の主を、ミスタンゲットと正確にいいあててしまった。それも、じっと耳を傾けた上でというのではなく、一瞬の、ほとんど反射的ともいえる迅速さであててみせたのだから、われわれがその素早い反応ぶりにいささか戸惑ったというのも無理からぬことだろう。文字通り金髪で碧眼の母親を持っているとはいえ、見かけたところはどうしても日本人としか見えない一人の小学生と、一九二〇―三〇年代のフランスのミュージックホールの歌姫との結びつきは、どう考えてみても奇妙としかいいようがない。父親にしてみればそれはほとんどありえないとりあわせに思われる。妻も、筆者自身も、一九五〇何年かにかなりの老齢で他界しているこの歌手の神話的な脚線美とか、ほどよくうるんだ瞳とかいささか下品ではあるがその下品さを自信をもって歌いあげるときのあでやかな仕草とかを直接目撃した機会はもちろんない。だが、知識としてなら、このミスタンゲットに関するかなりの挿話を知っていないではない。いま、こうしている瞬間にも、映画やレコードで聞いたメロディーの断片を組みあわせて、彼女のイメージをかなり鮮明な輪郭のもとに思いうかべることもできる。また、少し時間をおいてから、パリといえばきまってこの種の音楽を背後に流す放送局のやり方を、いかにも時代遅れの感覚だと皮肉ることも可能であろう。それでいながら、あの歌声に接して、いかなる反応も示しはしなかった。つまり、ミスタンゲットの存在を徹底して無視しうる無感覚のうちに自分を閉じこめていたのだ。われわれが一瞬うろたえ、戸惑ったというのも、子供が示したミスタンゲットの歌声への素早い反応のうちに、この無感覚そのものを見せつけられた気がしたからだろう。子供にくらべてみれば遥かに多くのことを知っているはずのミスタンゲットを、父親と母親とはあっさり無視してしまったのである。それはほかでもない、外界からの刺激の総体に対して無意識のうちに鈍感さを身にまとって武装し、世界に対してほんのちっぽけな窓しか開いてはおらず、しかもその窓ガラス越しにのぞまれるものが、フランスにおけるポルノグラフィックな映画の解禁といった貧しい光景でしかなかったので、ああそんなものかと高を括ってしまったのだ。それはそれで、悲しくはあっても仕方がないことだとは思う。だがここで問題なのは歳をとることととらずにいることとの、あの絶望的な距たりではない。では、何が問題なのか。実は、このミスタンゲットの挿話を手がかりとして、いわゆる人間の名前について、ちょっと考えをめぐらせてみたくなったまでのことである。

名前をめぐる知と無知

いうまでもなかろうが、自分の子供がミスタンゲットの名前を知っていたからといって、それを吹聴してまわって得意がるほど、われわれ夫婦は無邪気な存在ではない。また、一九三〇年代へのいささか胡散臭い懐古的風潮にのって、この神話的な女性歌手を再評価しようとするのでも、もちろんない。さらには、妻の嫁入り道具の中にミスタンゲットのレコードが何枚かまぎれ込んでいたからといって、われわれはいわゆるシャンソン愛好家といったたぐいの人間ではないし、多くの意味でフランスと深い関係を持つ夫婦にしては、その種のことがらに対しての興味はむしろ薄すぎるほうかもしれない。だが、さしあたってここではミスタンゲットその人は大して重要な意味を持ってはいない。一つには、一九七六年の日本でその名前を知っていることが何の利益にもならないということがあるからだし、また、二つには、名前を知っているということ自体が、実はどうでもいいことだからでもある。あなたは、児玉誉士夫氏を知っていますか。はい、だが面識はありません。これでは答えになっていない。あなたは、ブラームスがお好きですか。はい。これでも答えにはなっていない。あなたは、リリー・マルレーヌを聴いたことがありますか。はい、ビング・クロスビーのレコードで。これでも答えにはなっていない。あなたは、スワン氏の御子息をご存知ですか。はい、あの方の父君は株式仲買人でしたね。これでも答えにはなっていない。なぜか。名前を知っているという表現に微妙なニュアンスの違いが含まれていて、それを口にする人の思惑につれて、そのニュアンスが無限に変貌するからであろうか。そうしたことがまったくないとはいい切れまい。たしかに、知るの一語が担いうるであろう意味の一つ一つ問いつめていけば、状況に応じてさまざまな可能性が姿を見せてはくるだろう。だが、問題は、語の多義性とか曖昧性の側にのみあるのではなく、一般に固有名詞と呼ばれている一群の言葉に対して、われわれが、まだまだ恐るべき無知の中に暮しているという事実の側にあるのではないかと思う。それは無知、というよりむしろ相対的な無関心というべきであろうか。いずれにしても、われわれの日常生活にあってあれほどの頻度で流通している人の名前をめぐって、いったいどれほどのことが知られているのかさえ、人は知らない。個々の名前の起源についてなら、人はいろいろ詮索することはできる。品詞的な分類というのであれば、これはむしろ簡単な話だ。固有名詞の普通名詞への転化ということなら、知識としてあれこれ説明することはできよう。たとえば、台所のゴミ処理に使うあの大型のポリバケツ、あれはフランス語ではプベル poubelle と呼ばれているが、それは、その使用を法律で義務づけた十九世紀末のセーヌ県知事の名前にほかならぬといったことがらを、無知な人間に教えることはいくらもできる。また、固有名詞を口にすることを禁じられた南米のある無文字種族でのレヴィ＝ストロースの体験をその『悲しき熱帯』の中で読みなおし、階級分化と経済的搾取とが、人の名前と深い関係にあるという文化人類学的言説を思いだしてみることも可能だ。その他、人の名詞をめぐって、さまざまな論究が行なわれうるだろうし、ここではとても思いつかないような分析がどこかで行なわれているのかも知れない。

だが、原理的には生きている人間の数だけ存在し、かつまたこれまで死んだ人間の数だけ存在したはずの固有名詞が、いかにして習得され、忘れられ、流通しているか、そしてその習得と忘却と流通とを統禦するのがいかなる制度であるかの究明は、あまり行なわれていない。なぜだろう。それがあまりにありきたりで、無駄な試みだからであろうか。そうとは思えない。そうではなくて、むしろ、そうした試みを、ありきたりで無駄な作業だと思わせ、あらかじめうんざりさせてしまうような世界にわれわれが住まっているからではないか。そして、人の名前を知っているという現象への無知を、決して無知だとは自覚させまいとする制度的な力学が、われわれの日々の生活を厳しく支配しているからではないか。

われわれは、人間の名前の習得と流通ぶりとに不意に人びとの関心が集中する機会を知っている。それはいうまでもなく、選挙が近づいて、いわゆる知名度という奴が話題となる瞬間である。この機会が、何か周期的な儀式性を伴った行事である点は、決して偶然の事態ではない。というのも、われわれが生きている政治的体制としての民主主義とは、それが間接的なものであれ、直接的に民意を問うものであれ、本質的には人の名前をめぐる儀式にほかならぬからだ。人は、原則として、人の名前を知らぬ限り、この儀式に参加することはできない。だが、同時に、人の名前を知るという表現の意味を曖昧に漂わせておかぬ限り、この儀式への参加は不可能となる。あなたは美濃部亮吉氏を知っていますか。はい、だが、面識はありません。それで答えとしては充分であり、それ以上であったりそれ以下であったりする必要はない。あなたは美濃部さんがお好きですか。はい。これで充分である。あなたは、美濃部さんを聴いたことがありますか。はい、むかし、テレビの婦人番組で。これで充分である。あなたは、美濃部さんの御父君をご存知ですか。はい、あの方の父君は東京大学の教授でしたね。これで充分である。この幾つかのはい（あるいはいいえ）によって、民主主義と呼ばれる儀式は始動し、速度を増し、自分自身を支えうる力学的均衡を獲得するに至る。

もちろん、現実に美濃部亮吉の名前が選ばれ、石原某の名前が排除されるに至るには、なお多くの要素が介在することは間違いない。だが、この選別と排除のプロセスが、本質的に人の名前の儀式であることは否定しがたい事実である。その際、儀式の演じられる場がマス・コミュニケーションと呼ばれる記号媒介の制度である点は、その制度的な場で、人の名前と名前の主の自己同一性との隔離が必然的に進行する点と同様、実はさして重要な問題ではない。というのは、人の名前の本質とは、決してその名の持ち主の自己同一性の中にあるのではなく、言葉として習得され、流通し、忘却されることの中にこそ存するからである。事実、人は骨となり埋葬されても、名前は骨になったり埋葬されることがないではないか。だから、名前の一人歩きは、人にとってはいささかも嘆かわしい現象ではないはずである。では、ここで問われるべき真の問題とは何であるのか。

いうまでもなく、それが人の名前の儀式でしかないという理由で、民主主義の当否を問うことが問題なのではない。そうではなくて、かりにそれが周期的でしかないにせよ、人の名前の儀式に誰もが参加することを原則として認めあった制度下に暮しながら、人がいかにして人の名前を習得するかという根本的な問題が、とても「文化」的とは呼びがたい「自然」の状態に放置されており、しかもその事実に驚くことを人が忘れているという点こそが問題なのである。小学校の教科書を開いてみるがいい。そのいかなるページにも、人の名前をどのように憶えるべきかについて書かれている個所は認められない。また、それは自然に憶えるべきものであるといった「文化」的な申しあわせが大人たちのあいだに存在しているわけでもない。だから子供たちは、まるで野原にはえた木の実を食べるように、家畜の子が母親の乳をさぐるように、盲滅法に人の名前を自分のものにして行く。そしてあるとき不意に、試験のために、テストのために、人の名前を憶えねばならぬ局面に達する。そのとき彼らはどうするか。それを暗記する。それ以外の道を彼らは知らないのだ。だから、暗記することを義務づけられなかった名前は大学生になっても知らないし、また知らないことを当然だと思って恥じいるふうもない。いまや、カルメンという名前を聞いたこともなければ、そんな名前の音楽も知らず、そんな題名の小説も読んだことがないという学生を前にして仰天していては、大学の教師はつとまらぬのだ。もちろん、プロスペル・メリメだのジョルジュ・ビゼーなどの名前など問いただしたりしてはならない。学校で習ってさえいなければ、彼らは無知をいささかも恥じようとはしない。だがおそろしいのは、こうした状況の一般化である。固有名詞への徹底した無関心は新聞記者たちにまで及んでいるのだ。たとえばある大新聞の一つが、マックス・アーネスト氏の死亡記事を載せたとしたらあなたはどうするか。かなりの著名人らしく、その記事は長い。読者は、まず、自分の無知を恥じるだろう。ああ、自分はかなりものを知っているつもりでも、その知識にはやはり限界があった。マックス・アーネストなど聞いたこともなかった。しかもその記事によればアーネストは国際的に活躍した画家だという。ドイツに生まれ、アメリカに暮し、フランス国籍をとった前衛画家。第一次大戦後の芸術運動をリードした、云々。待ってくれよ。それではマックス・エルンストそっくりではないか。ダダイスムとシュールレアリスムに深く加担し、というからには、その名を知らなかったこちらの無知が深く恥ずかしく思われてくる。だが、キリコと接近し、コラージュの手法を創案し、という説明を読み進めるに及び、それがエルンストその人であることは疑えなくなる。だが、記事の冒頭には、太い活字で印刷されたマックス・アーネストの名前が堂々と掲げられている。おそらく、外電をそのまま日本語に訳した記者の無知がそのまま誇らしげに露呈されてしまったのだ。だから、マックス・エルンストの作品の記憶をまったく持たない人間でも新聞記者になりうる現実に驚いていては、新聞など読んでいられないのだ。たとえば、いま一つの大新聞に、マルクス・スタイルのひげで名高いボリビア大使がパリで射殺された事件が報道される。チェ・ゲバラを殺した国の大使が、カール・マルクスばりのひげ面でパリに赴任していたというのはいかにも奇妙ではないか。で、かたわらの写真を見ると、その不幸な大使の顔は、グルーチョ・マルクスにそっくりなのだ。試みに、その記事のもとになった外電をフランスの新聞で読んでみると、そこには明らかにグルーチョ・マルクス式の口ひげと書かれているのだ。要するに、記事を訳した外信部の記者が、グルーチョとカールとを混同してしまったのだ。しかも、ほとんどの外国語で、頬ひげと口ひげとが別の単語である事実を知らなかったのである。それでも外信部の記者はつとまるのだ。これではまるで、マルクス兄弟のギャグではないか。

最近の学生は漢字を知らないという。ある新聞社の入社試験に「鴉」にふりがなをつけさせる問題をだしたところ、答えが六十何通りかにわかれたそうだ。だが、そんなことに驚いていてはいけない。カラスがからすだとわかり、鳥によってあの黒い鳥をイメージできればそれで充分である。これを恰好の材料として、今日の学生の漢字の知識の欠落ぶりを嘆いたりするよりは、いったい、どんな種類の学生が「鴉」をカラスと読めたかを追跡調査することの方が、はるかに有意義ではないか。その調査の結果は目に見えている。学校で暗記を強いられたわけではない二つの人の名前に親しんできた者たちだけが、「鴉」を正確に読みえたことは間違いない。その二つの人の名前とは、いうまでもなく長谷川伸と加藤泰である。ところで、ある大新聞社がその全集を刊行している前者はともかくとして、あなたは、加藤泰を知っているか。

ペッキンパーと少年

妻が二階からあわただしく駆けおりてくるときには、きまって、何か途方もないできごとが起る。できごとといっても、それは、テレヴィジョンの受像器の上での話だ。たいへんだ、たいへんだ、今日の新聞はないかという。日曜日なので、いかなる新聞をも定期購読していないわが家にそんなものがないことは承知しているはずだ。何が起ったのだ。彼女は、大変だ大変だと興奮しながら、いまの番組に出た子供の名前を是非知らなければならない。とにかく、素晴らしい少年なんだから。あたしが日本へ来てから出逢った最も聡明そうな子供なの。どうしてもその名前が知りたいと妻はせきたてる。妻が日本人の人の名前にこれほど執着するのは、きわめて稀な話である。夫のまわりに群がっている仲間や友人の名前など、とても一どきには憶えられない。そこで、その多くがフランス文学の教師である彼らが研究したり翻訳したりしている作家の名前をまず記憶する。だからわれわれの家庭での対話は、きわめてスケールが大きいのだ。今日はビュトールに逢ったとか、サルトルと仕事の打ち合わせがあるとか、ル・クレジオの妹さんがたずねてくるとか、スタンダールに電話しなければならないといったありさまなのである。ところが今日は、はじめから名前が知りたいというのだから、話は尋常でない。いったいどうしたのか。

とにかく、聞いて頂戴、と妻はせきこんで口にする。子供が一人でて来たわけよ。それが、そこらへんにいる子供とはわけが違う。小学校五、六年といったところかしら。いかにも繊細そうな表情で、しかし病的な神経質というのとは違って、知的だけれど感性豊かな声をしている。それが、いろいろ答えるわけよ。変な、太った喜劇役者みたいな人がいて、それはあまりあたしの趣味じゃあないけど、その役者が子供の返答に応じて誰かの似顔を描いて行く。するとそれが、その子の父親の顔らしい。あとで、その父親という人が登場する。今度は、これも喜劇役者らしいその人が、質問に答えなければならないわけ。あたると似顔を描いた黒板に○をつけ、はずれると×をつける。子供の趣味とか、何かそんなことがいろいろあったらしいけど、よく聴きとれなかった。ところが次にね、と妻は息をつく。その次に、子供が大好きな人の名前を挙げろというわけ。それが誰だと思って。

誰って、わかるはずはないじゃあないか。それが、ジョン・フォードとサム・ペッキンパーなんですって、素晴らしいじゃあないの。照れるでもなく、妙に気取るでもなく、フォードとペッキンパーが大好きですって。それが、何と十か十一の子供なのよ。頼もしいじゃあないの。だから、ぜひ、その子供の名前を知りたいわけなのよ。父親も、司会の太った人も、ジョン・フォードなら知ってるけど、そのペッキンパーってのは何ですか、って調子なので、子供は落ちつきはらってその名前の主が何者たるかを説明する。そのありさまが、何とも感動的であったという話を聞いているうちに次第にこちらにも妻の感動が伝わってくる、そして、そう、重要なのはやはり人の名前なのだと思う。それは、教養と呼ばれるあの堅固な知識として重要なのではなく、習得され、また忘却されもするいかにもあやうげな流動体としてあたりを漂っているからこそ重要なのだ。そして、「文化」とは、教養の総体の誇らしげな記念碑ではなく、流通し、循環する幾つもの人の名前がたがいに交錯しながら描いては消しさってゆく変容するもののかたちなのではないか。興奮ぎみの妻の断片的な言葉がその横顔を粗描する少年の、その口からペッキンパーの一語が洩れる瞬間、ひたすら一つの名前でしかない言葉は、少年の感性がこれまで受けとめてきただろう幾多のペッキンパー的映像とせめぎあって、その名前の習得を彼に許した制度としての「文化」の中に、あの名前の儀式としての排除と選別のメカニズムとは異質の力学圏を現出せしめていたはずだ。だからこそ、妻はあわてふためいて階段を駆け降りずにはいられなかったのだろう。

　人の名前とは、それ自体が一つの言葉でありながらも、知識とは最も遠い世界で「文化」に加担し、しかもその加担する仕草そのものによって、「文化」を一瞬ごとにあやういものにする。現代の日本に欠けているのは、こうした種類の言葉に注ぐべき視線ではないのか。日本語論とやらが活況を呈し、日本語が乱れているなどといたるところで口にされながら、そこで問われているのは、せいぜい規範的な修辞学にゆるやかな変容の影がさしたという程度のことではないか。しかも、規範的と思われている日本語の秩序そのものが、すでに変貌を蒙りつつある相対的な言葉の顔でしかない。いま、何が乱れているかといえば、言葉そのものではなく、言葉の中でもきわめて特殊な人の名前の配置ではないのか。その習得そのものが「自然」の状況に放置されているかにみえ、しかもその放置が、実は民主主義と呼ばれる人の名前の儀式を最も円滑に機能せしめるという暗黙の了解の上に仕組まれたいま一つの儀式にほかならぬといった人の名前は、習得されることによってある種の堅牢性を手にするどころか、かえって脆弱きわまる消滅性に身をさらす言葉であるという特殊性を帯びている。つまり、人の名前とは、言葉の中でも、最も忘れられやすい言葉なのだ。しかも言葉が制度として成立するには、人の名前を忘れてしまったことすらを忘れさせる無関心があたりにたちこめていなければならない。実際、あの人の名前を思わず忘れてしまうということはしばしば起っても、ある言葉の意味を忘れたり、あるいはあるものが何と呼ばれるかを忘れてしまうことはまずないだろう。さらには、人は、ある種の人の名前をあらかじめ憶えまいとする権利は保留しながら、ある言葉を意識的に習得せずにおくということはまずありえない。ということは、制度としての言葉の制度性は、人の名前に触れた瞬間にこの上ない鋭さで顕在化するのだということだ。そんな危険な言葉に、人はどうしてこれほど無関心でいられるのだろう。そしてあたりに満遍なく行きわたっているこの無関心が、人に、日本語が乱れてきたという言葉をいたるところで口にさせ、しかも、そう口にさせることで、おそらく第二次大戦以後の数十年間をかけてわが国で進行していたはずの日本語の変容の真の姿を隠してしまうのだ。そして、その真の変容とは、言葉遣いや漢字の読み書きといった次元に展開されるのではなく、人の名前たちの大がかりな交錯が描きあげていた「文化」的な配置の水準にこそ認めらるべきものではないか。

いま、人の名前の習得と流通と忘却のプロセスに、著しい変化が起りはじめている。そしてその変化が何によってもたらされたものか、実は誰も知らないし、またあまり知ろうともしない。しかし、それが一つの名前の習得と流通と忘却そのものと深くかかわりあったものである点は間違いないと思う。そして、その一つの名前とは、明らかに一つの名前を持っていながら、人びとによって決してその名前では呼ばれることのない日本でたった一人の人間の名前にほかならないだろう。日本語を考えるとは、最終的には、このたった一つの人の具体的な名前が、どんなふうに習得され、語り伝えられ、共有され、循環し、そして忘れさられてゆくかの過程へと、きわめて具体的な視線を注ぐことでなければならないはずだ。だからこそ、ミスタンゲットも、サム・ペッキンパーも、この上なく重要なのである。

ところであなたは、ペッキンパーを知っているか。

海と国境

海の不在

日本は島国で漁業がさかんだとか、バルチック艦隊を破ったほどの提督を持つ海軍国だったとか、海洋性の気候で夏は湿度が妙に高くなるとか、そんな話は昔から聞かされて知ってはいたけれど、まさか、日本に海がないとは思っていなかった。太平洋も見たし日本海も眺めはしたけれど、あれは海なんてものではないと妻はいう。海ってものは、もっと途方もない何ものかでなければいけない。たとえば、英仏海峡に面したノルマンディーからフランドルにかけての海岸。断崖がそそりたっていてもいいし、砂丘がどこまでも伸びていてもかまわないが、そこでの海は、もっともっと大がかりな表情の変化を持っている。潮の干満によって、いままで砂丘だと思っていたところが、いつの間にか灰色の波に蔽われてしまう。かと思うと、潮が二キロにも三キロにも引いていって、気の遠くなるほどの広さの湿った砂が露呈する。そして何頭もの馬の黒い影が、濡れた砂丘を思いのままに駆けぬける。とり残されたように鈍い空の色を映している水溜りのまわりには、鷗たちが群がっていて、そこに、飼主から遠く離れた犬が走りこんでゆく。そして、カフェで風を避けて熱いチョコレートをすすって浜辺に戻って行ってみると、海はもうついそこのところまで拡がりだしていて、最後の砂のお城を崩しさってゆく。海とは、陸と海とが演じるおそろしく気まぐれな、それでいて調子の狂うことのない戯れの場でなければならない。少なくとも、わたくしの知っている海は、視線の尽きはてるあたりまでが陸になったり水になったりする巨大な周期的な反復の舞台なのだ。ところが、と妻はいう。ところが、日本では、海と浜辺とが、あまりにも几帳面にたがいの領土を尊敬しあっている。ゆっくり時間をかけて、だが着実に満ちてくる潮のあの官能的な運動が日本の海には欠落している。嵐の日の途方もない波のうねりとか、台風の高潮とか、そんな海の粗暴な表情がどうしたというのではない。そうじゃあなくて、何といったらいいか、あの動物たちの群がみせる秩序だった奔放さとでもいうべきものが、ごく日常的なさりげなさで海に生気を吹きこんでゆく。そうした生気が日本の海には感じられない。だから、そんな光景としての海に馴れ親しんできたものにとっては、日本には海がないとしかいいようがない。海のない島国に住むことになろうとは、本当に考えてもみなかった。ああ、久しぶりに、海がみたいと妻は時折り嘆息する。ああ、海がみたい。

いうまでもなく、妻は、朝から晩まで日本の海に難癖をつけているわけではない。伊勢志摩の入江の松林ごしにのぞまれる海や、伊豆半島の突端で耳にする海鳴りの音などは、やはり美しいという。ただ、故国を遠く離れしかもその土地に住居を定めて暮らす者にとって、その郷愁の思いがこうした表現をとることは、いかにも現実感をもって夫の胸をうつ。誰もが、自分の海を持っている。その海が、いま実際に目にしている海と異なることは、発見の喜びの源であると同時に、ある崩壊の意識ともつながっているだろう。もちろん、妻にしたところで、カリフォルニアの海が象牙海岸の海と同じ顔を持っていまいことは充分承知している。プルーストの海がヘミングウエイのそれと違っていることも、知らぬわけではあるまい。それでいながら、日本には海がないと断言することの重さは、軒下につるされた干物の魚とか、漁師たちの網を引くかけ声だとか、夏の浜辺のスノコ小屋とか、松林の赤い幹とか、そんな断片的な記憶を綴りあわせて海をイメージする日本人の夫にとって、痛いまでに感じられる。倖いにして、妻は、ああれが喰べたいこれが飲みたいといって、外国人向けの高級食料品店をはしごしてまわるといった習癖は持ちあわせていない。電車を乗りついで評判のフランス・パンを買いに行くといった日本人の奇行には目をそむけながら、米の水加減に気をつかい、ざるそばの歯切れ具合を云々する。コーヒーよりは遥かに日本茶を愛好し、近所のお茶屋では、いつものところを二百グラム頂戴などと日本語で注文する。行きつけの寿司屋の板前さんと仲よくなって、行くたびにオアイソが安くはならないまでも、物価上昇の割には決して高くならないことをいまでは当然の事と考えている。子供の参観日には、前の晩からコクゴやサンスウのおさらいをして、早朝の混雑電車に揺られてゆく。それでいながら、やはり、時折り、ああ、海がみたい、本当の海がみたいというつぶやきがその口から洩れる。

そんなとき、日本に欠けているのは海ばかりではない。日本には、田舎もないという。田舎とは、妻にとって、見わたす限り拡がった畑のつらなりであり、牛が草をはむなだらかな緑の丘であり、樹々に囲まれた農園の屋根であり、親のあとを追う仔馬の歩む光景にほかならない。だからわれわれは、決して同じイメージを共有することなく、「海」la mer だの「田舎」la campagne だのの語彙を口にしあっているわけだ。フランスであれば、パリから二十分も電車に揺られれば、窓の外に田舎が横溢しはじめる。週末を田舎で過ごすといった言葉が想像させる豊かさは、たまたまとび込んだレストランのもうそれだけで腹がはってしまいそうな前菜とか、何でもない庭さきで手づかみでほおばるサクランボの甘さとか、とりたてのアスパラガスが山ほど緑色の湯気をたてている粗末な皿とか、そんなものによっていかにも気軽に自分のものとすることができる。だが、日本では、何時間汽車に乗れば、田舎に出逢えるというのか。たしかに、真夏の山形とか秋田とかの米作地帯に行くと、田圃一面に実った稲の穂からタタミの匂いがたちのぼってくる。あれが日本の田舎の豊かさというものかも知れないと妻はいう。だがそれにしても、それは東京から何と遠いことか。おまけに、今夜、不意に思いたって明日の朝汽車に乗るというわけにもいかない。そして、それはやっぱり自分の知っている田舎とは違っている。だから、無いものねだりとはわかっていても、妻はつい、ああ、本当の田舎が見たいとつぶやいてしまうのだ。馬や牛といった平凡な家畜たちが風景と調和しあっただけの、何の変哲もない田舎に行ってみたい。

週末の香港旅行

日本には海もなければ田舎もないという妻の修辞学的誇張が隠している郷愁を癒やすべく、われわれは、ヨーロッパに行くたびに、長い休暇を海と田舎とが共存する地帯で過ごすことになる。海があって田舎もある場所をさがすことは、さしてむつかしい仕事ではなかろう。たとえばパリから百五十キロのノルマンディーの海岸、その背後には豊かな緑の田園地帯が拡がりだしている。ギュスターヴ・フローベールの『三つの物語』におさめられた「純な心」に描きだされるトゥルーヴィルの浜辺、あるいは『花咲く乙女たちのかげに』のマルセル・プルーストがバルベックの名のもとに永遠化したカブールの浜辺など、避暑地の数にこと欠きはしない。だが、海と田舎との遭遇がまた家族や親類との再会をも意味しなければならない妻にとっては、選択基準はそう簡単なものではない。というのは、フランス系の母親を持ちパリで生まれた妻は、またベルギー系の父親の一族をブリュッセルに持ってもいるので、ノルマンディーばかりを優遇するわけにはいかぬからである。だから、ジェームズ・アンソールの海の風景で名高いフランドルの海岸でも休暇を過ごすことになる。そして、この避暑地の選定をめぐって、日本に欠けている第三のもの、東京での生活につきまとって離れないあるもの足りなさというか、欠如の意識がたちどころに明らかにされるのだ。そう、海もなければ田舎もない日本には、より根本的な何かが欠け落ちている。それは、国境にほかならない。いったい、国境がないのに国としてやっていけるという奇妙な国が世界にあるだろうかと妻はいう。同じ島国のイギリスにも、アイルランドとの国境はれっきとして存在している。だというのに、日本人は、そのことを不思議がりもせず平然としている。長距離列車に乗りこんでも、その終着駅が同じ日本だと安心しきっている。こんな不思議な国があるだろうか。ヨーロッパに住んでいれば、ちょっと生活が単調になれば、一週間ばかり隣の国へ行って気分を転換することもできる。夜行に乗って、翌朝起きてみると駅のアナウンスがもう別の国の言葉をしゃべっている。またその国に、親類縁者のたぐいが必ず一人や二人は住んでいるものだ。ところが日本人は、海という曖昧な国境を越えると、その向うでは何もかも日本でなくなると思っている。こんな奇妙な国があってもいいのだろうかと妻はいう。

実際、妻は、フランス人とベルギー人の伯父、伯母、従兄弟をほぼ同じ数だけ持っているし、まだ遭ったことのない血縁の家族がスイスにも暮している。冠婚葬祭の折には、たがいに国境を越えて行ききしている。パリに展覧会があれば、ベルギーの従兄弟たちが週末にやってくる。ブリュッセルで評判になった芝居があれば、パリの伯父伯母が車を飛ばしてゆく。国籍は違っても、電話で明日の予定をたずねあっている。彼らにとっては、国境の存在は当然のことであり、また国境の存在がたがいの関係を疎遠にするとも思っていない。朝パリをたてば、昼食はブリュッセルの親類の家でたべることができる。国境とは、人を遠ざけるものではなく、むしろ近づけるものなのだ。

これはおそらく、同じ一つの国語を共有するフランスとベルギーとの特殊な事情かも知れない。だが、ヨーロッパ人の一人から、東京は香港から汽車で何時間かかるかと聞かれて、驚いたりしてはならない。実際、はじめてそんな問いに接した折には、彼らの地理的な無知に仰天し、中国と日本とのいつもながらの混同ぶりを腹立たしく思いもしたものだが、考えてみれば、彼らの常識からすればそれはごく自然な話なのだ。ロンドンからイスタンブールまで列車を乗り継いで行って何の不思議もないのだから、中国は大陸で日本は島国なのだと胸をそらせてみても、その方がかえって不自然というものだろう。イギリス人たちは、週末には汽車に乗ってノルマンディーまでフランス料理を食べにやってくる。ヨーロッパ大陸からアフリカ大陸までだって、車に乗ったまま日帰りできる距離なのだ。だからヨーロッパ人たちは、車に乗ったまま朝鮮料理をたべに行ったり、汽車に揺られて香港まで出かけてゆく日本人がいないことがなかなか理解しがたいという。何だって、十年も日本に暮していながら中国大陸や朝鮮半島に一度も足を踏み入れたことがないとは、それはいったいどういうことなのかと、ヨーロッパの友人たちは妻に問いかける。

そんな彼らの疑問に対してわれわれが全く対応策を欠いているわけではない。あなたがたは、アジアの諸国をヨーロッパを中心としていた世界地図で考えている。あなたがた馴れ親しんでいる地図はヨーロッパを中央に配して太平洋のところで地球を引き裂いているから、中国大陸や朝鮮半島や日本列島は紙面の右端に追いやられて醜くゆがんで、いかにも世界の涯といった感じで心もとなげに身を寄せあっている。だが、実際は東京と香港とはパリとモスクワほども離れているのだ。われわれが子供のころから知っている世界地図というやつは、太平洋を中心に据えて大西洋で世界を切り裂いたものだということを忘れてはいけない。それから、明治以後の日本の帝国主義的植民地政策とその破綻とか、第二次大戦後の冷戦構造とその余波とか、国際的状況もまた中国と朝鮮と日本との関係を複雑なものにしている。それに、朝鮮半島から中国大陸、そしてインドシナ半島にかけては、第二次大戦後の三十年間、絶えず動乱と緊張が続いていたのであり、その間、日本は、武器の供給国として、よその国の軍事基地として、また東南アジア開発の経済的侵略をおし進め、そのことで国家的繁栄を享受してきたということも知ってほしい。

だが、そうした地理的＝政治的説明は彼らヨーロッパ人をいささかも納得させはしない。それがどうした、そんな話は何の説明にもならぬではないかと彼らはいう。このフランスにしたところで、一九三九年から三十年間というもの、ヨーロッパと北アフリカとインドシナ半島をまたにかけて無意味な戦争をくり返し続けて来た。スエズ運河をめぐる軍事的干渉にも手を貸した。また、いまでは中近東の石油地帯を相手どって世界最大の武器輸出国の一つとなってもいる。それでいながら、人びとを夏のヴァカンスへと誘うアルジェリアやエジプト観光業者の広告がパリ中の壁にみちあふれている。冷戦構造の後遺症だって、このヨーロッパのいたるところに色濃く影を落している。そこらへんにうろうろしている人間の誰が特務機関のまわし者だかわかったものではない。それでいて、モスクワ経由のシベリア鉄道の列車は、今夜も確実にパリ北駅のホームを離れてゆくではないか。だから、現在の日本が置かれている状況は、とても特殊なものとは思えない。特殊でも何でもない状況を特殊だと信じこんでいる日本人の心情のほうが、よほど特殊だというべきではないか。

国境への郷愁

特殊でも何でもない状況を誰もが特殊だと信じこんでしまうことの日本的特殊性。それは、国境の欠如を何かものたりなく思う妻の心情とどこかで通じあっているものだろう。日本という国境を持たぬ国の不思議さを口にしたからといって、そのことで、妻はあの誰もが話題にする日本人の国際感覚の欠如ぶりに改めて触れようというわけではない。また、日本語は日本人のものだと信じ込んでいる国語意識の特殊なこわばりを攻撃しようというのでもない。そうではなくて、どこまで行っても日本が日本でなくなることのないこの均質な環境に誰もが絶望することなく、というよりそれに程よく満足して、不在の国境への郷愁すら憶える気配がないという点が、いかにも不思議なのだと妻はいう。何でも模倣することの上手な日本人が、国境を捏造せずに平気でいるというのは、いったいどういう神経なのか。いくら飛行機に乗って世界をとびまわってみても、そんなことで国境は捏造できはしない。空の旅は、地上の国境のまわりに漂っているあのいかにも単調な日常性を一挙に抽象化してしまう。何度も海外旅行をしたり何年も外国生活を経験した人に限って国際感覚を欠いた言動を平気で行なってしまうという奇妙な日本的現象も、そうした点からくるのだろうと妻はいう。その人たちは、誰々さんとお話ししたいのですがといった表現を、英語やフランス語で何というかは知っている。だが May I speak to 〜 とか Pourrais-je parler à 〜 とかいった言葉は、商取引きのアポイントメントでもとりつける時の事務的な表現にすぎず、何度も逢って知っている親しい間がらであれば、今日はとかお元気ですかとか、いずれにしてもごく日常的な対話から始まるのが本当の電話によるコミュニケーションというものではないか。ところが、外国暮しに馴れている人たちは、不思議にその日常的な挨拶を口にすることができない。国際感覚とは、外国語の電話のかけ方を暗記しているいかにもこわばった精神ではなく、今日はのひとことを日本語でも何語でもかまわないから口にしうる心の柔軟さ、というか自然さのことではないかしら。そして、日本に欠けている国境というやつも、この今日はお元気ですかに似て、絶望的な退屈さであり、うんざりするほかはない単調さの反復にほかならないと妻はいう。

　あの単調さの反復がなつかしい。パスポートの提示を求める警官の仕草の単調さ。申告すべき品物の有無をたずねる税関吏のあの声の単調さ。そしてその単調さが、国境の向う側とこちら側とで微妙に違っている。あんな投げ遣りな態度で密輸や密入国の摘発ができるかと思うほどの機械的な儀式。それでいて、新聞を読んでいると、時にはギャング映画そこのけの事件が国境で起ったりしている。そう、国境とは、わたしが子供のころから馴れ親しんでいるノルマンディーやフランドルの海のように、あの潮の干満に似た二つの領域の大がかりな戯れをつつましく演じつづけている何ものかなのではないかしら。でも、日本にやってきて東京に住みつくまで、国境がなつかしくなるだろうなどとは、思ってもみなかった。

　たぶん、国境のない奇妙な国と妻がいう日本には、国境という言葉そのものが存在しないのだろう。またかりに、国境の一語が国語辞典にのっていたにしても、それは、哲学用語の一つ以上の現実感すら持ってはいまい。「国境の長いトンネルを抜けると雪国であった」という名高い川端康成の一句にしても、あれはクニザカイと読めばイメージがわいてくるが、コッキョウと読んだのでは何のことだかわかるまい。だが、それなら、国境のない国にあって、語彙としての国境をいかにして習得すればいいか。外国にあって日本にはないとされるものはいくらもあろうから、たとえば「民主主義」とか「マルクス主義」といった概念のように、抽象と現実とのはざまに橋をかけるあの知的アクロバットに力を入れてみるか。それとも、日本の海は北フランスの海とは違うといったたぐいのごく常識的な見解を、比較文化論などと称するもっともらしい視点に仕立てあげ、陸の孤島ともいうべきイスラエルなどの例をひきながら、あの日本人とユダヤ人といった退屈な議論をむしかえしてみるか。あるいは、日本が国境を持っていた時代への郷愁から、国境の捏造に躍起になっていた人びとの言動のうちに、現代日本の失われた自己同一性の回復を模索してみるのも一興かもしれない。

だが、まあ、そんな話はさしあたってどうでもよろしい。抽象と戯れることの好きな人たちにまかせておこう。われわれは、いま、日本に国境がないというきわめて具体的な事実から出発し、その事実を特殊化しながら抽象に逃れることなく、自分がどこまで具体的たりうるかを自分自身に試してみなければならないと思う。ちなみに、国境とは何かと子供にたずねてみる。

Frontière とは何か知っているかというフランス語の問いに、子供は une sorte de banlieue と答える。つまり、パリの市街図を前にした彼の口から洩れた言葉によれば、国境とは一種の郊外といったものだという。そこで今度は、日本語で、国境の意味を問うてみる。すると、それは国と国とのつなぎ目だという。ヨーロッパで何どか国境を越えた体験を持つ少年が思い描く国境のイメージは、はたして具体的だろうか抽象的であろうか。それは父親の判断を超えている。いったい彼は、自分の内部に、幼い仕草で国境のようなものを引き、日本からフランスへの、あるいはフランスから日本への越境を日常化しているのだろうか。だが、国境が一種の郊外だというフランス語の返答に、一瞬虚をつかれる思いがしたことだけはたしかである。

声と墓標の群

墓地の無感覚

たとえばあの「最も長かった日」として記憶されている上陸作戦の舞台となったノルマンディーの海岸地帯とか、塹壕だの鉄条網だのを越えての白兵戦が時代錯誤とも思われずに演じられていたフランス東北部の平野地帯とか、とにかく今世紀に入ってからヨーロッパで繰り返された二つの大戦の、その趨勢を決したとされる激戦地の跡をそれと意識もせずに横切ってゆく。ゴシックの大伽藍を見るとか、理由もなくパリを離れて海を見たくなったとか、動機はそのつど異なっているが、だがそんなとき地表近くを滑走する瞳が捉えるものは、すべてが豊かさでありのどかさであって、よほどの心の構えでもないかぎり、そこでおびただしい数の生命が匿名のまま奪われたことを意識している暇はない。作物によってやや濃淡の違う緑が、どこまでも大地を蔽いつくしていて、牛たちの群が動こうともせぬまま怠惰と安逸をむさぼっている。そんなとき、これから見るはずの大伽藍の建築様式も、やがて食卓に並ぶであろう腸づめやパテやチーズの味をも忘れて、何の役にもたたない時間をひたすら無駄に浪費することが最大の贅沢であるという、あの贅沢本来の無責任な時空に人は快く身をまかせてゆく。贅沢が敵であった時代は終ったはずなのに、なお贅沢が敵であるかに見做され続けている国から来たものは、胸のどこかにまといついている最後の心の痛みを、道路ぎわの麦畑の穂さきにそっとたちまぎらせてゆく。

だが、なだらかな勾配を登り切り、あるいは森を通りぬけたりして新たな展望が視界に浮きあがる瞬間、不意に、日本だったら田圃の千や二千はすっぽり入りこんでしまいそうな広さの土地を、石の十字架がぎっしり埋めつくしている光景が視線をうつ。途方もない面積の墓地である。それは、多くの場合、墓地と呼ばれることが滑稽なほど、広い。そして、またとない贅沢に浸りきっている者を感動させるのも、その異様なまでの広さである。足をとめて近寄ってみると、墓石の表面に読みとれる死者たちの名前は、大部分がアメリカ人のそれである。どうかすると、ある一画にイタリア人の名前が寄り集まっていたりもする。あの無邪気で楽天的なヤンキーが、あの陽気なイタリア男たちが、どうしてこんな土地に眠っていなければならないのか、つくづくフランスとは奇妙な国だと思う。二度の戦争を通じて、決して戦闘に勝ったことのないフランスが、きまって戦勝国として講和会議のテーブルについている。そしてその奇妙な戦勝国へと、大西洋を越え、アルプスを越えて異国の若者たちが命を落しにやってくる。それにはそれの歴史的必要があったことを、人は無理にも信じ込むことはできよう。だが、この途方もない数の白い十字架たちは、その歴史的必要をもあっさり虚構化してしまう。滑稽なまでの広さと数とが、感激的なのだ。死者の霊を弔うといったむしろ敬虔な心の動きまでをも、笑うべき抽象として恥じ入らせんばかりに、墓地は広いのである。悲劇を、いつまでも記憶して語りつぐことにどうしてもまぎれ込んでくる抒情的側面、この広さは、その抒情を廃してほとんど荒唐無稽なまでに現存している。殺しあいだけは避けねばならぬという、あの誰もが口にする戦争の悲惨さ、非人道的な側面など、とうてい思い出している暇などありはしない。限りない死者たちへの記憶として、その奪われた生命の表徴としてあるというより、むしろ、十字架がここでは十字架としての生なましさを露呈している。酷い戦争の消しがたいつめ跡としてではなく、ただのあからさまな数と広さとして、視界を領している。アルバムの黄ばんだ一枚の写真がそそりたてる湿った郷愁、あるいは紙に書きつけられる数字の持つ乾いたそっけなさ、その二つをともに排して墓たちがある。この量としての自己顕示に行きあたった視線は、もうどうすることもできないなと思う。ヒロシマやナガサキに残る幾つかの原爆の記憶。それは惨劇の象徴として、つつましく量だの数だのは排して立っている。その記念碑に触れて、人は記憶を新たにするという。だが、象徴的な記念碑でしかないからこそ、そうした原爆の記憶は、その記憶を反芻する限りその前に立つことはありえない人までが、平気でそこに立ちつくし、頭を垂れ、死者の冥福など祈るという心の余裕を容認してしまうのだ。そして贅沢でのどかな視界を不意に充たしてしまう十字架の無機質の白さと幾何学的な拡がりには、およそ「象徴」なるものがまというる儀式的な葛藤緩和の衣はまったくない。こんなものを見てしまってはとてもやり切れないと、人は、ただ目をそらすことしかできないのだ。

つくづくフランスは奇妙な国だと思う。フランスでもこの上なく視線が休まり、心が贅沢な安逸を享受しうる緑の森や丘陵地帯にこれだけの広さの殺風景な石の行列を配置し、しかも歴史的な大義名分はともかくとして、この土地が吸いこんだ異国の若者たちの名前を刻みつけたその墓標の群が、ある唐突さをもって人目に攻撃をかけても、誰もが平然とそれなりの生活のリズムを崩そうとはしない。あの微妙な色調の変化で大地を蔽いつくしている緑、それはどこまでものどかな光景であると同時にこの上なく陰惨な光景をも描きだしているのだが、なおその緑の地平によってみずからを日々生産し、再生産してゆくことの可能なこの強靭さは、どうもただごととは思えない。たとえば、富士山麓一帯に、かつて日本国籍を強要された朝鮮半島や台湾、あるいは中国大陸出身の戦争犠牲者たちの墓がどこまでも連なっていたとしたら、いくら何でも御殿場や富士五湖で週末を過そうとする神経を日本人は持ちえないだろう。ヒロシマで被爆した朝鮮半島出身者の墓が駅前一帯に林立していたとするなら、赤いヘルメットの群が進撃したの敗走したのといって一喜一憂することがいまの日本人にできるだろうか。だいいち、そんなことが起りうる可能性すら人は予想しはしない。ただでさえ国土が狭いのだから、紙の上にその数を書き写したり悲惨な挿話として語りつぐことはできても、日本のために命を落した日本人でない人たちの遺体の上に、一つ一つ墓石を置いていったりする余裕などありはしないといった暗黙の了解が成立しているのである。そのかわり、時折り思いだして彼らの冥福を祈り、みずからの恥部を快く愛撫することですませてしまうだろう。いずれにしても、あの広大な土地を埋めつくす残酷なまでの現存ぶりには、とても耐え切れはしまい。だが、フランス人にはそれが可能であると思う。墓地に隣接する麦畑や葡萄園あるいは牧草地から採れたパンやコニャックやチーズを食べたり飲んだりしながら、とりわけ、何ごとかに耐えているといった風情もみせはしない。

こんな話を持ちだしたのは、何も、日本的心情からすれば途方もない鈍感さ、破廉恥漢じみた無神経ぶりを指摘するためではいささかもない。なかには、フランスが世界の中心なのだから、この国の文化を護るべく新大陸の野蛮人どもが命を捨てるのに何の不思議もないと思っている度しがたい中華思想の持ち主もいないではない。また、ドゴール空港の新設にあたって、政府が三人の地主と交渉すればそれでもう充分であり、三里塚周辺で起っている小地主の反抗がどうしても理解しがたいといった国土の違い、土地制度の違いもあるだろう。だが、それでもなお死傷者の数には正確には対応してはいないあのおびただしい数の十字架の苛酷な現存ぶりを風景として容認しうる彼らの生活型態のうちに、生きることへのしたたかな執着がある厳しさとして露呈しているかにみえるという点から、フランスにとどまらずいわゆるヨーロッパなるものの実態に触れてみたいと思ったまでのことだ。数として抽象化される死者の群でもなく、記憶として反芻される個人的な死者の抒情譚でもなく、記念碑として儀式化される人類の悲惨でもなく、十字架がただ十字架として圧倒的に現存する事態を日常的な光景としてうけいれつつ生きること。ものの生なましい顕在ぶりと肌で接しあって暮すこと。そうした日々の生活が、彼らをたんなる物質主義者には仕たてあげず、かえって精神の絶えざる錬磨へと導いている点こそが重要なのだ。ものとは、時に晴れやかに微笑し時に怖ろしく表情をこわばらせもするあの曖昧な自然とやらではなく、むしろ人工的なるものの極致として生きる存在をおびやかしにかかる。われわれからみれば奇妙としかいいがたい雑然たるヨーロッパの統一性とは、このものに対して働きかける人間たちの身振りに支えられているように思う。そうした点で、ヨーロッパ大陸は、われわれの生活ぶりよりは、アフリカ大陸のそれに遥かに近いといえはしまいか。アフリカに住む人たちを、自然との苛酷な闘いによって自分を鍛える聡明な野性人と捉えることがいかにロマンチックな視点にすぎないかは、貴重な水を得るのにみずから井戸を掘ろうとしない挿話などによって、『曠野から』（筑摩書房）の川田順造がみごとに描きだしている。豊かさと貧しさの差はあろうとも、ヨーロッパ人とアフリカ人とは、ともに自然の表情の変化を越えてものの現存に働きかける思考の持ち主なのではないか。

だが、比較文明論めいた論議はこのさいどうでもよろしい。ものの現存ぶりにたちむかうしたたかな生活者が、ヨーロッパをいかなる思考で統一するに至ったかを、いささか考えてみたいと思うのだ。現在とは、いったい何であるのか。人間に、いかなる思考と身振りを課すのであるか。

リルケの岸辺

ダンケルクといってもいまではその土地の名がすぐさま第二次大戦の記憶と結びつくことも少なくなってしまっていようが、北フランスのこの海辺の街からほんのわずかばかり東へ行くとそこには国境があって、その向う側にはベルギー領のフランドルの沿岸地帯が拡がっている。対岸のイギリスへと向う船がでるオステンドを中心として、オランダへと至るほぼ五十キロのこの海岸は、山というほどの山もないベルギーにあっては、数少ない行楽地をかたちづくっている。そこで、人びとはいわゆるフラマン語をしゃべる。首府ブリュッセルから急行列車でほぼ一時間、レオ・フェレの詩で名高いオステンドに着く。ヨーロッパの上流階級にとってはきわめて魅力的な名前の街だ。カジノがあり、競馬場もあって日本円を換えてくれる銀行もある。もっともそこで働いている出納係は実に無邪気な連中で、換算率を一けた間違えて、ほんの数枚の一万円札がカジノで一月も豪遊しうるほどの巨額なベルギー・フランに化けてしまう。ゆっくり時間をかけて特産のムール貝の料理を食べているうちに銀行員の誤りに気づき、パリの有名な洋品店などが並んでいる中心街をぶらつきながら帰っていってみると、銀行の内部には背が高くブロンド髪の銀行員たちが目をつりあげてとびかっている。そして、神様のように出現した日本人の手を拝むように握り、またここに戻って来て下さって、心から感激しているとあまりうまくないフランス語で口にしたまま絶句してしまう。もう、二度とこんな間違いを繰り返してはならないと、日本人はふところから取り出した紙幣をおもむろに数えはじめる。妻が、かたわらから、一けた少なく換算した場合も、あなた方はこんなに大騒ぎをなさるのかしらと皮肉めいた口調で相手を眺めている。一人の東洋人と一人のヨーロッパ女性からなる夫婦の口から洩れるフランス語は、あわてふためいた銀行員たちの誰よりも流麗である。格調高く、自信にみちて響く。そして、われわれ夫婦と息子とは、オステンドの休暇をどうか心ゆくまでお楽しみ下さいという幾つものややつたないフランス語に送られて銀行をあとにする。また、お願いするかも知れませんが、今度は大丈夫でしょうねと出がけに念を押す。いつでもお待ち致しております。近いうちにお目にかかれるのを楽しみにしておりますと、年かさの一人が、それほど卑屈になられては困るほどのへりくだった態度でいう。また近いうちに。

また近いうちにだって、と笑いをこらえていた子供が角をまがるや否やもう我慢できずに笑いだしてしまう。ベルギーでは、また近いうちに à bientôt という挨拶を、à tantôt

という。その表現に初めて出逢った子供が、おかしくておかしくてならないのだという。見たところはどうしても日本人としか思えない七歳の少年が、金髪の大男たちがどぎまぎしながら口にしたフランス語が滑稽でならないと笑いころげている光景は、いかにも珍妙だというほかはない。この国では a tantôt というのが普通なのだから、そんなふうに笑うのは失礼だぞ。だいいちこの言葉は十九世紀まではフランスでも使われていたのだ。上流階級の人たちまでが口にしていたことは、フローベールの小説を読めばちゃんと書いてある。むしろこの方が由緒あるいい方かもしれないのだ。でも、だって、おかしいんだから仕方がない。それから小一時間というもの、思いだしたようにその言葉を唇のなかでそっところがしながら、子供はにやにやしつづけている。そんな姿を眺めながら、いよいよ複雑な言語圏に足を踏み入れつつあることが実感される。そして、子供はつくづく残酷だと思わずにはいられない。

オステンドで豪華な週末を過しに来たわけではないわれわれ親子は、むかしなら都電と呼んだ電車に乗りこむ。子供が日本語の鉄道百科で得た知識によれば、半路面＝半郊外と分類されるのだという二輛連結のその電車は、砂をまきたてて海岸沿いの通りを進み、一度内陸に大きく迂回してから再び海と出逢い、地面より水位の高い運河を幾つか越えたりしながら、ほぼ四十五分ほどで、オースト・ダンケルクの海水浴場につく。オーストというのはフラマン語で東を意味するから、いってみれば中野＝東中野といった関係でダンケルクに対応しているわけだ。だが、ダンケルクはフランスだし、オーストの方はベルギー領フランドルの最西端に近い街の一つである。そこに、かつて永いことリルケが逗留したという古いホテルがあって、三階の窓からは、広い砂浜の向うに灰色の海を望むことができる。近ごろはドイツ人も沢山やって来ますが、とんとリルケには興味を示しませんと、父親の代からそのホテルを経営している初老の男は不満げである。いずれ、いろいろ当時の資料をおめにかけます。なに、玄関の彫刻とネーム・プレートにお気づきになったと。あの顔、よく似ておりますでしょう。こういうお客さまには、心からサーヴィス致しませぬと罰があたります。

われわれは、この由緒正しいホテルで、夏の休暇を過すことになる。真昼は、海辺に寝そべって本を読む。夕暮には、ホテルの前の広場に繰り拡げられる演芸をそれとなく眺める。内陸の砂丘地帯は、数人乗りの両輪自転車を乗り入れ、馬だの牛だのを間近に眺める。砂丘地帯の舗装道路を親子がペダルをこいでゆくと、お化けがでる。林間学校でキャンプに来ている子供たちが、昼寝の時間をもてあまして、シーツをすっぽりと頭からかぶり、ふわりふわりとあたりを遊歩し、自動車や自転車が通りかかると順番で行く手をはばむのだ。木蔭に数人のお化けが身を寄せあって、仲間の演戯をそっとうかがっている。ひらひらと白いシーツを翻していた小がらなお化けは、東洋人に先導された奇妙な一族に気をのまれて動きをとめてしまう。近づいていって男か女か fille ou garçon とたずねると、フラマンなまりのフランス語で、低く男だ garçon とそのお化けは答える。木蔭の仲間たちの声援にもかかわらず化けの皮をはがれた不運なお化けは、無邪気な悪戯小僧の素顔をのぞかせてしまう。日本のお化けには足がないんだぞ、という息子の声を残して、われわれは真昼のお化けの群と別れをつげる。

妻の両親がホテルにやってくる。従姉妹たちがたずねてくる。旧友たちが首府から車をとばしてくる。国境の一キロほど向うのフランス領まで、休暇中のパリ大学の教授をたずね、おたがいの健康を祝福しあう。直接の指導教授ではなかったがしばしば刺激的な助言を頂戴した教授は、物価が安いので週に何度かはきまってベルギー領に買出しにゆくという。また、隣り街に滞在しているベルギー人の研究者のところまで自転車をとばしていって、何年か前に逢っていらいのたがいの仕事の進展ぶりを語りあう。奇妙なことに、筆者が専攻している作家ギュスターヴ・フローベールの最も信頼できる専門家は、フランス人ではなくベルギー人なのだ。今日、ベルギーとかスイス、あるいはカナダといったフランス語系諸国の研究者たちの貢献を度外視したら、フランス文学というアカデミスムの学問領域は成立しないほどである。そんな話題を口にすると、そればかりではない、イギリス、アメリカ、オーストラリアの英語圏の人びと、それに日本人の貢献を忘れてはなりません、とあまりお世辞をいったことのないその女流研究者は真顔でいいそえ、砂浜で遊んでいる子供たちを呼び集めて、お三時のお茶をいれてくれる。

だが、何度かパリで逢ったことがあるこの女性とか、ベルギー領に買出しにでかけるパリの教授にしても、われわれが十何時間もジェット機のシートに閉じ込められ、疲労困憊してパリの空港に降りたち、時間的＝空間的な距離を腰の痛みとともに実感したことなどまるで想像するふうもなく、昨日の会話を続けるとでもいった気軽さで会話の言葉を発展させてゆく。われわれにとっては、ヨーロッパは、そのつど何年ぶりかのヨーロッパなのだが、その何年ぶりかという時間の欠落を、彼らはほとんど意識しているふうにはみえない。それは、自分たちの孫がフランス語を話すのは至極当然のこととして、手加減なしの早口で冗談をいったり、息子がいったいどんな答えをするものかはらはら見まもらずにはいられぬほどの複雑な質問を、矢継ぎばやに浴びせかける。息子がそのつどいかにも自然に応じているので、フランス語を忘れさせまいとして妻がはらった途方もない努力を、ほとんど感じとろうとはしない。この子がフランス語と日本語とをともに理解するのだということに、パパやママンがちっとも驚かないといって妻は不満げである。この子は、毎朝、七時半に家をでて、あなたがたがテレヴィジョンの画面で知っているだろうあの混雑した電車に一時間も揺られ、日本人の先生と学友たちと一日中日本語で勉強し、帰ってくると、日本語で宿題をし、日本人の仲間と日本語で遊び、たぶんこのごろは、日本語で夢を見ているのかも知れないのよ。それが、いまは、平気であなたがたとフランス語で話しあっているのだ。だが、妻の両親は、それはそうかも知れないといった程度の反応しか示さず、フランス語で孫に話しかけ、早口に用事をいいつける。妻にとっては、奇跡的な現象として理解してもらいたい息子のフランス語が、ここではいかにもありきたりな日常なのだ。だって、この子はいま現実にフランス語をしゃべっているじゃあないの、といったあからさまな事態を、ごく自然な日常としてうけとってしまうのである。だが、フランス語とは、それほど自然な何ものかであるのか。

声の残酷

何しろ一度に百人近い逗留客に温かい料理を給仕しなければならないのだから、食事どきのウェイトレスたちの苦労は大変なものだ。決して人手が充分にあるというのではないから、ときには無理な姿勢で肘が自由を失い食器を床に落してしまうことになる。彼女たちは、夏の観光シーズンの時ばかり働きにやってくる近郊の農家や漁民の娘なのだ。それでも笑顔を崩さずにテーブルのあいだをすりぬけてゆく。フランス系の客にはフランス語で、フラマン系の客にはフラマン語で、ドイツ人にはドイツ語で注文をきいてまわらねばならない。そんな娘たちの一人が、ある日、かかえていた料理をそっくり床に落してしまった。とてつもない音響に、食堂中がいっせいに振り返る。悪意はなくても残酷な視線が集中するので、娘は、無意識のうちにフランス語で詫びの言葉をつぶやき続けている。その瞬間、いかにも驚いたといった大げさな身振りで立ち上った息子の口から、オー・シエ・フュという叫びがもれたのだ。そのときはさほど気にもとめずにいたが、以来、何か人を不意撃ちするような事件が持ちあがると、子供は、きまってオー・シェ・フュ、シェ・フュと絶叫するのである。いったいそれは何の合図かと妻が問いただしても、ただにやにや笑っているだけで答えようとはしない。万国発音記号で記せば［o ʃefy］とでもなかろうか、とにかくその叫びが一つの口ぐせになってしまった。母親からしかられそうな事態にたち至ると、難詰の言葉がその口から洩れるより一瞬早く、オー・シェ・フュと身振りまじりに絶叫して危険な状況を曖昧にしようとする。砂浜であらぬ方向からボールがとんできたりしても、オー・シェ・フュと驚いてみせる。遂に、東京に還るまでその秘密の合図の由来はわからずじまいであった。いったいそれは何の悪戯なのか。理不尽な口ごたえに怒った父親の表情がこわばった瞬間、子供は何カ月ぶりかで例のオー・シェ・フュを口にした。もういい加減にその妙なおまじないはやめにしなさい。だいいち、ここは、日本なんだから。すると子供は、フランドルに行ったらまたはじめてもいいかという。いいも悪いも、何の意味だかわからないそんな言葉を口にするのはやめなさい。でも、フラマンの人たちはみんなオー・シェ・フュといっていたではないかと子供は反抗する。となると、それはフラマン語であったのか。いや、違う、違う。じゃあなんなのだ。パパはあれを聞かなかったの。ほら、あの半路面＝半郊外の電車が事故を起したとき。

そうだ、そういえばそんなことがあった。不注意に道路を渡った一人の少女を、二輛目の車輌が引っかけてしまったことがあった。あのとき、運転手は事故に気づかず止ろうとはしなかった。後の車輌から、何人かの乗客が血相を変えて走ってきた。その先頭にいた太った御婦人が、オー・シェ・フュと絶叫していたというのだ。その絶叫が、はじめて立ち合った人身事故の興奮とともに、頭にこびりついて離れなくなってしまった。だって、あの人たちのフランス語は、とってもおかしいんだもの。

なるほど、そうであったのか。あの叫びなら、妻もわたくしもはっきり聞いたはずだ。見たわ、見てしまったわと、御婦人はとり乱してわめきたてていたのだ。ところがその太った女の人はフラマン系だったので、オー・ジェ・ヴュ Oh! J'ai vu. [o ʒevy] と発音すべきところを、フラマン的にオー・シェ・フュと口にしてしまったのだ。われわれ大人は、それを無意識のうちにオー・ジェ・ヴュと聞いていたのだが、子供の聴覚には、オー・シェ・フュと明確なフラマンなまりのフランス語として捉えられたのである。実際、彼らは、j を ch. v を f のごとくに発音している。その微妙な差異を、子供が残酷にあばきたてたというわけだ。おそらくわれわれ夫婦は、間違いなくオー・シェ・フュと発音されたフラマン系の女性の絶叫を、綴り字の Oh! J'ai vu. を仲介させた上で、オー・ジェ・ヴュと聞いてしまったのだろう。フランス語としては畸型的逸脱としてあった音声の響きを、即座に常識的に中和させ、意味のみを理解してしまったのに違いない。意味に関する限り何の異常もそこには含まれていないのだから、われわれはいささかも苛立ちはしなかった。ところが日本からやって来た当時七歳の少年は、まるでパリの子供たちが外国なまりのフランス語をみんなしてからかう時の残酷さで、意味の了解が曖昧に見逃すだろう音声的な異常を、あからさまな異常として嘲笑したのである。そうした視点からすれば、この太った御婦人のオー・シェ・フュは、あの金髪で背の高いオステンドの銀行員が口にしたまた近いうちに à tantôt と同様に笑うべき規則の逸脱現象であったことになる。これほど微妙な差異が、子供にとっては、なぜあれほどまでに強調されねばならぬのだろうか。文化と呼ばれる大人たちの曖昧な申しあわせが子供の聴覚によってかくもたやすく崩れ去り、いまわしい差別を無邪気さとして蔓延させてしまうのか。感知しえぬほどの、あるいは感知してもそうとは認識しないことになっているはずの規範からの逸脱に、子供たちはどうしてあれほど敏感でありうるのか。こうした事態に直面すると、われわれはほとんど絶望的にならざるをえない。フランス語とフラマン語とを公用語として持ち、さらに狭い区域ながらドイツ語地帯をも含んでいるベルギーという複雑な言語圏で数週間を暮しているうちに、その言語的複雑さをわれわれの子供はまさに複雑さそのものとして生き、そこから差別の何たるかを着実に結論として引きだしてしまってさえいる。その意味で、いかに語彙が少なかろうと、また、時折り語法上の間違いを犯すことがあるとはいえ、子供はフランス語を一つの自然として持っていることになろうか。

だが、ここで重要なのは、子供があからさまな残酷さをもって嘲笑の対象としたものが、は、ひたすら音声であったという点であろう。文字によって正当化されず、意味によって支持されることもなく、ただ無媒介的に触知される音の現存に差別の契機が含まれていたということ。それはちょうど、あのおびただしい数の十字架の群が、ただ十字架としての裸の現存ぶりによって、戦争の悲惨だの個人的な死の悲しみを超えて、視線をある引き返しがたい地点にまで引きずっていってしまうあのあからさまな顕在性の力といったものにどこか似ているような現象ではないか。声という苛酷な現存、音声というほとんど荒唐無稽なるものの不条理な交錯。ヨーロッパとは、そうした響きたちが残酷に戯れあう場にほかならない。日本を『記号の帝国』と名づけたロラン・バルトは、だからそこにいささかも記号学的な誇張を含めているわけではないのだ。文字の氾濫する環境としての日本。それが、音声のあからさまな戯れに疲弊しきった魂にとって一つのユートピアと映るのは、ごく自然な心の動きというべきものなのだ。差別とは、声にほかならない。差別されるものの声と、差別するものの声。今日の差別をめぐる言説が、ただ差別語としてその流通を阻害すべき真の対象は、言葉でもなく、文字でもなく、意味でもなく、本質でもなく、声でなければならない。それは、思うことですらなく、ひたすら声なのだ。その点は、いずれさらに詳細に触れねばなるまいが、問題は、発話者と同時にあからさまな現存としてたち現われる音声なのだという事態は、そうたやすく見逃されてはならないと思う。

実際、つい最近も声で驚かされた。父子二人でごく自然に日本語で話しあっていた折に、些細な問題が子供を妙に苛だたせたことがある。すると彼の口から、「このドイツ野郎めが!」という一語がフランス語で洩れたのだ。「このドイツ野郎めが!」Oh! les sales boches! これは、明らかに第二次大戦中のフランスで幾度となく口にされた侮蔑の声である。それが一九七六年の日本で、しかも日本人同士の会話の中にまぎれこんでしまってはいけない。そんな言葉をいったいどこで聞いたのか。オースト・ダンケルクのホテルで、母かたの祖父が寝る前に読んでくれた一九四〇年初版のエルジェの漫画集『タンタン』の中で耳にしたのだという。やはりこれも声だったのだ。そんな言葉を口にしてはいけないという父親は、しかし妙に自信なさげである。声を聞いてしまった以上、それは決定的だと思われるからである。そういえば、オースト・ダンケルクの砂丘一帯には、旧ドイツ軍のトーチカがいまだに醜い残骸をさらし続けていた。もっとも、その砂丘をこの上なく楽しげに散策していたのも、ドイツからの観光客たちであった。

II

「あなた」を読む

読みうるものと読みえないもの

誰もが一度は読んだことがあるか、そうでなくともその題名ぐらいは耳にした記憶もあろうギュスターヴ・フローベールの『ボヴァリー夫人』（一八五七）と呼ばれる一篇の小説は、あの『人間喜劇』のバルザックが没して数年たったままその後継者を持ちえずにいたロマン主義文学の退潮期の小説空間に不意に出現し、その処女作とも思えぬ傑出した作風もさることながら、宗教と良俗をそこねたかどで発売とともに筆禍事件をひき起して多大の反響を呼んでからというもの、「レアリスム文学の祖」とか、「近代小説の源流」であるとか、あるいは、あまりに名高い「ボヴァリー夫人は私だ」という作者フローベールの逆説的言辞、等々のおびただしい数の「文学的神話」にまといつかれ、徐々に、その真の相貌を人目にさらすことがまれになってしまった不幸な作品の一つである。人は、その言葉にじかに触れることを忘れ、できあいの文学史的な常識にあっさりと安住してしまう。

エンマ・ボヴァリーの大きすぎるロマネスクな夢が、卑俗な現実に触れてむなしくついえさってゆく過程が、「私」を殺した「客観的」な筆づかいで、七月王政下の沈滞しきった「田舎風俗」を背景に生なましく描きだされている。『ボヴァリー夫人』とは、せいぜいそんなものだと高をくくるのが一般のやり方なのだ。それに加えて、ジッド、ヴァレリー、といった今世紀前半を代表する華々しい新文学の旗手たちの揶揄や嘲笑があったりしたものだから、つい一昔前には、誰もがとっくにフローベールを清算してしまったつもりになっていた。

だが、第二次大戦の翌朝、いわゆる「アンガージュマン」の文学の流行が静かに引いて行ったころから、フローベールの『ボヴァリー夫人』の周囲には、これまでとはいささか色調の異なる照明がなげかけられていった。ロブ＝グリエをはじめとするいわゆる「ヌーヴォー・ロマン」の小説家たちが、そしてジャン＝ピエール・リシャールに代表される「ヌーヴェル・クリティック」の批評家たちが、フローベールとの濃密な血縁関係を主張しながら、『ボヴァリー夫人』のうちに、最も今日的な文学的試みの祖型を読みとろうとしはじめたのだ。そしてジャン＝ポール・サルトルの途方もない『家の馬鹿息子――フローベール論』(平井啓之ほか訳、人文書院）は、ついに完結することなく永遠に中断されてしまったが、眼球疾患の悪化によるその執筆放棄という不幸な事件さえなかったら、いまごろ彼は、『ボヴァリー夫人』の分析を行ないつつあるはずのところだったのだ。こうしたフローベールの時ならぬ浮上ぶりは何を意味するのか。

たとえばサドとプルーストとともにフローベールをたえず読みかえすことに多大の快楽を見出すという批評家ロラン・バルトにとって、フローベールの小説の言葉は、読むうるものと読みえないものとの中間地帯に拡がりだしている（拙稿「ロラン・バルト――言語の悲劇性とそのユートピア」『批評、あるいは仮死の祭典』所収を参照されたい）。いうまでもなく、『ボヴァリー夫人』をかたちづくっている言葉たちは、不意に畸型化することで読む意識をおびやかす、あの前衛的逸脱ぶりを誇示するものではない。それは、語彙の上でも、構文という点からみても、意味論的にいっても、古典主義時代いらいフランス語を律している諸々の秩序に慎しく順応している。ところが、それでいて読みはじめてみると、意識と言葉との遭遇が円滑に機能しない。それはなぜか。エクリチュールとしての彼の言葉に、言語の実存的不安ともいうべきものが強烈に付随していて、読むものを、ある種の狂気というか、言語的深淵の上に宙吊りにしてしまうからだとバルトはいう。

読めそうにみえて読めないフローベールを前にしたロラン・バルトのいらだち、おそらくそれは、文学の領域で言葉と交わろうとするものにとっては、最も幸福で甘美な戸惑いでもあろうが、そんな戸惑いを共有しつつ、ここ十年いらい『ボヴァリー夫人』の言語的限界性をきわめつつある筆者は、ようやくいま一つの展望を手にしはじめたところなのだが、その展望に最後のかたちを与える仕事を重ねつつ過した過去数年の間、実は、いま一つ、読めそうにみえて読めない言葉と深く交わりつつ日々を送っている自分に気づかずにはおれない。いわば限界領域に拡がりだしたとでもいうべきその言葉とは、わたくし自身の息子、という存在にほかならない。

「知識人」を父に持って生まれた不幸として、息子は、すでに四歳当時、ギュスターヴ・フローベールの肖像写真をマルセル・プルーストのそれから識別する遊びにうち興ずるといったことがあったとはいえ、また、フランス語を母国語とする金髪の女性を母親に持ちながら、そうした事実に深くいらだつふうもなく、母親がいる限り家庭ではフランス語を、また対外的には日本語を操りながら、現在、日本のある私立の小学校に、ごく普通の日本人の三年生として通学している。父親自身、この子を、肉体的にも精神的にも混血児として意識したことはないし、ましてや外国人を前にしたもどかしさなど憶えたこともない。日本人形のような黒々とした髪の子供を胸にいだく夢をはぐくみつづけたパリ生まれの母親は、やや栗色がかったその色にいささかの失望を示しはしたものの、誰から聞いたのか海苔だのわかめだのを幼少期からたくさん食べさせた結果、いまでは普通の子供と変わりない黒さを獲得しており、息子は容貌の上では日本的要素がはるかにヨーロッパ的要素を圧倒している。それでいながら、読みうるものと信じていた子供が、不意に読みえない存在へと変貌する瞬間があるのだ。

それはたとえば、一年間のフランス滞在をおえて日本に戻ってから二カ月ほどたった、彼が五歳の誕生日を迎えてまもなくのことだったが、たまたま妻が外出していたので子供と二人で向いあって夕食のテーブルについていた折に、不意に、子供が父親に対して「あなた」と呼びかけた瞬間である。たしか、「あなた、まだ、ごはんたべる?」といった疑問文の形式であったと思うが、これにはいささかの衝撃をおぼえたことを告白せねばならぬ。その証拠には、父親は、無意識のうちにその問いにフランス語で答えていたのであり、それを契機に、食事が終るまで、二人の会話はフランス語で続けられたのを憶えている。

それにしても、子供の「あなた」は、なぜ衝撃的なのか。構文の上でも、語彙の点でも、意味論的にいっても、そこには何ら畸型的な要素はまぎれこんではいない。パリ大学で一年間フランス人の学生に日本語を教えてきたばかりのところだったので、たとえば、彼らの中の優等生の一人が口にしそうな「あなたは、まだ、ごはんをたべますか?」などよりは、子供の「あなた、まだ、ごはんたべる?」のほうが、日本語としては遥かにこなれていると思ったりもしたものだ。だが、それにしても、なお子供の口をついてでた「あなた」が衝撃的であるとするなら、それは、日本社会における上下関係の構造が、父親に対する子供に、「あなた」の一語を口にすることを禁じているからであろうか。そうばかりとは思えない。なぜなら、悪口、口ごたえ、反抗、等々の姿勢とともに、子供はしばしば、禁じられているはずの言葉を父親に向って浴びせかけることがあるが、そこには、五歳の子供が食卓で口にした「あなた」に匹敵する衝撃は秘められていないからである。では、この父親の戸惑いはどこからくるのか？

戸惑いは、社会的な規範もしくは習慣が不意に崩れたという点からよりも、どうやら日本語とフランス語、というよりインド＝ヨーロッパ語系の言語との本質的な構造の違いから来ているように思う。子供の発した「あなた」は、父親の心をではなく、日本語そのものをめぐる曖昧な申しあわせを刺したのではないか。日本語の文法用語として「主語」とか「代名詞」とか呼ばれているものが、そう呼びならわされることによって虚構の言語概念を途方もなく肥大させ、膨張した自分に耐え切れなくなった瞬間に、息子の「あなた」が針のように刺しこまれて、虚構が一瞬にしてパチンと風船さながらについえさったのではないかと思われたのだ。そして、そのことの意味を深く探る契機となったものは、読みうることと読みえないこととの限界領域につりさがった『ボヴァリー夫人』という小説の、特異な言葉の相貌と親しく戯れる仕草であったような気がする。それ故、これに続く頁にあっては、子供の「あなた」に接して体験した奇妙な行き違いの感覚を、『ボヴァリー夫人』を読む意識が蒙る文章体験の偏差と重ねあわせて反芻しながら、いま一度考えてみたいと思う。そして、その試みは、日仏両語における「主語」と「代名詞」の機能の違いをめぐって展開されるであろう。

ぼくたちとぼく

『ボヴァリー夫人』の冒頭には、「ぼ、く、た、ち、は自習室にいた」と素直な日本語に訳しうる文章 Nous étions à l'étude, … が据えられていて、市販されている幾つかの翻訳にあたってみても、「ぼくたち」が「僕ら」あるいは「私たち」といった微妙な変化を蒙っているのがみられるだけで、あらゆる多義的な解釈をこばむ簡潔さが読者を安心させてくれる。「ぼくたち」という集合的な複数の存在が「自習室」という場に、ある過去の一点に「いた」という事実を、主語と動詞と前置詞と定冠詞と名詞のつらなりを介して、誰ひとり間違いなく理解することができるのだ。それにもかかわらず、この小説の冒頭の部分が、批評家や研究者の興味を強く惹きつけ、これまでに幾つかの異なった解釈を生み落して来たのは、この部分の主語「ぼくたち」が、その後、作品の中にほとんど姿をみせることがないからである。主人公はエンマであり、その夫シャルルが副主人公である『ボヴァリー夫人』の冒頭にあって、この「ぼくたち」とはいったい誰のことなのか。その問いに対して、フローベールはあらかじめ口をきくまいと心にきめていたかのごとく語ろうとしない。なぜ、のっけから「ぼくたち」なのか。かりに小説を「ぼくたち」で始めるなら、総体が「ぼくたち」の視点から語られるか、あるいはその中の一人たる「ぼく」を軸に語られてしかるべきであろう。だのに、全篇は周知のごとく、客観的な三人称小説の形式におさまって、「ぼく」なる主観的な語り手は遂に姿をみせない。しかも、そこでの三人称単数の主語は、冒頭の部分には姿をみせてはおらず、ごく曖昧でその自己同一性が把握しえない一人称複数の視点から物語が語られているかにみえるのだ。それはいったい、どうしてか。

この疑念をめぐる解釈の第一のものは、このいらだたしくも曖昧な「ぼくたち」を、作者フローベールの計算違いの露呈ととっている。つまり、フローベール自身の中学時代の個人的追憶に誘われての一人称小説として構想されたものが、途中で三人称小説へと移行してしまったとする解釈である。だが、この解釈が事態をいささかも好転させえないものである点は、問題の「ぼくたち」が執筆開始当初の作者の筆の迷いではなく、何度か厳密な推敲を重ねた上で決定稿を書きあげたフローベールが、筆耕による浄書原稿の第一頁に、出版直前に加えた訂正として姿をみせている事実からして明白であろう。つまり、作者の計算違いであるどころか、きわめて意識的な「ぼくたち」が冒頭におかれているのだ。

そこで第二の解釈は、「ぼくたち」がフローベールの意図的な小説技法の一環として位置するものだということになる。たとえば、シャルル・ボヴァリーが、この「ぼくたち」と一体化した読者の意識と感性の前に出現することを作者が意図していたとする説がそれである。冒頭にこの集合的な複数代名詞を据えることで、シャルルを、作者がみだりにその内面へと介入することのない不透明な意識として客体化することを目論んでいるというものである。これは、第一の解釈よりも作品の構造により忠実なものといえるかもしれない。だが、「ぼくたち」とは、読者との共犯関係の設立をそう簡単に希求しうるものであろうか。それに、第二部の冒頭の主語がOn（＝英語のpeopleにあたる漠然とした人々）に統一されている事実は、共犯関係という視点からどう処理すべきものか。いずれにせよ、「ぼくたち」は、やはり奇妙で曖昧でいらだたしいものであることをやめようとはしない。では、どんな第三の解釈が可能なのか。

おそらく、『ボヴァリー夫人』冒頭の「ぼくたち」が何ものかを確かめるには、フランス語における「人称代名詞」とは何であるかという根本的な問題へと、いま一度たち戻って考えてみる必要があるだろう。そもそも、「ぼくたち」とは、フランス語の言語体系にあって、いかなる機能ぶりを発揮するものなのか。実は、こうした根源的な疑問が提起されたのが、フランスにおいてすらごく最近のことだという点は、ここで強調してみるに値いすることがらであろう。構造主義的風土にあっての言語的事象への関心の高まりが、はじめて、フランス人にもまたわれわれ日本人にとっても納得のいくかたちで、「ぼくたち」を含む「人称代名詞」の体系的特質を明らかにしえたのである。

英語のWeにあたるNousが、「ぼくたち」あるいは「われわれ」と訳しうるフランス語の人称代名詞の一人称複数であることは、ちょっとフランス語をかじった人間なら誰でも知っている。それに続く動詞の活用に注意すること。そして、時には、公式の文章などで一人称単数にかかわって用いられ、やや威厳を含んだ個人的感慨の表明に用いられることもあるといった点に留意すれば、それは、初心者の段階から馴れ親しむことの可能なごく素直な単語の一つであるといえよう。

だが、一人称複数というからには、この「ぼくたち」Nousとは、何ものかの複数でなければならない。事実、この単語を修飾すべき形容詞やそれに類する言葉は、ほとんどの場合、複数形に置かれてその符牒としてのsを伴うのが常識とされる。では、何の複数なのか。一人称単数の「ぼく」、「私」すなわちJeの複数形であろうか。いや、そうではないと言語学者バンヴェニストは断言する。フランス語の人称代名詞の体系にあって、Nousは、いささかもJeの複数形でありはしない、というのである。「ぼくたち」は「ぼく」の複数ではない。なるほど、初心者は、初等文法のある段階で、「私」と「私」いがいの人称代名詞が主語になった場合、それを「私たち」でうけなおし、Nousに対応するかたちに動詞の活用を置くという事実を規則として習ったはずだ。たとえば、「ぼくときみと彼は、成功を確信していた」という日本語をフランス語に訳すなら、それぞれの代名詞を強調形に改めた上で、Moi, toi et lui, nous sommes persuadés de la réussite. というフランス語の文章を構成しなければならない。この例からも明らかなとおり、フランス語の「ぼくたち」Nousとは、「ぼく」の数倍化されたものではなく、この「ぼく」と、「ぼく」ならざる他の人称の集合からなりたっていて、その構成要素相互のあいだには「排他的関係」が成立しているのだ。すなわち、「ぼくたち」Nousが主語となった場合には、

「ぼく」Jeが、「きみ」Tuと「きみたち」Vous、「彼（または彼女）」Ilと「彼ら」Ilsに対して「優位」な地位を占める、ということである。「ぼくたち」Nousが「ぼく」Jeの増幅したものではなく、「ぼく」Jeと「ぼく」ならざるものからなりたち、しかもそこに「排他的関係」が働いているという言語学的事実、それを「視点」という小説技法の水準で分析してみせたのは『小説における人称代名詞の用法』という短いエッセイを書いたミシェル・ビュトールである。彼が、現代の言語学的成果を踏まえて発言しているのか否かは知りえないが、『心変わり』という二人称小説を書いている彼が、「Nousは Jeの数次反復ではない」と断言するとき、ことによったらその頭には『ボヴァリー夫人』の冒頭が浮んでいたのかも知れない。

いずれにせよ、いまや、冒頭の「ぼくたち」をめぐって、第三の解釈が可能となっている。「ぼくたち」が生きているのは、共犯関係ではいささかもなく、「排斥関係」なのだ。この集合的複数性を構成する生徒たちの中で、誰とも名ざされてはいない「ぼく」Jeが残りの連中、すなわち「彼ら」Euxからひそかに身を引きはなし、その無名の「ぼく」が、「話者」としての「優位」を確立するのである。かくして『ボヴァリー夫人』にあっては、語る行為が、語られる事件（＝物語）に先行するという特殊な形態が読者の前に提示されることになる。そして、『ボヴァリー夫人』が「現代小説の祖」であるとしたら、語る行為と物語の離婚が、何ら前衛的畸型性を誇示することなく、誰もが口にしうるごくありきたりな人称代名詞の中に実現されているからにほかならない。読めそうにみえて読めない言葉とは、そうしたものなのである。

Je/Tu/Il

この、いささか短すぎるかも知れぬ考察は、しかしその短さにもかかわらず、「人称代名詞」の体系の背後に、フランス語の構造的特性を総体として浮きあがらせてくれる。フランス語とは、まず何よりも「排除」の体系なのだ。「人称代名詞」の三つの人称の間には、その一つを口にした瞬間に、相互の緊張関係が働く。そして、その三つの人称は、かりにある複数性の中に融合しているかにみえながらも、たがいに相手をうけいれず、「優位」と「劣勢」の関係を顕在化させずにはおかない。ところで、日本語の「ぼくたち」、「われわれ」には、こんな「排斥」作用が含まれているであろうか。そこにあるのは、「ぼく」あるいは「われ」の、無数の共犯的融合ばかりではないか。そもそも文法的にいって、日本語の「ぼく」と「ぼくたち」の間に、単数、複数の対立関係が存在しているのか。あるのは、意識の上での孤立と融合だけであって、数の概念そのものが日本語にかけているのではないか。はたして「人称代名詞」などと呼ばれるものが、日本語にあるのだろうか。「ぼく」なり「私」なりを、「普通名詞」、「固有名詞」とから区別しうる言語学的水準が、いったい想定できるのであろうか。時枝誠記によれば、日本語における「人称代名詞」は、事物の属性的概念を表現することなく、話し手との関係概念の明確化を目ざすものとして定義されているが、そこには、文章の全体にまで波及する「排除」の体系は認められない。また、複数と単数の関係も、決して排他的ではない。では、いったい「人称代名詞」とは何なのか。

子供から「あなた」と呼びかけられたときに蒙った衝撃、というか違和感は、その瞬間、わたくしを語法上の誤りの訂正へと向わせるより、むしろ、以上のような疑念の中に閉じこめてしまった。わたくしは、子供と二人だけで向いあった夕食のテーブルで、こんな場合、日本語では「あなた」とはいわない、ただ、「パパ」と呼びかければいいのだと教えてやるかわりに、ただ、読みえない言葉を前に絶句してしまうほかはなかったのだ。以後、しばらくのあいだ、息子は祖父母に向って、幼稚園の先生に向って、近所の友達に向って、「あなた」を連発しつづけた。一つ奇妙だったのは、子供を前にして、父親自身が周囲の人間に「あなた」と呼びかけた記憶がまるでなかったことだ。妻が、しばらく通っていた日本語学校のテキストを読んでいるところでも耳にしたのであろうか。あの、「あなたはにほんじんですか？　いいえ、わたしはにほんじんではありません、フランスじんです」といったたぐいのテキストを。まるで電子計算機が語る台詞のようなこの文章は、断じて生きた日本語ではないが、では、どんな教育法が残されているのかと問われると誰もが満足な答えを口にしえず、結局はそんなふうにしかいいえないものなのだが、子供は、その朗読をふと小耳にはさみ、そこにフランス語の人称代名詞 Tu の翻訳を発見したと信じたのだろうか。いずれにせよ、子供が「あなた」と口にするたびに、奇妙な当惑の輪が、一瞬、その周囲の人々のあいだに音もなくひろがっていったのだ。そして父親は、その奇妙な当惑にあえて積極的に浸りきり、むしろ無力感で応ずることのほうを選んでいた。

いうまでもなく、息子が生まれてこのかた、とりわけ幼稚園に通う以前は、その最も親しい言語環境は母親との接触であり、母親が常時フランス語を話す女性であった関係上、彼がさぐりあてた自己と他者との対立は、フランス語の人称代名詞の一人称単数と二人称単数の対立関係に相当していた。妻と息子は、たがいに相手を親称の Tu（＝あなた、と一応訳しておこう）で呼びあい、そして自分自身を Je（＝ぼく、私）と呼んでいた。そして、家庭内での公用語が、原則としてフランス語であったから、父親の存在は、妻と子供にとっては、ともに人称代名詞の第三人称単数、つまり Il（＝彼）に還元され、したがって父親と息子との間に対話が成立している場合は、母親はやはり Elle（＝彼女）に還元されざるをえない。はじめは、Je/Tu/Il, Elle の対立関係は裸の人称代名詞としてより、ほとんど固有名詞に近い Papa, Maman, そして Omi（＝重臣《しげおみ》と呼ばれる息子の愛称）で薄められたものになってはいたが、それを通じて、彼は、徐々に人称代名詞の「排他的」な特性になれて行ったように思う。とりわけ一人称と二人称単数の対立は、三歳でパリの幼稚園に入る以前に彼の中で確かなものとなっていた。いずれにせよ、この子の父親がたぶんそんなふうに育てられたに違いないように、家族の全員が、そして見も知らぬ人間までが、「ぼく」を二人称や三人称として使うことで、幼い子供の周辺に対立や葛藤を殺した無限融合の風土をかたちづくることはなかったのである。自分自身に向って、「ぼく、おなかがすいた？」、「ぼく、どれがほしい？」といった言葉で語りかけてくれる両親を、彼は持たなかったのである。子供は、徹底して「あなた」に相当するTuで呼びかけられていた。

それが、幸福なことなのか不幸であったのか、いまは事の是非は問うまい。ここで重要なのは、彼が幼い時分から、一人称、二人称、三人称の対立関係を、身をもって生きていたのだという点である。意識的であると否とにかかわらず、彼は、言葉を一つの「排除」の体系として操っていたのであり、そのことの意味は途方もなく重いように思う。なぜなら、「排除」とは、「選別」と同時的にしか機能しえないものだからである。

排除と選別

おそらく、どこの家庭にも、ある時期に一つの流行語ないしは特権的な表現が存在するものだろう。一つの単語が、あるいは一つの文章が、いわば成功したコマーシャルのように異常な頻度でささやかれ、それを耳にする者たちの中に張りめぐらされていたあるこわばりを、不意に軽やかな弛緩へと転化させるといったことがあると思う。そんな流行語の一つとして、現在、わが家では、On dit ça à son fils? という表現が途方もない成功を博している。

これは、日本語に訳せば、「自分の子供に向って、そんな口のきき方がありますか?」ともなろう軽いたしなめの言葉であり、たぶん、母親が息子に対していったOn dit ça à sa maman? (母親に向って、その口のきき方は何ですか) をそっくり頂戴して、その反転が生む滑稽感を充分に意識しながら、息子が口にするのだ。それをいう時、息子は、もちろん状況をしたたかに選択している。大して重要とは思えないが、しかし、少なくとも注意か反省を強いる目的でややきつい言葉を母親から浴びせられたときに、息子は時を逸せず「子供に向って、その口のきき方は何ですか」と切口上に答えるわけだ。母親は、苦笑しながら、つい追及の姿勢を崩してしまう。そして父親は、かたわらで笑いをこらえるのに懸命になっている。

時と場所とを心得て効果的な反撃を加えるというそのやり方には、おそらく子供特有のずるさが露呈しており、これが純粋なフランス人の家庭であれば痛烈な平手撃ちが頰に炸裂することも大いにありえようが、日本人の顔した少年が、金髪の母親に向ってフランス語で「子供に向って、その口のきき方は何ですか」と肩をそびやかしている光景は、いいようもなくユーモラスなのだ。だが、母子のそんなやりとりを前にして改めて驚かずにいられないのは息子が自分のものにしている「排除」と「選別」の能力である。

On dit ça à son fils? という文章の主語となっている On は「人称代名詞」ではなく、いわゆる「不定代名詞」と呼ばれるものだ。これは、幾つかの理由によって初心者にはかなり使用法がむつかしい代名詞の一つであり、意味はわかっても、なかなか自分から口にはしがたいものだ。ほぼ、あらゆる人称と数を代表しうる漠然とした言葉で、ときには非限定的な集合性をもまとい、英語の people を主語にした文章と同じようなニュアンスを含むこともある。ところが、これをうける動詞は、三人称単数であり、それに対応する所有形容詞も三人称単数、つまり il, elle にとっての son, sa, ses を用いる。

ところで、息子が母親に向って On dit ça à son fils? といった場合、まずそこには、「本来、母親はそんな口のきき方はしないはずだ」という、格言に似た一般性のニュアンスが含まれているが、また一方で、きわめて具体的に、「いま、あなたはそんな口のきき方をしたが、それはよくないことだ」という、かなり個別性の強いニュアンスも含まれてくる。つまり、一般性の概念もさることながら、「あなたの子供 ton fils に対して、あなた tu がそんな言葉を遣うのは失礼です」という二人称単数に向けた軽い難詰の調子を帯びているのだ。だが息子は、二人称で語るべき母親を前にしながら、主語として on を「選択」し、tu を「排除」しているが故に、ごく自然に、所有形容詞を三人称において、*ton* fils とはいわずに *son* fils を使っているのだ。たしかに、on, chacun 等の「不定代名詞」の所有形容詞には三人称単数のものを用いるという文法的規則があって、初等文法の段階で誰もが習いはするのだが、たとえば大学の第二語学のクラスに、その事実を間違いなく憶えているものがはたして何人いるかどうか。また、かりに事実として憶えてはいても、自分が具体的に母親に対する子供であるといった情景を想定した場合、主語が on であっても、つい「あなたの子供」*ton fils* といったり書いたりしてしまう傾向がわれわれにはありはしまいか。

たとえば人類学者レヴィ＝ストロースのあげたいわゆる「構造」なるものの定義には、ある一つの系《セリー》を構成する諸要素の一つを変化させた場合、その変化の影響が、他の諸要素の全域にまで及ぶもの、という言葉があったと記憶するが、そうした意味からすると、フランス語の人称代名詞の相互間には、明らかに「排除」の関係が働いており、一たんある人称と数を「選別」したなら、その影響がすぐさま動詞、所有形容詞にまで及ぶという明確な構造を持っているといえる。On dit ça à son fils? の On の部分にたとえば一人称複数の Nous を代置してみれば、全体は *Nous* disons ça à *notre* fils? と変わらざるをえないのだ。そして、この関係を日本語に移しかえてみるとき、それに似た変化を構造的に指摘することは困難である。まず、人称と数による動詞の活用がないし、また、所有形容詞のあいだにも、対立関係は存在していないからである。すなわち、ある一つの要素を「選別」するときに、それと同じ水準にある他の要素が「排除」されてしまうという実感がきわめて希薄であり、「選択」されなかった要素が、その不在によって全体の体系性を浮きあがらせることがないのだ。日本語で代名詞とされるもののうちでこうした「排除」と「選別」による体系性が浮きあがってくるのは、「これ」「それ」「あれ」「どれ」といったいわゆる「こそあど」の対立関係ばかりだが、それとて、対話の当事者と第三者との間に成立している「排斥作用」とは無縁のものといわねばなるまい。ところが、フランス語にあっては、一つの人称が主語となることで主語になりそびれた他の人称は、まさに、いまここに存在しえないことで、いいかえれば口にされる機会を失うことによって体系としての「人称代名詞」の構造性を明示している。つまり、その点に、言語学的な「差異」が、「差異」としての自分を主張することができるのだ。そして、On dit ça à son fils? とおどけてみせる息子は、ほとんど本能的に、「差異」的な思考を自分のものにしているといえるだろう。

父親に向って「あなた」と呼びかける息子の態度が衝撃的であったとしたら、それは、明らかに二人称単数 tu の翻訳として「あなた」が口にされ、その事実によって、融合と共存からなる日本語的風土の中に、かりに一瞬の虚構としてではあれ、あからさまな「差異」が持ちこまれたためではなかろうかと思う。つたない翻訳として「あなた」が息子の口にのぼったとき、二人称で呼ばれたわたくしが、そのとき口にされてはいない一人称としての息子自身とのあいだに、越えがたい一つの距離を感じとってしまったのだ。そこに、「排除」と「選別」が機能し、「差異」が生なましく顔をのぞかせてしまったからこそ奇妙な衝撃を憶えてしまったのだ。そしてその衝撃は、たぶん、妻と息子とが日本語でわたくしのことを「彼」と呼んでいると想像してみたときの、その仲間はずれの意識といったものに似ているに違いない。

だが、さいわいなことに、まだ、そんなあからさまな排除作用がわが家の構成員の間に起ってはいないし、またこれからも起らないだろう。小学校に通いはじめてますます濃密化した息子の日本語的環境が、「排除」と「選別」よりは、遥かに「融合」と「共存」と親しく戯れる機会を増しているからである。ただ、フランス語を操るときの「差異」的な思考を、子供がいったいどこに脱ぎすてて「融合」的な風土に順応しているのかという点は、いまだに一つの不思議として父親の心に残っている。とりわけ、とっさに口にされる侮蔑的な表現にあって、あらゆる要素が主語として選ばれたものの性と数にすんなり一致しているのを耳にするとき、父親たる語学教師のうちに嵩をましてゆくのは、いかんともしがたい無力感なのである。

殺戮の現場としてのフランス語

われわれにとって西欧がまとうことになる諸々の相貌のうちで、今日、最も鮮明なものとして浮きあがってくるのは、いまみた「排除」と「選別」による思考そのものである。彼らの言葉がその基盤を置いている「差異」の概念とは、われわれ日本人にとっては、どこか血なまぐさい殺伐たる気配を漂わしている。外国語を習得する場合に憶えなければならない文法的な規則とは、まさに、その血なまぐさく殺伐たるものの体系に親しむことにほかならない。幾つかの言葉を、文法的に正しく配列しつつ一つの文章を完成させようとするとき、われわれは、その一つを厳密に選ぶことによって、より多くのものを消し、そして殺してしまっているのであり、その不断の殺戮行為によって、規則に親しんでゆくのである。

　この日々の殺戮行為は、なにも言語的領域ばかりに限られてはおらず、政治的、文化的、経済的な諸分野でたえず進行中の現実なのである。何かが選ばれるとき、何かが殺される。そして選ばれたものは、殺されたもの、つまり、いま、ここにないものの代理の顔をつくろう。ギリシャ以来の音声中心的なその言語体系は、この代理＝代行による構造を西欧的な思考の全域にまで波及させ、今日まで生きのびている。後に詳しく検討するように、政治的な場におけるいわゆる「民主主義」とは、その途方もない殺戮を緩和させ、「排除」と「選別」を正当化する最も有効な戦略的代行制度であるにすぎない。そして、昨今の言語学的関心の高まりは、構造主義熱病の蔓延とあいまって、かかる殺戮行為の最終的な自足形態を示しているのだ。

　そこには、たとえばジャック・デリダが批判する音声中心的な言語観とともに、キリスト教、ユダヤ教的な一神教的思考が直接的に反映しており、われわれが生きる政治的、文化的、社会的状況は、それをいかに対処すべきかまだ気づいてはいない。だというのに、あたかも日本に一神教的思考がはびこり、音声中心的な言語観が根づいているかのごとく議論が展開し、西欧の言語論が無媒介的に輸入されてしまうのは、どうしてか。明治以後の概念輸入の歴史が、今日もなお無自覚に生きのびて、まるで日本語が、インド＝ヨーロッパ語系の国語であるかに議論が進展してしまうのは、いったいなぜか。

すでに西欧においても、たとえばミシェル・フーコーとかジル・ドゥルーズのごとき痛ましくもありかつまた傲岸なともいえる構造主義批判の言葉が、「差異」の一覧表としてある言語学からいかに身を引き離し、「排除」と「選別」による西欧的殺戮行為の実態をさまざまな水準であばきたてようとしているというのに、たとえばフーコーの途方もなく美しい『知の考古学』（中村雄二郎訳、河出書房新社）といった書物が、あたかも「構造主義」と「言語学」擁護の書であるかに日本に紹介されてしまうのはどうしてか。

日本は、西欧ではないという明白な事実。だが、その明白な事実をいかにして言葉にしたらいいのか誰も知らない。わが国の伝統だの歴史だのをさぐることがその事実を鮮明なイメージとして提示しうるものでないことはいうまでもないし、「文化」型態の単純な比較が有効なわけでもない。比較そのものが「差異」に基く西欧的な概念にほかならぬからである。では、今日の「日本論」的言辞の同語反復的な日本の正当化に陥ることなく、また西欧言語理論の抽象的な導入にも頼ることなく、いかにして日本語を語ることができるだろうか。

われわれに可能なのは、きわめて現実的にあたりにはびこっている虚構や幻想をそれ自体として崩壊させてゆくことでしかないだろう。たとえば、われわれが日本語で「人称代名詞」という一語を口にするとき、いったい何が問題になっているのかに自覚的であること。そして、習慣的にそう口にすることで、得るものと失うものとを正確に標定しなければならない。湯川恭敏氏に「日本語と『主語』の問題」(『言語学の基本問題』大修館)という刺激的な論文があるが、日本語に主語があるかないかを「排除」と「選別」の手続きに頼らずに日本語そのものに語らせること、そして言語的地平の混濁を一挙にはらうのではなく、徹底して細部にこだわりながら、むしろ積極的に曖昧さと戯れつつわれわれ自身の言葉が円滑に機能しつつあるその現場に視線を注ぎつづけること、それが重要なのだ。おそらく「代名詞」の「排除」機能の実態を生きることなしに、日本語の「主語」を云々することは不可能だろう。だがまた、その「排除」機能の希薄さ故に日本語における「主語」の存在を疑問視することも滑稽であろう。日本語には、「主語」がないのではなく、日本語そのものが「主語」を語るにふさわしい機能を帯びてはいないと思われるからだ。「主語」とは、それ自体が血なまぐさく殺伐たる何かであり、日本語にあっては、たぶん徹底した虚構が「記号学」的畸型児なのであり、その事実を、息子の「あなた」が、鋭くあばきたてているような気がする。

S／Zの悲劇

困難な証明ゲーム

『俺はNOSAKAだ』とのみぶっきら棒に名付けられた短篇小説があって、それはもちろん野坂昭如氏の手になる作品なのだが、いかにもこの作家にふさわしい例の戯作者めいた書きっぷりを介してここで読者が立ちあうことになるのは、作者自身の名前をめぐる不条理な体験譚と呼ぶべきものである。不条理なといっても、実は話は不条理でも何でもなく、誰もが知っているだろうあの二十六文字のアルファベットで音声を表記することを自然だと思っている人間たちにはまさに条理そのものだし、またいわゆる国際的と呼ばれる感覚を身につけたと自称する日本人にとってすら、それはごく当りまえの常識であるかも知れぬ。だが、ここで作者はむしろ挑発的なまでの頑固さで事態の不条理な側面に執着しておりその点が何とも面白いのだ。だが、いつもの野坂氏にふさわしく、その面白さが、悲しいまでの深刻さと境を接しあっているのは、あえていうまでもない話だ。

名前をめぐる不条理な体験譚というのはこうである。野坂氏の作品の一つ、文学史的な厳密さを期するならあの『エロ事師たち』であろう作品が「英語に翻訳され、アメリカで一流の文芸出版社から上梓の運び」となる。それに加えて「その小説を読んだプロデューサーが、オーソン・ウェルズ主演、映画化したいと考えついた」という「不思議」にして「しごく面妖」な事態を「すべて他人まかせのままで」やり過していた野坂氏が、遂に原作料が支払われる段になって、「これだけは本人が出向かねばならぬサイン証明」のために、領事館に出頭したときのことだ。

書類は二通あって、一つは俺が弁護士に渡された、アメリカからのもの、からきし英語は駄目だから眼を通さず、教えられたまま提出したもので、他に領事館の用意した一通があり、すでに達者な領事のサインのしるされているその下の欄を、役人指でしめす。俺だってローマ字のサインくらいできるのだが、外人の前で書かされるとしごくぎこちなくなる、へたにくずしてはわらわれるのではないかと、一字一字区切って丁寧に書き、これはこれでよかったのだ、アメリカの映画プロデューサーとかわした契約書についての、サイン証明なのだから、その契約書にしるしたのと同じ筆蹟でなければ意味はない、日本字とちがって、俺のローマ字は、極端にいえば毎回異なり、かえって活字風に書いた方が無難で、じろりと俺の顔をみながら、役人も、了承したようだった。(「俺はNO

SAKAだ」、雑誌『海』昭45・4）

　ところが、役人はいささかも了承したりはしない。「俺」の身分を保証するはずのパスポートにはNOSAKAとあり、弁護士から受けとった書類にはNOZAKAとタイプされており、しかも「俺」がいましがた活字風に書いたサインはノサカとSになっている。「俺は一瞬何と説明していいかわからず、またSとZのちがいがどれほどの重みを持っているか見当つかぬながら、終始上の空ですすんできた契約手続きの、なんとなくあやふやな感じだった、その原因の一つをはじめて確かめえた気持だった」と野坂氏は書いている。出版の打合わせに来日した出版社の編集長とやらがたまたま進駐軍として七年間日本に暮した経験があるので、彼は野坂氏をノザカと呼ぶ。同じ一つの漢字を清濁二様に読み違えるのは、関東文化圏と関西文化圏の対立関係のなせるわざで、「俺」はそれをどちらでもかまわないと思うし、「あるいは途中からこの名になったため」かあえて訂正する気もないまま、出版契約書にはNOZAKAでサインしてしまう。したがって英語版の書物の著者名には濁音のNOZAKAが印刷され、それを映画化しようとするプロデューサーがNOZAKAを本名と思うのも当然というほかはあるまい。ところが、その原作料の支払をめぐるサイン証明にNOSAKAと署名してしまったわけだから、「俺」に対して向けられる領事館役人の態度が、その「丁寧な言葉つき」にもかかわらずどこか「偽者」を前にしたときの官僚めいたものに変化してしまったのも当然だろう。NOSAKAとタイプされたパスポートは、この際、「俺」の偽者性を強調しこそすれ、何ら事態を好転させてくれはしない。だから役人は、「あなたがノザカさんである証明をお持ち下さい」といいはなち、「持参した書類とパスポートを指で俺に向けてすべらせた」。

そこで、不条理な自己同一性の証明ゲームが始まる。「俺」は、自分がNOSAKAであり、同時にNOZAKAでもある事実を相手に納得させねばならない。それは、さして困難なふうにも思えない。というのも、通りに出れば、行きかう人びとが「野坂にちがいない俺」をふり返っていまにも声をかけんばかりだからだ。しかし、「昭和二十年六月五日、空襲によって罹災した旨証明する紙片」をのぞいては身分証明書に類するものはいっさい身につけたためしもなく、それで戦後の日本を生きぬいてきた者にとっては、「俺はNOSAKAだ」と低くつぶやいているほかはないのだ。妻や父親による証明の試みや、洋書店でわざわざ買いもとめた問題の英訳本の肖像写真による自己証明の試み程度なら何とかやってみてもいいが、かりにそれが弁護士と呼ばれる人間であろうと、金を払ってまで他人に自分のサインを証明してもらう気にもならず、「良心に対して忠実であることを誓う」といった「宣誓」を右手をあげてする気などさらさらない。「俺」は、そんなわけで何度か領事館に足をはこび、無駄骨を折り、偽悪家めいた皮肉をとばし、駄々をこね、あげくの果てに通訳を介して例の役人に英訳本をプレゼントして引きあげてくる。自分の名前はもちろん漢字で署名しての上である。

この不条理な証明ゲームの結末がどうついたかは『俺はＮＯＳＡＫＡだ』では触れられてはいない。作者は、自分が自分であることの証明を自分がどう果たしうるかをめぐって、「昭和二十年六月五日」の大空襲の夜いらい「これまでに雑文集を含め、二十八冊が上梓されている」書物の著者となっている今日の自分にいたるまでの日々を重く回想してみる。他人が自分について書いたものを読んでみても、「異様な焦燥感」にとらわれるのみで、そんなところに「俺」はいはしない。焼跡派だと、闇市派だと。だが「俺」は本当に焼跡を、闇市を見たのか。背中にしょった妹の泣声がたえず聞えていると。嘘をいうな。罹災証明書をちらつかせて女と遊び歩き、妹などほったらかしにしてはいなかったか。文体に西鶴の記憶がつらなっていると。まさか。句読点があいまいで、やたらと長い文章だっていわばトレードマークの物真似にすぎない。処女作から二十八冊あらためて読みなおしてみても、そんなところにいささかも野坂がいたりはしない。ますます各小説は俺から遠い存在に思え」、「俺の存在と分かちがたい小説をこれまで一作も書かなかったのか」と思わずうろたえずにはいられなくなる。妻は夫たる自分を野坂昭如と思い込んで疑ってもいないが、「俺」は本当に野坂なのか。養子に出された神戸で戦災にあい、妹をつれて逃げまどい、少年院で未知の実父とめぐりあった昭和二十二年も二月末の日まで、「俺」は田島谷を名乗っていた。あのがりがりにやせた初対面の「俺」を、実父はどうして自分の子と認めえたのか。その日いらい、「俺は、別者になってしまったのではないか、いや、別の人間の意識をこれまで生きてきたのではないか」。日本円にして千八百万円という原作料の話は次第に薄れ、それを手にするために費した時間の背後に、田島谷姓を名乗っていたころの記憶が鮮やかによみがえり、「その中でこそ生き生きとはねまわっている」自分が実感される。そんな「俺」にとっては、NOSAKAであることの証明は、NOZAKAであることの証明と同様に、どうでもいいことに思われはしまいか。そんなことより、「俺」は目覚めねばならない。NOZAKAでもNOSAKAでもない時間と空間に、目覚めることがなくてはならない。そうでない限り、契約書も、サイン証明も、ともに途方もない絵空事となりはててしまうだろう。

では、目覚めるべき空間はどこか。「犯罪者が犯行の現場にもどりたがるように、しょっ中神戸を訪れていた」という神戸である。では、時間はどうか。京阪神大空襲の二十年六月五日、午前七時半から八時までの時間がそれだ。その三十分の記憶が、「俺」には完全に欠落しているからである。いま生きつつある自分が夢の中をさ迷っているとしたら、それは、その三十分間から「眼をそむけていき」ているからではないか。七時二十分過ぎの突然の爆風が「俺」を地面にたたきつけた。そこで記憶が途切れ、気がつくと、人影もなく物音も絶えた世界を、六甲山麓へとひた走りに走っていた。火焔の中を、養父が、養母が、目と鼻のさきで、「俺」の名を呼んだのではないか。その声を聞き、その姿を見たようにも思え、「それが怖くて、この一日だけは避けてきたのだ」。
「もうじき俺は二十五年続いた夢から覚めるにちがいない。俺は昭和二十年六月五日午前七時二十分に、ぽっかり眼覚めてすべてをはっきり観るにちがいない」、と野坂氏は書く。

今日観なければならぬ、失われていた三十分ほどの時間をとり戻した時、俺はそこで観たものの重みに押しつぶされてしまうかも知れず、しかしあるいはまったく上の空、手ざわり不確かな今を、現実のものにとりもどすことができるのかも知れぬ。いずれにしろ、俺がNOSAKAだと、自分に納得するためには、夢から覚めねばならない。また、聴こえてくる、空から降りかかるとも、地面から湧き上るとも知れぬ爆音と、それに共鳴してビリビリと鳴りはじめる障子や硝子戸、用水の水がゆれ、俺は靴をつっかけ、左に坐る養父を見上げる、今度こそ覚めるだろうか。

国際感覚?

野坂昭如氏の『俺はNOSAKAだ』は感動的な短篇であると思う。感動的であるばかりでなく、きわめて刺激的な、貴重な作品であると思う。しかしそれは、「今度こそ覚めるだろうか」という最後の一行が心理的に読者をまき込む共感からのみ感動的なのではない。軽佻浮薄な現代の英雄のいかがわしいそぶりの背後に、ふと真摯な表情が透けてみえるが故に貴重なのでもない。目覚めることを禁じられた一瞬への目覚めの渇望はもちろん感動的だし、そこに貴重な何かが語りえずして語られている点もこの上なく刺激的だ。だが、そんな話を始めようとしてこの作品について語りだしたのではもちろんない。野坂氏のあらゆる言動が、真摯さ以外に何ら基盤を持っていないことなど誰の目にも明らかだし、いわゆる自己同一性の模索の試みとやらも、その本人の身になってみれば、誰の場合だって多少とも感動的ではあろう。少年野坂氏の頭の上に焼夷弾をばらまいた国の出版社が、壮年野坂氏の焼跡派的作品を翻訳しようといいだすに至る運命の皮肉にしたところで、いささかの挿話的装飾をほどこせば、どこにもころがっている文学的主題であるかも知れぬ。にもかかわらずこの作品は感動的で、貴重で、刺激的である。それは、なぜか。

理由は簡単である。いわゆる存在証明と呼ばれる自己同一性模索のゲームが、多くの人が理由もないまま曖昧にそう思い込んでいるように、いささかも現代的な課題などではなく、ましてや文学的主題になどなりえはしないという事実を、野坂氏がきわめて真面目に語ってみせているからである。しかもその事実が、あからさまな名前の儀式として、言語体験の場で生きられている点に人は注目しなければならない。つまり、野坂氏はまず、SとZとの二者択一を当然のこととして強要する言葉にいらだったわけだ。そして技術的には決して困難ではないその二者択一を、彼は結局のところは宙に吊ったままやり過しているのである。しかもその宙吊りによって、二者択一を一つの自然として生きている言葉が発した問いを、問いではない言葉の廃墟に仕立てあげてしまったのだ。現実の野坂氏が、弁護士をたてて件の千八百万円を手にしたのか否かは、いったんおくとしよう。そして、NOZAKAかNOSAKAかの二者択一から真に目覚めるべき瞬間の意識へと至るこの作品の流れをたどってみると、そこには、アメリカと日本との慣習の差といった次元を越えて、今日の世界の言語的相貌とも呼ぶべきものが浮かびあがって来るのである。

宣誓を笑って拒絶し、弁護士の立ち合いを回避する野坂氏の姿勢は、まず、国際感覚を欠いた田舎文士の姿勢というべきものであろう。たしかに野坂氏は、あらかじめウイスキーをあおったりして、なかば偽悪的に事にあたって、それでどこまで押して行けるかを見きわめようとするものの、装われた国際感覚の欠如ぶりを演じているかにみえる。その演技は、「日本人はサインを軽く考えているが、法律的に人格を代表するものなんです」と口にし、「サインの真偽は死命を制しますからね、ましてここはアメリカ政府直轄の役所ですから決められた手続き以外はうけつけられないんです」と首を横にふる役人の持っているだろう国際感覚を挑発せんとする目的を帯びてすらいる。だが、重要なのはこの野坂的挑発行為そのものにあるのではない。問題は、ここで、いわゆる国際感覚なるものの限界が、役人自身の口からあからさまに洩れている点にある。そしてその役人にとっての国際感覚とは、ほぼ三つの相補的側面を伴って姿をみせているのだ。

まずその第一の側面は、Sの音とZの音との共存を許さず、そこに排除と選別の手続きを始動させずにはいられない点に露呈されている。野坂がNOZAKAともNOSAKAとも発音され、しかも標記の上でその両方がともに正しく、かりにその一方に固執する者がいたとしたら、その動機はきわめて恣意的なものであるにすぎないような言語習慣を持つ国が世界に存在することを認めようとはしないという意味でなら、その役人の言動はむしろ国際感覚を欠いているし、また、漢字に対してアルファベット優位を主張するという意味でなら、そこに二重の排除と選別が行なわれているともいえるだろう。この排除と選別を国際感覚だと信じ込んでいる錯覚はかなり広汎に行きわたっているし、また、アルファベットに対して漢字の優位を説こうとする新たな排除と選別の手続きによる国粋主義もこれにおとらず盛んだから、それについては後に触れることにしよう。いずれにせよ、ともに複数のものが同時に肯定されることを認めない態度を国際的だと信じることの不自然が、むしろ自然さとして通用しているのはなぜかを確かめておくことの方が重要であろう。それには、役人的国際感覚の露呈しているいま一つの側面を見てみなければならぬ。

　自分が自分である事実を、神によってであれ良心によってであれ、宣誓するということ。それはほかでもない、ある超越的存在にみずからを帰属せしめることにほかならない。神は世界のすみずみにまであまねく行きわたっているし、人間の良心なるものもまた、あらゆる存在に満遍なく分配されている。というより、あまねく行きわたることが可能で、満遍なく分配されうるものだといういわゆる普遍性への確信なしに、宣誓はありえないだろう。また、自分が自分である事実を、すでにその人がその人であることを別の場所、別の時間に証明された人間、つまりここでは弁護士の証明にゆだねること。それは、同じ水準にたつ個体同士のあいだに、証言の連鎖を循環させうるという視点によって、はじめて可能となるものだろう。自分が自分であることを証明しようとする者は、いずれにせよ、超越的存在による上位の審級か、すでにその自己同一性を証明された同類による、水平の審級に付されねばならない。そして、どこまでも循環しつつ他者同士を結びつけてゆく相互的存在証明の連鎖は、普遍的超越者を前提とせぬ限り、堂々めぐりの遊戯と堕してしまうだろう。その無限の参照体系が不条理な徒労に陥ることを救っているのは、従って、神学的とも形而上学ともいえる階層的秩序だということになる。この階層的秩序こそが、排除と選別の手続きとあいまって、いわゆる役人的国際感覚なるものの第二の側面をかたちづくることになるだろう。そしてその国際感覚は、「俺はＮＯＳＡＫＡだ」というつぶやきが、それ自体としては何ごとをも証明していないと宣言する。あなたは、ＳかＺかをめぐって態度を明確にし、排除と選別の体系に身をゆだねねばならない。その上で、階層的秩序の支配する普遍空間に身を置き、垂直に響く言葉か水平に伝わる言葉を選び、それに証明の手段を譲渡するのだ。田舎者の日本の文士君。あなたがこうした過程を常識として身につけぬ限り、国際的な人づきあいはとても無理ですぞ。だが、それだけではまだ充分ではない。NOSAKAであったりNOZAKAであったりもする平和きわまる文士君、あなたが真の国際感覚の持ち主たるには、サインという名前の儀式が、時間が来たらいつでもやめられる遊戯なんぞではなく、それが「法律的に人格を代表する」ものであり、その「真偽は死命を制し」もするものなのだと憶えておかねばならぬ。あなたの名前が野坂であろうとなかろうと、実はそんな話はどうでもよろしい。要は、それが人格を代表するということなのだ、と役人は結論する。それ故、この代表という概念こそが、国際感覚の第三の側面を構成するということになる。野坂昭如が昭和二十何年かの何時何分に目覚めんと欲しつつ酒をくらっていようが小説を書いていようが、そんなこととは無関係に、人格を代表する記号としてのNOZAKAなりNOSAKAなりは、この普遍的な階層秩序の排除と選別の体系に従って、参照され、流通し、交換され、再分配され、それにふさわしく機能しつづけるのだ。そうした否定しがたい現実を、あなたはどうして素直に認めようとしないのか。

領事館の役人の論理は、それ自体として完璧であるかにみえる。そして野坂昭如氏の言動は、最低の常識すらそなえていない駄々っ子の、非合理的な反抗であるかにみえる。もう、そんな時代は終ったのだ。「俺はNOSAKAだ」などとつぶやいてみたところで、赤ん坊じゃあるまいし、世間はおいそれとうなずいてくれたりはしない。日本人ももっと広く世界に目を見開いて、大人になってもらわねば困る。役人の国際感覚は、そう口にしているかにみえる。そしてそのつぶやきは、戦後日本の多くの場所で、多くの人びとによって共有されたつぶやきでもあるだろう。だから、今日でも、あれやこれやの比較文化的な日本論とやらが珍重され続けているのだ。外国は日本とは違うという当り前な事実が、いかにも当り前に同語反復されているだけの書物が、あるときは外国的視点から、またあるときは日本的な視点から、性懲りもなく書きつがれていくのだろう。ごく最近も、落花生と数字と名前との戯れがまきおこした国際的な醜聞をめぐって、そんな議論がむし返されたばかりである。ユダヤ的世界における神への宣誓がどうだの、死命を制するはずのサインに対する日本的無感覚がどうだのと、識者が際限なく語りついでいる。そして、常識を欠いた日本人の国際感覚の希薄さが、改めて浮き彫りにされるといった次第である。

だが、野坂氏の『俺はNOSAKAだ』が刺激的であるとしたら、それは、領事館の窓口での役人とのやりとりを起点として、文化論の衣をまとったそんな無駄話をいま一度むし返すための文学的口実として、この短篇があるからではない。また、国際感覚の欠如を装った自称無頼派の偽悪家めいた挑発行為が、遂には敗けるときまった一戦を遂行しつつ、その過程で、自分を自分たらしめるはずの体験へと注ぐべき視線を持ちえない必然に行きついてしまったが故に、感動的なのでもない。さらには、いわゆる国際感覚なるものが実は普遍的でも何でもないきわめて限界のある文化的な申しあわせでありながら、それがいつしか自然なものだと錯覚され、しかもその錯覚がいささかも不自然とは思われなくなってしまっている事態への作者の苛立ちが、殊のほか刺激的だというわけでもない。では、いったい何が問題なのか。

「記号論」的官僚

いま一度ここで事態の推移を思い起してみるなら、すべてはSとZとの二つの子音字をめぐる二者択一が、野坂氏にあってはいささかも円滑に機能せず、むしろきわめて曖昧なまま放棄されてしまったことによって起っていた。「俺」にとっては、「坂」の一字のうちに共存しあっていたはずのSとZとが、契約や署名や証明やらの手続きの途中で、その共存がありえない虚構だと暴露されてしまったわけだ。領事館の役人にとっては、SとZとは、たがいに相手を排し、否定しつくすべき葛藤関係を意味している。そして、その葛藤に積極的に加担し、二者択一を遂行し、遂に何が選択さるべきかを宣言することこそが国際的な姿勢を意味することになるだろう。ところで野坂氏は、意図的な迂回や逸脱によって国際的小説家の資格獲得を回避するのだ。

「俺はNOSAKAだ」というつぶやきがそのまま「俺はNOZAKAだ」と聞きとどけられうるような世界を夢想しながら、SとZとがたがいに相手を排除することなく親しい微笑をかわしうる場にとどまっていたいと思う。だいいち、日本語にあっては、SとZの子音字をめぐる排除と選別の体系こそが、ありもしない虚構なのではないか。言語地理学者であれば、関西と関東の中央に清音と濁音による境界線でも引いて、排除と選別の体系を捏造しもしよう。だが、「俺」にとってはそんな話はどうでもよろしい。ＳがＺでもあることにはいささかの不自然さも感じられはしない。それを不自然と断じ、ＳとＺとを無理にも分離させ、二者択一を強要しにかかる人間がいたりするものだから、事態が混乱するのだ。だから『俺はＮＯＳＡＫＡだ』の基本的発想が、ＳとＺとの間に是非とも差異を読みとらねば気のすまない連中への苛立ちにあることは明白である。では、その苛立ちが何故、貴重なのか。差異の律儀な摘発ぶりと、野ばなしにされた結果、差異であることをやめてしまった二つの子音字への平等な無関心とのうちに、アメリカと日本との比較文化論的な言説が可能となるからか。そうではない。そうではなくて、まさにその点を介して、言語なるものの概念が、そっくり問い直されることになるからである。それを記号の概念そのものが、といいなおしてもよかろうが、真の問題は、領事館の役人がかい馴らされた官僚としてアメリカ的官僚主義の言説を口にしていたと思われた瞬間、実は彼が、言語学者の口ぶりで、言語とは何か、記号とは何かを、小説家の野坂氏に説教していたのだという点に存している。事実、役人は、ＳとＺとの二つの子音字を排除と選別のふるいにかけろといっていたのではない。ＳとＺとの二つの音声のあいだで、二者択一を要請していたのである。それに対して野坂氏は、まさに野坂という文字に固執し、それが何と発音されるかにはいささかも拘泥していなかったのである。そして、その点にこそ最も重要な問題が隠されているのである。

音声と文字。この二つのものを目にすると西欧は、たちどころに排除と選別の体系を始動させずには気がすまない。そしていわゆる言語なるものを科学的に思考するにあたって、文字は排除されて音声が選ばれた。言語学とは、口にされるものとしての言葉を対象とする科学であり、そこにあっての文字とは、音声言語を支える二義的な役割に還元されてしまう。現代言語学の父といわれるフェルディナン・ド・ソシュールが、今世紀の初頭にその『一般言語学講義』（邦題『言語学原論』小林英夫訳、岩波書店）の中でそう述べていらい、その事実は一つの常識として弟子たちに受けつがれ、言語学の学的な体系を支えて来たのだ。この常識を改めて繰り返すには及ぶまい。ソシュール言語学をモデルとして発達した構造主義的な思考、わけても記号論的な思考は、いずれも音声言語中心主義ともいう姿勢を共有している。そして、構造論的な記号論が、必然的に露呈せざるをえないその限界にもかかわらず、幾多の専攻領域でかなりの成果を挙げえたのは否定しがたい事実といわねばなるまい。今では一つの錯覚だと明らかにされた盲信によって表音文字だと思われていたアルファベットによって音声を表記する西欧的な言語、つまりインド＝ヨーロッパ語系の諸言語に観察される現象が、いったいどうして言語学として普遍的体系を誇ることになってしまったかという奇怪な現象については、ソシュールが体系化した言語概念の諸層とともに、改めてゆっくり時間をかけて批判検討してみることとして、ここではさしあたり、国際感覚をめぐって教訓をたれる領事館の役人が口にした三つの国際的な概念が、そっくりそのまま、西欧の伝統的な言語観を代弁してしまっているという点のみを指摘しておこう。彼は出鱈目をしゃべっていたわけではなかった。悲しいまでの律儀さで、西欧を代弁していたのである。

本来が恣意的でありそれが指示する対象とは何ら本質的な関係を持たない言語記号は、神学的=形而上学的な抽象空間でのみ、その体系性を誇ることができる。arbre とアルファベットで表記されうる音声のつらなりは、どこまでいっても「樹」とめぐりあうことはなく、他の類似の事項との間に参照関係の連鎖をはりめぐらすことによってのみ、はじめて「樹」を意味する記号として、通用することができる。つまり「俺はNOSAKAだ」というつぶやきは、どこまで行っても野坂その人とめぐりあいはしない。だから、他人の証言が自己同一性の確認に必要とされるように、唯一にして孤独な記号というものは存在しない。記号とは、絶えずからっぽである限りにおいて記号として機能し、意味は、きまって他の記号との差異によって読みとられる。言語体系には差異しか存在しないのだ。NOSAKAとNOZAKAとは明らかに二つの異なった記号であり、その差異をきわだたせるのがS/Zの対立関係にほかならない。そこに働いているのは排除と選別の体系であり、いかなる同時的共存も許されてはいない。そしてその差異によって、記号ははじめて何ものかを代表することができる。代表とは、それをそのものとして示すのではなく、表象として示すということだ。つまり、言語とは、差異を介して機能する表象体系なのである。そして、領事館の役人は、この示差的な表象体系の論理を、野坂氏に向って生真面目に説き聞かせたわけだ。そして筆者は、野坂氏とともに、この示差的な表象体系の論理は正しくないと思う。というより正確には、ある限界を持った世界でのみ体系性を誇りえようが、それはわれわれの言語体験に照らしあわせて、現実的でないと思う。これを現実的でないと断じたのは何も野坂氏がはじめてではなく、時枝誠記という偉大な名前がすでに久しい以前に厳しく苛立ちを表明している。ただし、この苛立ちを言語化することはきわめて困難な作業で、時枝博士もなかば成功したにすぎない。というのも、こうした示差的な表象体系を支える記号理論と、その基盤となる音声言語中心主義とが、言語への反省的意識をはるかに超えた大がかりな錯覚として西欧を支配し、ギリシャ以来の数千年を通じて、もはや錯覚たる自分を忘れたまま居すわってしまっているからだろう。

だが、この錯覚は晴らされねばならない。そしてすでに西欧には、昭和二十年六月五日の午前七時二十分に目覚めることを決意した野坂氏のように途方もない錯覚へと滑り落ちた瞬間に目覚め、新たな視線を見開こうとする人びとが存在している。たとえばミシェル・フーコー、ジル・ドゥルーズ、そしていささか視点は異なるがジャック・デリダ。

しかしここで、人はロラン・バルトを忘れてはならない。虚構の日本滞在記『表象の帝国』（宗左近訳、新潮社）のバルトよりは、むしろ『S／Z』（沢崎浩平訳、みすず書房）のバルト。野坂氏とはまったく異質の体験から出発して、バルトは、本来なら差異を強要する要素たるべきＳとＺと二子音字に、排除と選別の体系におさまることのない共存の戯れを約束しつつ、バルザックの短篇『サラジーヌ』を読んでいるのだ。ほんらいのフランス的慣習からすればSarrazineとＺで綴らるべき固有名詞がバルザックによってＳで綴られたことを多義的な意味の戯れとして捉えようとするバルトの試みを詳しく見てみる時間はいまはない。だがわれわれは、野坂昭如氏の『俺はＮＯＳＡＫＡだ』とロラン・バルトの『Ｓ／Ｚ』とを、いずれもたやすく本屋で買い求めることができる。真の国際感覚とは、こうしてバルトと野坂とを同時に読むことではないか。

Ｓ／Ｚは、悲劇であってはならない。

シルバーシートの青い鳥

バスと映画館

一日の仕事から解放された男女の群が高層建築の足もとにゆるやかな人の流れを描き、行きかう車も一段と数をまして黒々と通りを埋め、夕刻の雑踏がある怠惰な活気をかたちづくろうとしているというのに、都心から私鉄のターミナル駅へと向うバスの中には人影が見あたらない。そのさして遠くはない距離を、もっとも不条理な迂回と停滞とによって無駄な時間へと変貌させようとして選んだはずの交通機関は、しかし、窓という窓を西陽に向っておし拡げ、あたりに氾濫する奇妙に華やいだ空気につつまれ、未知の身軽さを回復したかのように走る。身を寄せあって滞る車たちのはしをかすめ、スピードもゆるめずに大きな交叉点をまがるとき、唯一の乗客は風に煽られ、無人の席の上をはずみをつけて滑ってゆく。誇らしくも孤独な運転手の操作するカセット・テープが、降りるもののいない車内いっぱいに、たて続けに停留所の案内を流している。ともかく、唯一の乗客の意図に反して、バスはこの上なく素早い無駄のなさで距離と時間とを踏破してしまうのだ。不思議に乗ってくる客の姿も地上にはなく、だから、なだらかな登り坂さえが途方もなく摩擦にとぼしい空間へと変容しつくしたかにみえる。失敗した、と乗客は思う。できうる限り時間を遅らせようとしているのに、その流れはむしろ円滑すぎるのだ。

バスは、いきなり西陽の氾濫を捨て、曖昧な影につつまれた細い露地へと走りこむ。唯一の乗客は、ふたたび煽られ、はずみ、滑る。そして、ああ、またやってしまったとつぶやく。またやってしまった。といってもそれは、とり返しのつかぬ過失への後悔に彩られたつぶやきではない。実際、こんなことが、何度あったか。唯一の乗客である男の妻は、いま、都心から私鉄のターミナル駅まで、彼女が知っているたった一つの交通機関たる地下鉄の暑い湿りけの中で息をつまらせている。この時刻であればかなり混んでいるはずの車内で、セットに行ったばかりの金髪を乱しにかかる扇風機の悪意にみちた旋回運動にいらだち、日本人の乗客の頭の上でその顔をしかめているに違いない。どんなに夫の国を好きになろうとつとめてみても、夏のこの湿度だけは我慢がならない。また、それと同時に、開け放たれた窓ばかりではなく、電車の天井から頭に襲いかかってくる風も耐えがたい。自分が育って来たヨーロッパと呼ばれる大陸では、風は、とりわけ閉ざされた室内を横ぎってゆく空気の流れは、不吉なものとして避けられて来た。ところがこの国では、風を製造する機械が高い値段で売られていて、いたるところに据えつけられている。こんなことがどうして我慢できるか。彼女は、ちょうど同じ時刻に、どこかへ姿を消してしまった自分の夫が、信じがたい速度で疾走するバスの中で、熱い風に煽られ、はずみをつけ、座席の上を滑ってゆくさまなど、とても想像している余裕などありはしない。

ああ、またやってしまった。また、やってしまったと、吹きぬける風に身をまかせてバスの唯一の乗客はつぶやく。いま、自分は、息苦しい地下鉄にもまれ、ごく当り前な乗客の一人としてその妻のかたわらに立ち、フランス語で繰り返される聞きなれた扇風機への悪口を黙ってうけながしていることもできたわけだ。だが二人は、つい十分ばかり前に、視線と視線で相手を攻撃しあいながらものも言わずに別れて来た。こんなことが何度もあったと思いながら、なぜかもう我慢がならず、同じコースでの帰宅を拒絶しあったのである。理由はいかにも単純な話だ。一組の男女、それも夫婦と呼ばれる制度によって結ばれた者たちの仲が険悪になる理由など、いずれも単純なものであって、それを詳述することほど猥褻なものはあるまい。だが、いま、猥褻な色調をわずかに薄めているものがあるとすれば、それは、いさかいの原因が単純である以上に滑稽だと当の二人が意識しているからだろう。それぞれ地下鉄とバスの乗客になっている二人は、ついいましがた、出て来たばかりの映画館の前で、ほとんど狂暴なまでの苛立ちに同時に捉えられ、むしろ一時的にしてもたがいに避けあっていた方がよかろうと即座に判断したのだ。では、彼らはどんな映画を見て、それほど興奮したのか。それが、メーテルリンクの『青い鳥』であったことは、いかにも皮肉である。では、現代では子供もだまされはしまいこんな子供だましの紙芝居を、いい年をした大人が二人で、しかもウィーク・デーの午後から、なぜ見に行ったりするのだろうか。妻が、メーテルリンクと同じ国籍の女性であったからか。そうではない。エリザベス・テーラー、エヴァ・ガードナー、ジェーン・フォンダといった豪華な女優陣のかたわらに、レニングラード・バレエ団のプリマやボリショイ・サーカスの道化たちが躍りはねるという取り合わせの妙が面白かったからか。そうでもない。そうではなくて、五十年近くハリウッドに君臨したユダヤ系の偉大なるシネアストの、おそらくは最後の作品となろう映像と音響とのうちに、その遺言を聞きとどけに行ったのである。ジョージ・キューカーと呼ばれるそのシネアストの遺言を聞きに行ったものは、なにも地上と地下とで風に煽られている二人には限られていない。日本でもフランスでも、そしてもちろんアメリカでもソ連でも多くの人がそれに耳を傾け、この米ソ共同出資によるいささか時代遅れの超大作のうちに、無邪気な緊張緩和への夢を認め、七十歳を越えた老人の時代錯誤ぶりを嘲笑している。だが、何と貧しい自分に満足しうる嘲笑ぶりだろう。老年のみに可能な単純化、それも、貧しさの側ではなく、何のこだわりもなく豊かさの領域へと人を誘う夢のような単純化に、どうして人はあれほど無感覚なのだろう。事実、映画の冒頭の数分は、絵のように豊かな光景をくりひろげてくれる。何ということもない川の流れにそって移動するカメラが、仰角で丘の斜面の風車を捉える。その家の内部では母親が気がかりそうに何かを待っている。すると次の画面では、紅く色づいた林を横切って子供が走る。幼い兄妹の後をむく犬が追ってくる。母親は、心配で食事の用意も手につかない。子供と犬は、林が途切れた河ぞいの草地にたどりつく。増水した流れの上に、吊り橋が風に不気味に揺れている。悪戯者の仙女か誰かが、わざと揺さぶってでもいるように無人の吊り橋はふるえ続ける。子供たちは、一瞬、橋を渡るのをためらってしまう。犬が吼える。水面が視界に迫ってくるようだ。しかし、子供たちはそれを渡らねばならない。その、何ということもない情景のつみかさねが、何ということもない技法で流れるように映像化されるのを目にして、自分は不覚にも涙を流してしまった。ほとんど背中をふるわせて泣いてしまったのだと、バスの唯一の乗客は回想する。椅子に埋めこまれた軀の小きざみな振動が、当然、隣の妻にも伝わってしまう。それから二時間後、あたりが明るさをとりもどし、子供の姿さえ認められないまばらな観客にまじって戸外の暑さをとり戻そうとする瞬間、妻は、いつもむつかしい顔で妙な思考ばかりをめぐらせている夫の顔を濡らした涙の意味を問いただす。なぜ、あなたは冒頭からあんなにも他愛なく泣いてしまったのか。あなたが、おおかたのフランス映画を軽蔑して、世界にはアメリカ映画しか存在しないと宣言し、気の進まないわたくしを無理矢理ハワード・ホークスの『暗黒街の顔役』を見せに引っぱりだしてくれた瞬間から、日本映画がすばらしいのはそれが世界で最もアメリカ映画に近いからだというたぐいの逆説の意味も今では理解できるつもりでいる。ジョン・フォードも、ラオール・ウォルシュも、たしかに小津安二郎のように素晴らしかった。話の筋のばかばかしさに苛立たずにいる術も学んだはずだ。だからキューカーの今日の映画だって、実に楽しんでみることができた。むしろ、テレヴィジョンにへばりついている子供たちには、こうした映画を見てもらいたいとさえ思う。でも、なぜ初めから、物語が語りだされる以前に、ああも簡単に涙など流してしまうものか。説明して頂戴。

夫は、この説明して頂戴に苛立つ。あの涙の原因をあれこれ言語化してみれば、全く不可能というわけではない。まるで、泡だつ川の流れが風を煽りたて、それが下から揺さぶっているような吊り橋を見ながら、ニューヨークに生まれたハンガリア移民の子供がアメリカの地でユダヤ人として迎えることになった老年にふと触れる思いがしたとか、何かにおののきつつ林を走りぬける子供たちの表情のうちに、グレタ・ガルボとか、ケイ・ケンドールとか、キャサリン・ヘップバーンとか、成熟した女の魅力を瑞々しくスクリーンに焼きつけてきたキューカーのあらゆる映画的身振りの記憶が一挙に甦ってきたとか、何とか話の筋道をとりつくろうこともできただろう。その他、ほかに幾らも理由を捏造して言葉にすることもできたはずだ。だが夫は、それを言葉にするのを拒絶する。妻は、その拒絶にいらだつ。そしてその苛立ちを察知して夫は沈黙に閉じこもる。妻にはそれが我慢ならない。いま、二人がこうして地上と地下に別れて家路をいそいでいる理由は、そんな他愛もない話である。

この言葉への執着と沈黙の選択とが、感受性なるものの東西の文化的行き違いだなどともっともらしく言い張ったりはしまい。西欧的風土にあっても、口を開くべきでない状況はいくらも存在するし、その点をめぐって、日本人はむしろ不謹慎なまでにおしゃべりな国民だとさえ妻は信じきっている。つまり、誰がいつ、饒舌となり寡黙となるか、問題はその条件をさぐることであり、無前提的に言語への執着と沈黙への志向とを西と東の文化圏に選り別ける仕草ほど不毛な試みはまたとあるまい。事実、夫が言語化を無理強いし、妻が言葉を拒絶したことからこれに似た険悪さが二人を距ててしまったことも何度かある。だが、こんなことは、婚約時代のパリでも、幾度となく起っていたはずだ。どちらかが相手の沈黙に自分を重ね合わせ、まるでそれがしめし合わせた合図でもあったかのように、二人は同時に別の方向に歩きはじめる。ああ、またやってしまったという同じつぶやきを反芻しながら、たがいに見えてはいない背中でいらだちをせいいっぱいに誇張する。そして、別々の経路を興奮してたどったあげくに、決して約束してあったわけでもない同じ場所で、ついいましがた背を向けて別れあった相手と落ち合うのだ。そんな場合、一瞬早く先まわりして待っているのは夫のほうである。妻は、その事実を確信しているかのように地下鉄の階段を上り、バスのステップを降りてくる。そんな遊戯が、どこか儀式めいた正確さで反復されるのだ。夫は、一度でいいからその決められていないランデ・ヴに遅れてみたい。だが、夫の欲望は、そのつど何らかの事情によってさまたげられてしまう。今日も、このぶんでは、間違いなく妻よりさきに終点についてしまうだろう。無人のバスは、まるで地上にはいかなる障害物も存在しないかのように影になった細く曖昧な通りを滑りぬけてゆく。

出札口の小波瀾

いきなり、バスは方向を転じ、西陽の氾濫をとり戻す。唯一の乗客は、ふたたび風に煽られ、座席の上をはずみながら滑ってゆく。そして、終点のターミナル駅近くになって、思いがけない渋滞にでも出くわさぬ限り、わざわざ夕暮どきのバスを選んだことの意味が失われてしまうと思う。ああ、またしても失敗してしまった。失敗、といっても、しかしそこには贖いがたい過失への深い後悔の念がまといついてはいない。失敗が、儀式の、単調ながらも正確な反復ぶりを保証しているかに思われるので、唯一の乗客は妙に落つき、いらだちを忘れてゆく。

そのとき、不意に、自分がいつのまにかいわゆるシルバーシートなるものの真正面まで移動してきていることをその乗客は発見する。シルバーシートか。お年寄りや、からだの悪い方の席です。みんなで譲りあって坐りましょう。そうか、みんなで譲りあって坐るのか。無人の車内で、すでに文字が薄れはじめているビニールばりの座席の背に目をやっている唯一の乗客は、譲りあっての一語が妙に白々しく思われてくる。そして、この人影の絶えたバスの内部が、老人やからだの悪い人で一杯になった光景を想像する。窓という窓は閉めきられて風の横溢は禁じられている。途方もない数の車の波に捉えられて、図体の大きさを醜く人目にさらすバスは、すでに滑走する機能を忘却したかのように、ときおりわずかに前進しては停る。そのつど、車内にあふれる老人たちは、声もたてずに顔を曇らせる。坐っている者たちは、まるで永遠に坐り続けている様子だし、吊り皮に手をからませている者たちも、永遠に立ち続ける運命をうけいれているかにみえる。ただ、シルバーシートの周辺ばかりで、一群の老人たちが、馴れない仕草で腰をかがめ、立ったり坐ったりを繰り返している。その容貌は一様に暗い。坐ることよりも、譲りあうことの困難に戸惑っているかのようだ。このまま立っていることの方が、どんなにか楽であるに違いない。だというのに、奇妙な標語が座席の背に印刷されているので、やりたくもない遊戯にまきこまれてしまった。坐っている老人たちも、決して幸福そうな顔をしてはいない。そんな中に、ジョージ・キューカーの姿もまじっている。とうに七十歳を越えているはずの亡命ユダヤ人もまた、馴れない仕草で腰をかがめ、膝をかかえて居心地悪そうに坐っている。それが『青い鳥』を撮りあげたばかりのハンガリア系アメリカ人とは知るよしもないほかの老人たちが、胡散臭そうに見つめている。この、度の強い眼鏡をかけた老人は、いったいいつまで坐っているのか。外人だからといって、ゲームの規則はまもってもらわねばならない。誰もが、声を出さぬまでもそう思う。キューカーもキューカーで、ころあいを見はからいかねて、いったいどうしたものか見当もつかない。譲りあうというからには、何か合図でもあるのだろうか。幼稚園の椅子とりゲームであれば、どんなにか気軽に楽しめたろうに。だが、老人たちは、重く圧し黙ったまま、誰ひとり口を利こうとはしない。バスは、停りもしなければ、走ろうともしない。もう、ずっと以前から扉は閉ざされたままで、乗ってくるものも降りるものもいない。

突然、数年前のパリ滞在の折りに接した一つの光景が記憶に甦ってくる。いま、無人のバスの唯一の乗客になっていた男が、パリから百五十キロほど離れた田舎の街までの切符を予約しに、北駅だかサン゠ラザール駅だかの予約センターまで出向いて行ったときのことだ。やはり夏の初めのことで、西陽こそ差し込んではいないが、あたりには閉ざされた場所に特有な息苦しさが充ちあふれている。もちろん、扇風機などまわってはいないし、ましてや冷房装置などとりつけられてもいない。旧盆の時期に東京を離れる人の群とは比較にならないが、それでもかなりの数の人たちが、行先きごとに幾つかの出札口にわかれて、自分の順番を待っている。こうした場合、これまでの経験から、比較的年齢の高い中年の男性が事務能力に秀でていると判断し、若い男女の窓口を避けて二十人ほどの列の後に立つ。ところが、十分たとうが二十分たとうがその人数はいっこう減ろうとはしない。行列を作って待つことには馴れているつもりの人間も、これにはいささか心配になる。みると、どの窓口でも、係員たちが何やら自信なさげに大きな装置と戯れている。どうやら、電子計算機が導入されたのだ。彼らは、点滅する小さなランプや、時折り思い出したように打ち出されてくる数字やアルファベットを深く信用しているようには見えない。その仕事に専念しているはずの自分自身の手さばきを本気で信頼しているふうにも見えない。二年前に来た時には、窓口から電話で座席の有無を問いあわせ、その結果を手書きで切符に記してくれたのだから、電子計算機はさして遠くはない過去に導入されたかと思われる。何度か、同じ操作が、わずかな変化を伴って繰り返される。答えが打ち出されると、解けない謎を前にした者のように黙りこくり、それから肩をすくめてバとかボとかつぶやきながらその切符を隣りの係員に示すと、全部の窓口から係員が寄ってきて、たった一つの符号の意味について論じ、あげくのはてには奥の扉を開けて主任のような男を呼んでくる。男は受話器をとりあげて何かの指示を仰いでいる。やがて事件は落着し、係員はそれぞれの窓口に戻り、待っている乗客と何やら話しあってから、おもむろにキーをたたきはじめる。ところが、今度は不意に電源でも切れたものか、電子装置は働きを止めて沈黙してしまう。やれやれ、またかといったように、係員は天を仰いで嘆息する。そんなことが、無限に繰り返されているのだ。一人が切符を手に入れるのにこれだけの労力と時間が必要なら、二十番目の切符が手に渡るのは気の遠くなるほど先のことだろう。

　だが、それにしてもいかにも奇妙なのは、係員たちの苛立ちぶりと行列の従順さとの対照である。誰もが順番を乱すことなく、この無駄な時間に耐えている。考えてみれば、ヨーロッパのあらゆる国のあらゆる駅への切符をとりあつかっているのだから、新幹線の窓口のように事態がはこばないのは当然かも知れない。また、係員たちがこの装置のメカニスムに馴れてくれれば能率も上ってはこよう。とはいえ、フランスにおける生活のリズムにかなり親しんでいない限り、こうした現象をうけいれることができないのも事実だろう。明らかにアラブ人労働者とみえる男の一家も、里帰りするスペイン人の女中さんらしい中年の女性も、行列の沈黙ぶりに素直に同化している。ただ一人、興奮気味に事態の緩慢な進展ぶりを呪っているのは、アメリカ人の老紳士ばかりだ。彼は、近くに日本人を発見してまるで救いの神にでも出合ったように英語でフランス的事務処理の不条理を罵倒しはじめる。こんなことが許されていいのか。自分は、もう一時間も前からこうしてこの間抜けな連中とつきあっている。信じがたい話だ。合衆国に帰ったときのみやげ話にするつもりで何とか我慢しているんだが、まさかトーキョーではこんなことは起るまいね。たとえばこれがシカゴだったら、ホテルから電話一本で、ヨーロッパ中の列車の切符を一分もかからずに予約することができる。ユー・ノー・ホワット・アイ・ミーン。

それから何度か電算機の電源が切れ、窓口の係員が天を仰ぎ、係長らしい男がどこかへ電話をかけ、アメリカの老紳士が嘆息し、一時間近い時間が無駄に流れてゆく。そして、ようやくその老紳士の順番がまわってこようとしたときに、どこからともなく出現した年金生活者ふうの老婆が、行列を無視して出札口の脇にへばりつくようにして立つ。顔がようやく窓口にのぞくほどの小がらなその女は、黒とねずみ色の地味な衣裳に身をつつみ、ふくらはぎがまるで存在しないような棒を思わせる足には、重そうな黒靴をはいている。銀髪をうしろにまるめ、縁なしの眼鏡を鼻にのせているところは、どこかしらある種の小動物を思わせる顔だ。遥かな昔から身よりもなく、屋根裏で猫と暮していそうな老婆は、いきなり、右手に握りしめている皺になった一枚の紙きれを窓口にさし入れる。係員は、それを手にとって音読し、何やら彼女にたずねているが、老婆は押し黙ったまま反応を見せない。係員は、しかたなしに一段と声を高め、たぶん目的地である土地の名前をいう。老婆は、表情もかえずに、その地名をおうむ返しに口にするばかりだ。おそらくは一等か二等かとか、どこ経由の何時の汽車にするとか、そんな詳細をたずねるのだろうが、彼女から満足な答えを引き出すことはできない。老婆は、世界との交渉を持たずに生き、自分をとり残してしまっただろう時代の変遷に対してはいかなる違和感をも憶えてはいないようだ。世の中が、自分に対して譲歩すべきであり、この重い靴で地上に立っている限り、いかなる戸惑いも感ずる理由は見あたらないと確信しているようだ。その孤独な生命の寡黙な現前ぶりに威圧されたのか、中年の出札係はいま一度皺になった紙に目を落し、それを音読しながらしかるべきキーをたたきはじめる。アメリカの老紳士が真赤になってどなりはじめたのは、その瞬間である。

待ってくれ、待ってくれ。それはいかにも不当な話ではないか。わたしも老人だ。旅行で疲れている。にもかかわらず、こうやって二時間も待っていたんだ。いいですか、その老婦人、と腰をかがめてからだを二つに折り、決して上手ではないが正確なフランス語でそのアメリカの老紳士は語りかける。いいですか、あなたはみんなと同様に行列をしなければならない。あなたも老人だ、わたしも老人だ。ことによったら、わたしのほうが年長かも知れない。わたしと同様に、あなたは待つことをうけいれるべきではないか。そうだそうだ、といった声が行列のあちこちからあがる。俺だって、一時間半も立ちっぱなしで順を待っているんだ。しかし、老婆の顔にはいかなる表情の変化も認められず、ひたすら係員の顔を凝視したまま、その場を動こうとはしない。不当だ、いかにも不当だとアメリカの老紳士は声を高める。すると係員は、妙に興奮して、不当だと、何が不当なものか。この御婦人は正確な権利を持っておられるのだと宣言する。おー！　という非難の叫びが待ちくたびれた人の群からあがる。幾人もの味方を得たように、アメリカの老紳士はようやく温厚さをとり戻した顔をみんなの方に向ける。ところが中年の係員は、自分はまずこの御婦人の世話をしますというなり、電算機に向きなおってキーをたたき始めてしまう。そりゃあ、まずいんじゃないか、と誰かがかなり非難がましい口調でいう。不当だ、不当だと老紳士も声を高める。いや、不当じゃあない、正当なのだ。わたしの仕事を邪魔するのはもうやめにしてくれ。いいですか。そうどなるなり、中年の係員は目を血走らせて仕事を中断し、立ちあがって窓口ごしにあたりの人間に向けて語りだす。

いいですか。この御婦人は行列をしないで切符を求めうる正当な権利を持っておられる。優先権を持っておられるのです。この紙にもそう書いてあるし、それを証明する家族カードもちゃあんとある。そういうなり、いまはもう忘れてしまったが、戦没者の配偶者で何歳以上でしかも健康がすぐれないといういったたぐいの複雑な理由を挙げ、予約係はまた電算機に向うのだ。これは規則なのだ、規則は規則なんだと誰にいうとなくつぶやきながら彼は仕事にかかろうとする。すると、そんな規則がどこにあるもんかと、行列の中の一人がいう。いや、これはれっきとした規則だと、係員はどなりかえす。じゃあ、その規則とやらを見せてもらおうじゃあないか。そんならお見せしましょう。係員はかたわらのテーブルから手垢で光ったような小冊子をとりあげ、ふるえる手でそのページをめくっている。いまや、あらゆる窓口で予約の機能は麻痺してしまい、誰もが、その規則とやらをめぐって口論しあっている。ことの発端となったアメリカの老紳士までが、主役の座を降りて老婆の沈黙を模倣しているかのように、新たに起ったフランス人同士のやりとりに聞き入っている。

代弁と優先権

それがどんな規則であったかはもう記憶にないが、とにかく老婆が正当な優先権の持ち主であることが確認されて、騒ぎはおさまった。が、いずれにしても、あれはおたがいに譲りあうといった言葉とは無縁の口論であった。とにかく、たった一人の権利の所有者が確認され、決着がついたのである。それが日本であれば、駅長か誰かがとんできて、いまはいそがしい時なんだから議論はあとまわしにして、切符の予約をかたづけてしまいましょうといいだすのが落ちであろう。ねえ、お客さん、ここは何とか我慢して、ひとつ譲ってやって下さい。そこでしぶしぶ納得するというのが普通だと思う。だが、中年の予約係は、いかなる他者の介入も排し、妥協など考えてみることもなく、法の名のもとに、しかるべき規則を照合しつつ紛糾した事態に決着をつけてしまった。いささかの興奮ぶりを人目にさらしたとはいえ、正当なる権利の所有者をその責任において選定し、諸々の不満を沈黙させえたのである。そのありさまは、ほとんど感動的と呼びうるものであった。またそのため切符を手にする瞬間が大はばに遅れてしまった連中までが、むしろ一時の混乱を必要な迂回であったと納得しあっているかにみえる点も奇妙に感動的である。あたりの人びとは、窓口での優先権をめぐる利害の対立にそれなりのやり方で加担し、葛藤の解消が自分の権利をいささかも増大させはせず、むしろ一時的には権利を宙吊りのままに放置していたにもかかわらず、かえって満足げにみえる。

たしかに、一枚の切符を入手するという多数者に共通する欲望は、その欲望の一刻も早い充足のみを特権化する制度を必要としてはいる。そして日本の国鉄は、その点に関するかぎりかなり優秀な制度といえよう。だが、欲望＝充足のサイクルが矛盾なくあっさり継起してしまうとき、日常生活を支える身振りや思考が途方もなく貧困化するのも事実である。だからこそこの人たちは、たえず幾つもの欲望の束をなげかけあって、その素早い充足を延期すべくいたるところに葛藤の織物をつむぎあげてゆくのかも知れない。だが、いまこの光景の記憶が甦ってきたのは、パリという街に確かに息づいているそうした生活の層の厚みについて語るためではない。そうではなく、たった一つの権利の獲得をめぐって、一人は饒舌に、いま一人は寡黙に、決して譲りあうことなく優先順位を争いあったという点が、重要なのである。しかも、その利害の対立にあって、多くの人が心情的にも論理的にもアメリカの老紳士の肩を持ったにもかかわらず、他者との連帯を拒絶しているかにみえる老婆の沈黙が、最終的に勝利を得たという点も重視されねばならない。さらには、その沈黙を代弁する一つの声が、多数の反対や不満を押し切って権利を権利として機能せしめることに成功している点も興味深かった。決して譲りあうことのない老人というイメージは、たしかに日本と西欧との思考や行動形態の差を端的に示すものではあろう。この日の行列をかたちづくっていた人びとの群にとって、シルバーシートと呼ばれる葛藤緩和装置は、悪しき抽象でしかあるまい。だが、いかにもその国のお国がらを誇張するかにみえる挿話というやつは、なるほどと人を納得させはしても、その挿話が成立する根源へと注がれる視線を蔽ってしまいかねぬものだから、いかにも幸福を約束するかにみえる「青い鳥」めいたみんなで譲りあって坐りましょうといった類のスローガンが、かえって幸福に背を向けた抽象としか響かぬ国が世界に存在し、むしろそうした国のほうが世界の主流をしめているという事実に、そう感心ばかりはしておれない。では西欧と呼ばれる地帯にあっては、いったい何がこの出札口での口論を刺激的な日常のドラマに仕立てあげることになるのか。

この何がをめぐって、日本はあらかじめ一つの返答を用意しているかにみえる。つまりいまさしたる理由もないままそれへの確信が揺らぎ始めている近代の神話がそれである。近代的個人が確立している西欧にあっては、個人は、その権利と義務の意識によって多数決原理を支え、民主主義なるものを理想形態として持っているのだとその返答は口にする。それは、第二次大戦以前の日本で一部の知識人によって口にされ、戦後にあっては、ほとんどすべての人間が、多数決原理なるものを肯定するにせよ否定するにせよ、そのようなものとして西欧を思い描いてきた。だが、この返答は返答になってはいない。嘘ではないにしても、ありもしない抽象だと思う。だいいち、西欧には、権利と義務の意識に目覚めた近代的個人ばかりがうろうろしているわけではいささかもない。窓口での優先順位で一位を獲得した寡黙な老婆は、実際、近代的個人などよりはむしろ強情な家畜かなんぞに遥かに似ている。また、意志決定の多数決原理が民主的と呼ばれるとするなら、たった一人で多数を敵にまわして優先権を決定した予約係の態度ほど、民主的なるものから遠いものはあるまい。事実、民主国家日本にあってはそんなことは絶対に許されないだろう。そもそも、一部の抽象的な哲学者にそそのかされてかなりの人が信じている近代的個人など、どこにもいはしないのだ、また、一部の抽象的な政治学者にそそのかされてかなりの人が信じている意志決定としての多数決原理なども、どこにもありはしない。民主主義とは、一人でも多くの人間の欲望を充足せしめる装置であったためしはないし、また、それを原理として生まれたものでもない。より多数の人間が幸福だと信ずることが重要なのであれば、二宮尊徳の像でもじっと眺めていた方がはるかにてっとりばやいだろう。ここ一世紀ばかりの西欧が政治的に採用した民主主義と呼ばれる制度は、断じて多数決による意志決定を基盤としてはいない。それは、何よりもまず代表の制度と理解さるべきものである。実際、代弁者を欠いた民主主義というものなど誰も想像することはできまい。諸々の声が、ただおのれ自身の声として響きわたる空間には、民主主義は存在しない。声が、いま一つの声にその響きを委託することで初めて機能する制度が民主主義なのだ。事実、老婆の沈黙の声を代弁することになった中年の予約係は、たった一人でありながら多数の声を押し殺し、そのことで民主的な思考を各自に徹底させていたではないか。その男の内部に、近代的個人なるものの意識が権利と義務の自覚を伴って確立されていたか否かを問うことは、さして重要なことがらではない。見落してはならぬのは、老婆の権利を代弁しつつ擁護したとき、自分がより大がかりな代表の機能の中に捕捉されていることを彼が間違いなく自覚していたという点である。つまり、フランス国鉄の予約係として、規則を代表することによって、自分にふさわしい場所で潜在的な「法」を顕在化させていたのである。誰もが彼の弁論を正当なものと聞きとることが可能であったのは、その個人的な声の背後に、不可視の社会的な制度を察知しえたからにほかならぬ。その意味で、彼は近代的個人が享受したと人がいう自由の体現者ではいささかもなく、徹底して不自由な存在としてその不自由を各人に分配してまわったのだ。かかる不自由の分配こそが、老婆を権利の所有者に選定する影の力となっていることはいうまでもない。つまり、老婆は選別され、アメリカの老紳士に加担したすべての人間は排除されたということだ。この排除と選別とをいたるところ、あらゆる瞬間に機能させうる代表の階層的秩序こそが民主主義なのであって、多数決原理なるものはそのとるにたらない脇役にすぎない。

だからわれわれは、民主主義なるものを、多くの人の不自由の源泉として憎悪する正当な権利を持っていると思う。だが、それを語ることが当面の問題ではない。また、シルバーシートなるものの発想が、最も民主主義とは遠いものである点を力説したいわけでもない。そうではなく、無人のバスの車内でたがいに譲りあって坐りましょうのスローガンに接した唯一の乗客に甦ってきた記憶の情景が、西欧の言語理論の今日的な相貌と民主主義なるものとの恐るべく類似した関係にあることをふと想起させたまでのことなのだ。排除と選別のメカニズムを始動せしめる代表の階層的秩序。そしてその内部で、現実に一つの排除と選別とが実践されるその場所、その瞬間に、個人的な言辞を介して顕在化される潜在的な体系としての法。この潜在的なるものと顕在的なるもの、体系的なるものと個人的なるものとの関係は、言語学者フェルディナン・ド・ソシュールによる「ラング」と「パロール」との関係そのものにほかならない。個人的発話たる「パロール」は、社会的な体系としての「ラング」の秩序に従属しつつ、個人的な思考を表現する。つまり、言語的な記号とは、いわば表象の体系にほかならぬのだが、表象性と彼が呼ぶものは、代弁または代表行為そのものに相当する。決して自分自身ではない老婆を予約係が代弁したように、記号とは、記号それ自身ではなくきまって何ものかを表象するのだ。ソシュールにとっての「言語」が表象の体系であるように、民主主義もまた代表の体系にほかならない。表象＝代行作用が機能している空間にあっては、だから、きまって何かが選別され、それと同時にそれ以外のものが排除される必要があるのだ。誰がシルバーシートに坐るか。その坐るという行為をめぐってみんなが譲りあっている限り、顕在的で個人的なものは、潜在的で社会的な体系とは遂に相関関係を持ちえないであろう。つまり、構文法にのっとった命題は、いつまでたっても構成されるには至らないだろう。だからこそ、たがいに譲りあって坐りましょうは反民主的なスローガンだし、言語的実践としてはあくまで抽象的なのである。

もちろん、フランスの交通機関にもシルバーシートに類する座席は存在している。むしろ日本のそれは、諸外国の先例の形式的な模倣でしかないだろう。だが、たとえばパリの地下鉄にあってその座席に坐るべき人間は、たがいに譲りあったりする権利ははじめから奪われている。老人はもちろんのこと、傷痍軍人、民間の労働被災者、身体障害者、幼児を伴った妊産婦、等々、ほかにももっとあったろうがいまは思い出せない多くの権利所有者たちは、規則に従ってしかるべき優先順位でそこに坐るべき不自由の中に暮しているのだ。しかもその優先順位は、まるで文法の規則のような詳細さで、座席の背後の窓ガラスに、むこう二十年は消えることもなかろう白い文字として書き記されている。誰もがそんな規則を重んじて地下鉄に乗るわけではないのだから、ほとんどの場合、その優先順位にしたところで抽象的な言葉でしかあるまい。だが、あのシルバーシートのスローガンの白々しさにくらべると、この抽象性はどこかすごみを帯びている。不条理なナンセンス喜劇のギャグマンみたいな人が、どこか人目には触れぬ場所から、それもたぶん大真面目な顔つきで、地下鉄の運行ぶりをじっと覗っているような気がするからである。

いうまでもなく、シルバーシートなるものをめぐって、形式のみを模倣し精神を学ぼうとしない日本の西欧化の滑稽ぶりをいま一度笑ってみようというのが問題なのではない。たしかにわが国の近代化の過程にそうした現象がまったく観察されなかったわけではないが、さりとて精神など、そうたやすく学びうるわけのものでもあるまい。だいいち、とても空おそろしくて、そんなものにかかずらわってはいられないという思いがさきにたつ。とはいえ、この問題は、より深く究明さるべきであろう。西欧の先進諸国では、人びととは整然と行動をするし、それを乱そうとするものは厳しい制裁をうけるといった話を、あるいは知識として、あるいは体験譚として語ってみせているだけでは事態は進展しない。そうした現象を、たやすく民主主義の成熟とやらに結びつけて感心してみたりせず、行列だの優先権だのの発想を一つの自然として彼らがうけいれていることの背後に、彼らの言語意識を支えている排除と選別の体系のまぎれもない機能ぶりをさぐりあてねばならないのだ。だが、いまはもうそうしている余裕がない。無人のバスが、シルバーシートを舞台として譲りあいの戯れを白々しく演出することもないまま、すさまじいスピードで坂を下り、目的地に到着しようとしているからだ。風に煽られ続けてきた唯一の乗客は、ほどなく、扇風機の悪意から解放されたその妻が間違いなく立ち寄るはずのコーヒー屋に腰を落ちつけるだろう。そこで、沈黙と饒舌の遊戯に決着をつけねばならぬのだが、その決着のために饒舌を選ぶか沈黙を選ぶかは決めかねている。排除と選別の体系は、まだ唯一の乗客をその体系に捉えこんではいない。

倫敦塔訪問

ロンドン、または野蛮なる古戦場

「二個の者が same space ヲ occupy スル訳には行かぬ。甲が乙を追ひ払ふか、乙が甲をはき除けるか二法あるのみぢや」と書いているのは『吾輩は猫である』執筆中の夏目漱石だが、彼はそれに続けて、同じ一つの空間を占有せんとする二つの個体が陥る必然的な葛藤の緩和装置としてあるのが「文明の道具」にほかならぬと記し、したがって文明にふさわしく生きるとすれば、意図的に我を希薄化することで他との摩擦を回避するという「消極」的な姿勢をとらざるをえず、その姿勢は、当然「power」と「will」の前に敗北するほかはないとこの断片を結んでいる。「——夫だから善人は必ず負ける。君子は必ず負ける。徳義心のあるものは必ず負ける。……」この、必ず負けながら生き続けようとする者の信条が『草枕』の冒頭に綴られていることは誰でも知っていようし、「兎角に人の世は住みにくい」という『草枕』の冒頭の一行から漱石のいわゆる低徊趣味なるものが引きだされてくる点もいまでは常識であろう。だが、ここではそうした漱石文学の復習が問題なのではないし、また「泰平の逸民」たちがなお回避しえなかった諸々の葛藤を究明して行った点に、漱石の文明批判とやらの苦しげな実践があるというのでもない。この断片には、夏目漱石の西欧体験といったものが語られているのは明らかだが、奇妙なことに、漱石がここで「文明」と呼んでいるものが彼の目に映ったヨーロッパ像であるよりは遥かに東洋的な理想に近く、「善悪、邪正、当否の問題ではな」く、「power」と「will」とが勝敗を決するというむしろ野蛮なる闘争原理を「西欧的」なものとみている点がわれわれの興味を惹く。漱石が必ず負けるといっている「徳義心のあるもの」、「醜を忌み悪を避ける者」、「礼儀作法、人倫五常を重んずるもの」がいずれも「文明的」であるとするなら、彼が三十代の二十何カ月かを過した大英帝国の首府ロンドンは、ほとんど「文明的」ではなかったことになる。「燕の様に四階の上に巣をくつてゐる」という「愛蘭土人」のシェイクスピア学者クレイグ先生の、握手をするにも月謝を受けとるにもきわめて「消極的な手」だけが、漱石がめぐり逢いえた唯一の「文明的」なるものであったのかも知れない。あとはすべて「執濃」くてやりきれず、そんな言葉こそ使ってはいないが途方もなく「野蛮」だということになろう。なんのことはない、「文明」人漱石は、ロンドンに古代の戦場の血なまぐさい殺戮の光景を認めているわけだ。

だがここで問題なのは、そうした漱石の「英国嫌い」に改めて言及することにあるのではないし、だいいち彼は、それを口実にたやすく日本回帰を実践する人間たちのように自分を野蛮さから遠い善人君子と信じたりなどしてはいない。彼は、日々の生活でその「執濃」い野蛮さと肌で接しあいながら、また書物という「文明的」なる「知」を介してその野蛮さの核心にまでせまろうとする。そして彼は、哲学の中に、心理学の中に、倫理学の中に、物理学の中に、西欧的な「執濃」さの根源をさぐりあてる。それは、いうまでもなく、西欧に物質文明を、また東洋あるいは日本に精神文明を認めるというあの永遠の抽象的な図式ではない。そうではなく、物質であると精神であるとを問わず、「二個の者が same space ヲ occupy スル訳には行かぬ」という排除と選別の体系の確認である。それ故、漱石にあって真に重要な問題は、誰もが多少はそんな経験をしたこともあろう野蛮＝文明の奇妙な対立ではない。「甲が乙を追ひ払ふか、乙が甲をはき除けるか二法あるのみぢや」という一点のみが肝腎なのである。その前提にたって、はじめて清廉の士の敗北が、あの「power」と「will」の勝利が導きだされてくるのだ。

「同一空間」や「占有スル」にあたる言葉が英語でそのまま記されている事実は、この断片の冒頭の一行が、漱石にとっての自然な着想ではなく、『文学論』のためのノート類が示しているごとく、明らかに書物からの知識であることを証言している。彼は、ロンドン滞在中に読破したおびただしい著作のしかるべき一冊の中から、この一行を拾いあげたものに違いない。ただし、それが現実には誰の何という書物であったかを問うことは、さして重要ではない。というのも、この事実は、西欧的思考にとっては、ギリシャ以来の一つの常識であるにすぎないからだ。たとえば、日本では『時間と自由』という題で知られているベルクソンが一八八九年に発表した学位論文『意識の直接与件に就ての試論』の中で、「事実上、二物体は同時に同一の場を占めえないという命題の持つ必然性は、物理上のものでなくて論理的必然性である」といった一文が読まれうるごとく、世紀末のヨーロッパ的思考の中で、このギリシャ以来の西欧的常識が、ウィリアム・ジェームズ流の「意識の流れ」的心理学＝哲学の基盤として改めて問題にされていたはずである。「修善寺の大患」の枕元にジェームズの著作が置かれていたことは『思ひ出す事など』によって知られているし、その註のかたちでジェームズと同じく「反理知派である」ベルクソンにも言及されているから、漱石がこうした哲学的潮流に深い関心を寄せていたことは疑いえない。事実、その『文学論』には「意識推移の原則」の一節があるし、ジェームズへの言及も見られる。いずれにせよ、「二個の者が same space ヲ occupy スル訳には行かぬ」という命題を、漱石が、たんにマテリアリスムの見地からのみ肯定していたわけでないことは明らかであり、彼の関心は、むしろ「意識の選択作用」へと向けられていたのだ。異なった属性を持つ二つの実体は相互に共通点を持つことはないという、形而上学的な命題から出発して、人はたとえば神の証言という神学的思考にも進みうるし、物体の存在という存在論にも発展しうるし、持続という意識の心理学にも通じうるのであるが、西欧的思考のこの自明の前提は、しかし漱石にとっては自明のものではなかった。その命題は、おそらく、ひとり漱石にとどまらず、明治時代の日本にとっては、この上なく衝撃的な発見であった。この排除と選別の体系があたかも一つの自然であるかに機能している場こそが、西欧と呼ばれる野蛮なる環境なのだ。そこから矛盾が、葛藤がとめどもなく織りあげられてくる。「甲が乙を追ひ払ふか、乙が甲をはき除けるか二法あるのみぢや」というわけだ。甲と乙とは、決して共存することなく、同一空間でたがいに相手を排除しあう。それは「差異」の原理の根源であり、また「同一性」の基盤ともなる残酷な現象であって、その残酷さがあの「執濃」さの元凶にほかならない。夏目漱石は、この排除と選別の煽りたてる血なまぐさい古代的葛藤の場としての西欧を、知性と感性の両面において発見しえたおそらく最初の日本人である。「倫敦塔」とは、甲に追い払われた乙、乙にはき除かれた甲たちの墓場であろうが、その残酷な排除の壁をいまもなお人目にさらし続けている倫敦の街とは、いったい何であろうか。「凡てを葬る時の流れが逆しまに戻つて古代の一片が現代に漂ひ来れりとも見るべきは倫敦塔である」と書かれているように、大英帝国の首府とは、佇立しあたりを睥睨する古代のまわりに身を寄せあった野蛮で残酷なる空間であろう。だが漱石は、その醜さに顔をそむけず「執濃」さの核心にまで感性と知性の錨を降ろそうとする。そして、「差異」と「同一性」の苛酷な戯れを統禦する排除と選別の体系の圧倒的な機能ぶりを身をもって発見するのである。科学技術だの物質文明だのは、「二個の者が same space ヲ

occupy スル訳には行かぬ」という命題から派生する皮相的な現象にすぎない。おそらく、開化日本の悲劇は、この根源的なるものの発見に無感覚で、それを一つの抽象としてしか理解できず、ひたすら二義的で派生的なるものの発見に固執し続けたことになるだろう。実際、『虞美人草』いらいの漱石的「作品」は、一貫して同一空間を占有しようとする二個の存在の葛藤そのものを主題としている。とりわけ『それから』以後、『心』を通過して『明暗』へと至る漱石的文章体験の歩みは、しばしば女性として顕在化される same space ヲ occupy スルことで排除と選別の体系をいったんくぐりぬけた者が、排除も選別も機能しえない場を夢想しながらおのれの行為を反芻し続けるという困難な行程を跡づけている。つまり、一作一作が、野蛮な「執濃」さと文明的な「消極性」との間に宙吊りにされた姿勢の重層化を体現しているのだ。そうした意味で、人は、漱石があの忌わしい古代的西欧をその核心において読みえたほどに、いまだ夏目漱石をその核心において読みえてはいないのだ。そんなものがあるとは思えないが、かりに漱石に文明批評的な姿勢が口にされうるとするなら、それは彼の文章体験が、野蛮と文明とのとり違いを一つの宿命としてうけいれている人たちの錯覚を、みずから身をもって実践している点に存しているといえるだろう。漱石には、とても批評といった距離など残されてはいない。

古風なる「記号」の二元論

ところで、夏目漱石の文学姿勢を語るのがここでの急務ではない。漱石をめぐってはこれまで他の場所で何度か触れてきているので、たとえば雑誌『国文学』所収の拙稿「明暗の翳り」（一九七六年十一月号）を参照されたい。そこには、「二個の者が same space ヲ occupy スル訳には行かぬ」という命題を前提としつつ、しかもその命題に人がどのように抗いうるかという点を、漱石が排除と選別の体系が機能しえない融合と共存の場を夢想しつつ究明している側面が語られているのだが、ここで改めて問題にしてみたいのは、漱石が確かな触覚のもとにさぐりあてたこの命題の持つ野蛮な古代的表情を、明治以後の日本が、西欧的現実とは縁もゆかりもない抽象と断じ、その陰惨にして血なまぐさい側面を一貫して回避し続けているという事実である。政治的領域においても、文化的領域においても、同一空間を異なる二個の存在が共有しえず、たがいに排除しあってあたりに葛藤を煽りたてずにはおかないこの選別の体系は、それが本質的にはらみ持つ古代的で野蛮なる表情を、「代表」という概念によって蔽い隠そうとする。甲と乙とが同一空間を占有しえないとするなら、たとえば甲は乙に何らかの権利を譲渡することによって、みずからを乙によって代表せしめよう。乙が自分にかわって口を利くことによって、甲は自分が排除されたという意識をいだくことなく、選別の体系に肯定的に参画しうると実感する。かくして、民主主義なるものが、葛藤緩和の恰好な装置として西欧社会にうけ入れられることになる。それ故、人が民主主義という名によって知っている政治制度は、「一個の者が same space ヲ occupy スル訳には行かぬ」という命題の古代的な血なまぐささから一時的に人の目をそらさせることで機能しながら、本質的にはその命題を肯定するかたちで進展するという特徴を持っているわけだ。

だが、ここで問題なのは、それが資本主義的管理社会が採用しているものであれ、社会主義的官僚制度に反映しているものであれ、民主主義なるものが必然的に隠し持った古代的野蛮さを暴露することにあるのではないし、またそんなことをしたところで何が得られるものでもないのだから、肝腎なことは、そうした制度がまさに汎地球的な規模で日に日に葛藤緩和の装置として機能しつつあるという現実から目をそらすことなく、それと同時に、この代表という概念によって、政治と言語という現象が親しく通底しあっているという事態を直視すべきだということである。いうまでもなく、言語的思考にあっては、代表の概念は表象のそれにとってかわられる。言語記号は、代行し表象する機能によって、人びとに意味作用の形成を許す表象体系にほかならない。少なくとも、今世紀の初頭、スイスの言語学者フェルディナン・ド・ソシュールが西欧的な言葉をめぐる思考を現代にふさわしく再編成しえたとき、言語記号のこの表象性が疑われたことはいささかもなかったのだ。それどころか、この表象という概念に基盤を置いて、「差異」の体系としての「言語」

を思考の対象として措定しえたのである。したがって、ソシュールに始まる言語学の系譜が、古代的で野蛮な顔をのぞかせざるをえないのも当然であろう。では、その言語的概念の古代的野蛮さは、どんなふうに思考を律することになるか。

それはまず、言語、とりわけ一つの社会に通用する日本語なら日本語、フランス語ならフランス語といった国語を、示差的かつ潜在的な体系として捉えている点にあらわれている。ソシュールがしばしば口にするごとく、言語には差異しかない。これは周知のことだが、彼は、「聴覚映像」、すなわち音声が心に刻みつける刻跡を「意味するもの」、そして概念、つまりは意味のイデア性というがごときものを「意味されるもの」と呼び、「記号」をこの二つのものの結合と定義している。つまり、「記号」は、叡知的なるものと感性的なものの総合と呼べようが、これは奇妙にも古代ギリシャ的であると同時にまた中世的とも呼びえよう古風なる二元論の現代的変奏である。こうした「記号」の概念がわれわれの日々の言語的実践を充分に捉えうるか否かは一たんおくとして、ソシュールにとって重要なのは、こうした「記号」が、それ自体として何かを意味することはないという点であろう。「記号」としての「言語」は示差的な体系なのだから、一つの「記号」は、他の「記号」との差異によってしか意味作用を生み出しえない。ということは、ソシュール的言語学における意味の生成には、「二個の者が same space ヲ occupy スル訳には行かぬ」という命題に盛られた排除の力学によって、意味作用が語られるということだ。つまり、「差異」と「同一性」を基盤とした言語的思考には、たえず、二つ以上の「記号」同士の血なまぐさい葛藤が顔をのぞかせているのである。したがって、それが西欧的言語活動の実態であるか否かはともかくとして、少なくとも言語を思考するもののほとんどが、「記号」の同時共存とか並置といった概念を遠ざけることになる。

同時に一つの空間を共有しえない二つ以上の「記号」は、当然のことながらしかるべき秩序にしたがって言語的環境に配列される。古代的血なまぐささが改めて問題となるのは、この点をめぐってである。すなわち、ソシュールにつらなる言語学的思考は、「記号」を、厳密に二つの軸にそって配置する。その一方は「継起性」の軸であり、いま一方は「選択性」の軸である。今日の言語学的言葉に翻訳すれば、その二つの軸は「サンタグム」的なものと、「パラディグム」的なものとに分類されるのだが、それを日本語は、「統合論」、「範列論」という訳語でうけとめている。「統合論」とは、言語記号が直線的に配列されて、一定の命題を担う文章を構成してゆくときの秩序であり、これは、具体的な発話としてたえず顕在的である。つまり、われわれが現実に口を開くとき、言葉は一連の直線的継起性として耳に響くのだ。それに対して、言語記号が「統合」をかたちづくるにあたって、しかるべき記号をしかるべき位置に配するとき、そこに配置することは可能であるが、一つが選ばれた結果、遂に「統合」の上に姿を見せることなく終った潜在的なるものの軸が、「範列論」の対象となりうるのだ。これは、連想の働く場であり直接耳に触れることはないという意味で潜在的なのである。そして、この二つの軸が交わる一点に、排除と選別の体系がその血なまぐさい表情を不断にのぞかせているということになる。いささか安易な比喩を援用するとするなら、誰が「シルバーシート」に坐る権利を持っているかをめぐっての熾烈なる争いが演じられる場こそが、「統合論」的な軸と「範列論」的な軸との交点なのである。そこでは、「甲が乙を追ひ払ふか、乙が甲をはき除けるか二法あるのみぢや」という、いわば文明からは最も遠い野蛮なる葛藤が繰り拡げられている。だから現代の言語学にとっても、また現代の民主主義にとってそうであるように、「倫敦塔」に似た幽閉の城砦はきわめて切実な存在なのである。そして夏目漱石の文学が今日なおわれわれを刺激しつづけるとしたら、彼が、倫敦塔を、過去の遺産としてではなく、現代の大英帝国の首府にもっともふさわしい舞台装置として描きあげているからにほかなるまい。だが、今日の日本は、倫敦塔なる建築物の必然を、政治的にも文化的にもいまだに切実なる現象としては捉ええてはいまい。その限りにおいて、漱石はなお読まれ続けねばならないのだ。ケン・キージーの『カッコーの巣の上で』にしてもソルジェニーツィンの『収容所列島』にしても、漱石が捉えた問題意識から根源的に遠い世界での物語ではいささかもない。

塔のある風景

レッシングと云ふ男は、時間の経過を条件として起る出来事を、詩の本領である如く論じて、詩画は不一にして両様なりとの根本義を立てた様に記憶するが、さう詩を見ると、今余の発表しやうとあせつて居る境界も到底物になりさうにない。余が嬉しいと感ずる心裏の状況には、時間はあるかも知れないが、時間の流れに沿ふて、逓次に展開すべき出来事の内容がない。一が去り、二が来り、二が消えて三が生まるゝが為めに嬉しいのではない。初から窈然として同所に把住する趣きで嬉しいのである。既に同所に把住する以上は、よし之を普通の言語に翻訳した所で、必ずしも時間間に材料を按排する必要はあるまい。矢張り絵画と同じく空間的に景物を配置したのみで出来るだらう。

『草枕』の第六章に語られているこの漱石的心境は、明らかに「倫敦塔」のそびえる大英帝国の首府にあっては発想しえないものであろう。ここで語られている「窈然として同所に把住する趣き」とは、「甲が乙を追ひ払ふ」ことなく、「乙が甲をはき除ける」こともなく、甲乙両者が「same space ヲ occupy スル」ことからくる快楽にほかなるまい。「一が去り、二が来り、二が消えて三が生まるゝ」世界とは、いうまでもなく「統合論」的世界をかたちづくる直線的継起性である。そして『草枕』の主人公の画工たる余は、「時間の経過を条件として起る出来事」がその快楽には本質的に逆らっていると感じる。そこには、言語記号が一つの命題におさまるときに示す論理的なる秩序、つまりは前後関係が認められないのだ。そうした心象を、あえて排除と選別の篩にかけ、直線的に配列しうるものてあろうか。二個の者が same space ヲ occupy シテイルとしか見えないときに、人は、はたしていかなる言葉と向い合って、この「窈然として同所に把住する趣き」を表現することができるか。

この『草枕』の一節をあえて引用したのは、何もそこに、倫敦塔を遠く離れた東洋趣味が、南画的風景として語られているからではない。おそらく漱石自身の側に、西欧的詩歌の伝統にはおいそれと調和してはくれまい東洋的な「非人情の境地」への夢がなかったとはいえまいが、しかしレッシングの美学的考察にもかかわらず、ヨーロッパにおいてさえ、詩的心象が「時間の経過を条件として起る出来事」であるとは限らないのだ。すでにフロイトが、夢は遥かに象形文字や表意文字に近いと述べているごとく、われわれの心的活動の多くのものは、アルファベットの二十六文字の継起的配列によって直線状に語りうる領域をはなはだしく逸脱している。そして現代ヨーロッパ文学の課題の一つがこの直線的な言葉の配列への反抗であったことも、あえて強調するには及ぶまい。それには、絵画のような模様を描くアポリネールの詩を思い起してみてもよかろうし、先駆的な詩人や小説家が中国の漢字に示す異様な関心を想起すれば充分であろう。にもかかわらずレッシングが時間的経過を云々し、ソシュールもまた現実の発話の「統合論」的秩序を「言語学」的考察の対象に据えているという、むしろ信じがたい現象こそが問題なのだ。しかもそれが、信じがたい現象とは思われぬばかりか、ヨーロッパにおいて、それこそ唯一無二の自然な現実だと永らく思われてきた点がいかにも不気味なのである。多くの作者が芸術的創造の過程で体験し、またごく普通の人間が、夢想とか妄想とかいった日常的な体験として知っているものの質とはほとんど重なり合う点を持たない古代風の言語観が、インド＝ヨーロッパ語系統という限られた思考の領域の中で、「二個の者が same space ヲ occupy スル訳には行かぬ」という命題を真理と信じ、そのあらゆる生活の基盤を、排除と選別の体系で律してきたというのは、まさに驚くべき事態である。だが、真に驚くべきは、この驚くべき事態が西欧と呼ばれる時空で示しうる圧倒的な存在感であるべきだろう。これを貧しい錯覚だと嘲笑することによっては何ものも変わりはしないのだ。というのは、この驚くべき事態の圧倒的な存在感は、ほとんど汎地球的な規模で人間たちの思考を律しつつあるからである。実際、早い話が、誰もがあらゆる時にあっさり口にしてしまう「主語」だの「述語」だの、「動詞」だの「形容詞」だのといった言葉はいったい何なのか。漱石によれば、それは、文明と混同された野蛮さにほかなるまい。「今鳴いた、にやあといふ声は感投詞か、副詞か何だか知つてるか」という『吾輩は猫である』の主人の設問のように、いささか陰惨な滑稽さをはらんではいても、われわれはそうしたものを一つの現実として生き始めてしまっている。だから、こうした現象を、誰もがありもしない抽象だ、ありえない虚構だと断じて顔をそむけるわけにはいかぬほど、西欧はわれわれの思考を侵略しつくしているのだ。猫の鳴き声を感投詞か副詞かと問いただす苦沙弥先生に向って、そんな馬鹿げた話はどうでもいいではないかと細君が答えるとき、「是が現に国語家の頭脳を支配して居る大問題」であり、「比較研究と云ふ」厄介なはなしなのだと念をおす苦沙弥の滑稽は、いまや、決して滑稽ではなくなっている。明治維新を「ブルジョワ革命」と定義するか否かといった歴史家たちの議論から、われわれはそう遠く距てられた世界に住んでいるのではないのだ。

それ故、ここで改めて、排除と選別の体系へとたち戻らねばならぬ。そして、「二個の者が same space ヲ occupy スル訳には行かぬ」という命題が漱石の周囲に漂わせていた「執濃」さを、血なまぐさい古代的野蛮さとして、われわれ自身のまわりにより濃密によみがえらさねばならない。言葉をめぐる諸々の言説を、古代の粗野で残酷な闘争の場に据えなおしてみなければならない。その上で、倫敦塔と呼ばれる陰惨な建造物がどんな姿で視界にたち現われてくるのか、あるいはこないのかを、この目で確かめてみなければなるまい。多くの日本語論者は、いっさいを倫敦塔なしですまそうと思っている。というより、言語的思考の地平に倫敦塔が不気味な相貌で姿を見せるとははじめから考えてもいないのだ。それは、小学生の時代から子供を英語塾に通わせている日本の親たちの無意識を共有している姿勢であろう。彼らにとっては、倫敦塔はあくまでもロンドンの風景に詩情をそえる装飾でしかないのだ。だが、倫敦塔がロンドンにしかないのだとしたら、こんなに簡単なはなしもまたとあるまい。そして今日の日本語論のほとんどは、この簡単なはなしのみが持ついかがわしさを、願ってもない幸運として語りつがれてゆく。それではまるで、夏目漱石など存在しなかったことになるではないか。「『塔』の見物は一度に限ると思ふ」と漱石は書いているが、「塔」は、少なくとも一度は訪問されねばならない。

明晰性の神話

リヴァロール神話

もうあと何年もしないうちに、あの「バスチーユ奪取」の叫びが未知の社会的変動をフランス全土に波及させようとしていた革命前夜のパリで、ダンテの『神曲・地獄篇』の散文訳を幾年もかかって推敲しながら、その古典的教養の豊かさと弁舌の爽やかさ故に文壇の注目を集め、啓蒙時代と呼ばれる十八世紀フランスの文化的支柱ともいうべきヴォルテールの死後、名高い『メルキュール・ド・フランス』誌の文芸時評を担当しはじめたアントワーヌ・リヴァロール Antoine Rivarol（一七五三—一八〇一）は、もし彼が、ベルリン・アカデミーの懸賞論文に応募して第一等となった『フランス語の世界性をめぐる論述』*Discours sur l'Universalité de la langue française*（一七八四）の著者でなかったとしたら、貴族に絶望して人民による王政維持を主張する奇妙な「王党派」の論客として、革命を呪い、人権宣言を愚挙ときめつけ、当時としては独創的な「フランス語辞典」の構想をいだきつつも亡命さきのドイツで客死せざるをえなかった挿話的な人物にとどまり、人びとの記憶から次第に薄れて行ってしまったに違いない。実際、厳密にはその正統性を立証しえないままにあるときから伯爵を自称しはじめ、イギリスの名家の女性を妻に迎えて不幸な結婚生活を送りながらも、ジャーナリズムの寵児と呼びうるほどの旺盛さで時評を書きまくっていたリヴァロールは、今日では、ひたすらその懸賞応募論文の著者としてのみ、文学史に名前をとどめている。というよりむしろ、その論文の中に読まれうるたった一行、つまり、しばしば人が「明晰ならざるものは、フランス語に非ず」と日本語に移しかえているあの神話的な文章 Ce qui n'est pas clair n'est pas français. の記憶によって、二十世紀も終りに近づきはじめた日本においてさえ、何かといえば引きあいに出される名前であり続けているというべきだろう。しかも、懸賞論文それじたいは、よほど奇特な人でないかぎり、全篇を読みとおしたりはしない。だからこそ、「明晰ならざるものは、フランス語に非ず」の一句は、それが書かれ、あるいは口にされた時の状況や、全篇にあっての文脈を途方もなく逸脱しながら、引用者の思いのままに畸型化して一人歩きをするあの神話的言辞の安易さと危険さとを、同時に担うことになるのだろう。

フランス語は、明晰な言語であると人はいう。十七世紀の古典主義文学の理論家ボワローを始めとして、多くの文人や批評家がそう口にしている。そればかりではない。日本の大学のフランス語教師たちも、新学期に入ってはじめて一年生と接するときなどに、もっともらしくリヴァロールの名など挙げながら、フランス語の明晰さについて語る。理性と良識と自然に統禦された古典劇の美しさを引きあいに出すこともあろう。それはそれで致しかたないことかとも思う。フランス語の明晰さも、その美しさとやらも、フランス文化のほんの一側面を意図的に誇張したものにすぎず、フランス文化の実態はとてもそんな概念には還元されえない豊かな混沌を隠し持っているからこそ魅力的なのだが、しかし、その意図的な誇張がいつしか無意識的に人びとによって共有され、誇張そのものさえもが忘却されることで「美しさ」とか「明晰さ」とかがフランス語を神話化し、しかもその神話を信ずることが、フランス人にとってもある種の外国人にとってもきわめて便利であったという事実は、間違いなく存在したし、また存在してもいるからである。そうした神話圏にあっては、リヴァロールの名前が引かれ、例の名高い文句が挙げられるとき、では、一つの国の言葉が明晰であるとはいったいどういうことか、また、そのリヴァロールの格言めいた言葉が懸賞論文のいかなる部分に位置し、どんな意味作用を帯びているかの詮索などは、ごく当然のこととして無視されてしまう。ましてや、同じ年の懸賞論文にはいま一人入選者がいて、それがドイツの大学教授シュウォブと呼ばれ、リヴァロールにもおとらぬ博学ぶりを披瀝していながらもなぜかこの方はいささかも有名にならなかったこと、一七八五年、つまり受賞の翌年に刊行された第二版で、実は偽造されたものらしいフリードリッヒ二世の書簡を、リヴァロールが付録として論文に刷り込んで輝きをそえていること、さらには、一七九七年に亡命さきのハンブルグで刊行された第三版では、例の神話的な文章の部分のみが、全文が大文字で強調されて印刷されているといった、ここでは詳述しがたい種々の政治的配慮などは、考察の対象となどなりようがない。それもまた、致しかたないことではあろう。「明晰ならざるもの、フランス語に非ず」という一言が引用されるとき、それを口にする人びとは、それぞれの思惑に従って、つまりは日本語の明晰の一語が想像させがちなさまざまな概念で武装しながら、各人の立論の根拠とすべくリヴァロールを無意識のうちに歪めつつ利用しているというのが現状だろう。だが、言葉そのものについて思考し、言語を介して言語を語るという、多少とも神話の廃棄を目指しつつ試みられる探究にあってさえ、人がフランス語の明晰神話に安住しきっているというのは、いささか由々しき事態といわねばなるまい。

たとえば、ごく身近に発見される例を挙げるなら、『閉された言語・日本語の世界』(新潮社)の第一章の節を「日本人は、はたして明晰な文章を求めているのか」と名付けられた鈴木孝夫氏は、その節の冒頭に例のリヴァロールの神話的な言葉を据えた上で、次のように論を進められている。

私は日本の著名な作家や学者の書く議論文——文芸作品のことではない——のきわめて多くは、リヴァロルが適確に指摘したフランス語の明晰さとはまさに対蹠的な性格を具えているように思えてならない。著者の主張の根拠や前提がしばしば明示されず、文章は晦渋に流れる。説き明かし説き尽すことを嫌い、暗示を好み余韻を残そうとする。そして見逃せないことは、読む者から高い評価を受けるのも、日本ではこの種の文だということなのである。（前掲書、三一頁）

つい先ごろ、フランスの哲学者のミシェル・フーコーとジル・ドゥルーズの二冊の論文を訳しおえたばかりで、いまはジャン＝ポール・サルトルの『フローベール論』を翻訳中の筆者にとって、この鈴木氏の指摘はまったく現実感を欠いており、日本の論者ならこうまで晦渋には流れまいと苛立たずにはいられないフランス語の難解さになかばうんざりし、なかば魅了されもしたというのが真実なのだが、しかし、ある種の明晰さをこばむ文体が日本語に存在し、それに氏が戸惑っておられる様子は素直に納得できる。フーコーやジャック・デリダ、あるいはドゥルーズといった人びとの論文、それらには奇しくも現代言語学批評という姿勢が共通しているが、その絶望的な難解さとは異質の難解さ、というよりむしろ曖昧さを誇る文章が日本語に少なからず書かれていることは事実だからである。だが、ここで問題なのは、そうした文章とは「対蹠的」なフランス語の「明晰さ」、ということを口にされ、リヴァロールの名前まで挙げておられながら、「リヴァロルが適確に指摘したフランス語の明晰さ」が何であったかに鈴木氏が言及しておられぬばかりか、その原典にあたられた形跡がどこにもなく、ひたすらあの神話的格言の無意識の歪曲の上に論理を進めておられる点である。実際、氏が、リヴァロールを読んでおられたとしたら、日本語のある種の難解なる文章を論ずるにあたって、「フランス語の明晰さ」を引きあいに出されることなどなかったはずなのだ。リヴァロールが「明晰ならざるもの、フランス語に非ず」と書いたとき、彼は、論者の「主張の根拠や前提」を「明示」せよとか、「晦渋」を避けよとか、「説き明かし説き尽」せとか、「暗示」や「余韻」を斥けよとか、いずれにしても、鈴木氏の日本語的発想の中で列挙された明晰さへの配慮とは、全く異質の次元を問題にしているのだ。リヴァロールが語っている明晰さは、個人的な発言としてのパロール parole ではなく、一つの国の社会的体系としての言語構造 langue そのものにそなわっているものである。それは、個々の表現行為の場における明解さ、簡潔さ、平易さ、透明さ、一貫性ではなく、構造としての言語の論理性なのである。彼は、ドイツ語から始めて、英語、イタリア語、ギリシャ語、ラテン語も明晰ではないと断言しているのであり、かりに日本語を知っていたとするなら、鈴木氏が奇態な日本語の魅力の典型として引用している吉田健一氏の文章とは対蹠的な平易さ、簡潔さを旨として書かれた鈴木氏自身の文章に接したとしても、それが日本語で書かれているが故に明晰ではない、論理的でないと言い切っていたはずだ。その事の当否はいまは問わぬにしても、というのは後の歴史がリヴァロールの立論の無謀さを明らかにしているからだが、彼がフランス語の歩みをたどりながら言明するその「明晰さ」とは、鈴木氏が日本語的発想の中で想像されているよりはるかに陰惨な排除と選別の思考に支えられた概念なのであり、その事実は、この論文の最後の一行が、「(アメリカは)スペインによって息の根をとめられ、イギリスによって圧しひしがれ、フランスによって救われたのだ」というきわめて排他的な政治的言辞である点を思い出してみれば充分だろう。それはほかでもない、世界の人びとがフランス語を話すのにはそれなりの歴史的な理由があるし、それが未来への展望をも約束している以上、ギリシャ、ラテンの古典語はいうに及ばず、ヨーロッパのほかの国々の言葉にもましてフランス語は「人間にふさわしい言葉」と呼ぶことが可能な唯一の国語だということだ。フランス語が国際的な言語として諸国民に共有されさえすれば、「平和な言葉遣いのうちにもはや戦争の種がまかれることもあるまい」とさえリヴァロールは極言している。すでにこの時代から、言語をめぐる論述が必然的に政治性を帯びざるをえない事実を、ここで改めて強調するまでもあるまい。

フランス語の非明晰性について

だがそれにしても、フランス語はいかなる点でこの特権的な明晰さを享受しうるとリヴァロールはいうのか。そもそも、一つの国の言葉が構造として明晰であるとは、どういうことなのか。

リヴァロールのいう明晰さとはさして難解な概念ではない。それは、フランス語の文章にみられる単語の配列の秩序が、たぐい稀な明解さにおさまっているという、構文法と論理学との無媒介的な結合ぶりの上に築かれた概念である。そう、このフランス革命期の文人もまた、あのギリシャ哲学以来の、そして中世スコラ哲学を通過して抽象的にまで純化された論理学の用語で言語を語っているのだ。われわれが日本語の文章構成を問題にする際、無意識のうちに口にしている「主語」、「述語」といった文法用語がギリシャ以来の論理学用語の転用であることをしばしば人は忘れがちだが、いわゆる「主節」、「条件節」などの「節」がほかならぬ「命題」proposition であることとともに想い出しておくのも、あながち不必要ではないばかりかきわめて有意義だろう。というのも、リヴァロールが言及する明晰さとは、ラテン語が濫用した語順の転倒という現象をフランス語は絶対に認めず、原則として、「主辞」—「連辞」—「賓辞」という論理的「命題」の順序を忠実に反映しながら、「主語」と「動詞」と「述語」を配置せざるをえない点にかたちづくられるものである。彼が、例の「明晰ならざるもの、フランス語に非ず」を口にする直前で問題にしているのは、あらゆる古今の国語のうちで、フランス語のみがいわゆる「直接的順序」ordre direct に忠実であり、それ故に「感覚」の刺激によって乱れることのない「理性」の秩序に従っているという事実の指摘なのだ。したがってフランス語の文章の語順は一つの義務であり、その義務が明晰さを生むというのである。この点に関しては、大橋保夫氏の「フランス語は明晰な言語か」（雑誌『ふらんす』一九七四年四月―五月）に詳述されているのでそれを参照されたいが、少なくとも、リヴァロールのいう明晰さが、鈴木氏の考えておられるような、個々の文章の明解さでも、説得すべき論旨の一貫性でもなく、ひたすら語順と構文法の問題だという点は、ここで改めて強調しておかねばならない。いうまでもなく、日本語にも構文法は存在しているが、それは語順という点からしてリヴァロールの明晰さとは一致しないし、また、それは絶対的な義務でもないのだから、かりにこの上なく平易な内容を、この上なく簡潔な構文で言表してみたとしても、日本語の「馬は動物である」（主―賓―連）という命題は、フランス語の Le cheval est un animal.（主―連―賓）と比較して明晰ではないということになる。また逆の視点にたてば、鈴木氏が難解な文章の例として挙げておられる吉田健一氏の言葉は、確かに「いく通りにもとれる表現、前後とのつながりが摑めない文章」の一つの典型といえるかもしれないが、しかしそこで、吉田氏は日本語の構文法的な秩序を一歩たりとも逸脱してはおられないのだ。かりにリヴァロール的明晰さの視点にたてば、その文章は、それが日本語で書かれているが故に、ただそれだけの理由で明晰ではない。だが、日本語の構文法という視点に立つなら、どこにも規則の違反が認められぬという意味で、多少とも曖昧であれやはり明晰な文章といわねばならぬ。つまり、鈴木氏は、論理の明晰さと、構文の明晰さと、意味の明晰さとを混同しておられるのだ。そして、まさしくいかにも日本的なその混同の中でこそ、リヴァロールを引き、「明晰ならざるもの、フランス語に非ず」を挙げながら、「日本人は、はたして明晰な文章を求めているのか」と設問することの秀れて非＝明晰な姿勢が可能となる。これは、幾多の有意義な提言を含む鈴木孝夫氏の書物にとって、いかにも残念な事態というべきだろう。

ところで、リヴァロールのいう「フランス語の明晰さ」が何かを明らかにしえた今、次にはリヴァロールの立論そのものを検証する仕事が残されている。しかし、これは、あまり刺激的な試みではない。というのは、まず、現代のまともなフランス人なら、誰ひとりとして「フランス語の明晰さ」などを信じてはいないからである。その点は、シャルル・バイイのような言語学者（もっとも彼はスイス系だが）やロラン・バルトのような文芸批評家の仕事を参照していただくことにして、詳述はしない。すでに、リヴァロールの論文が発表された翌年に、イデオローグの流れをくむ文献学者のガラが、『メルキュール・ド・フランス』誌（一七八五年八月六日号）上で、「直接語順」に忠実に書かれたフランス語の文章にも明晰ならざるものはあるし、また、リヴァロールによって明晰でないと断定されたスペイン語、イタリア語、英語の構文法も、「直接語順」に忠実ではないかと反論しているのだから、ここで改めて批判するまでもないことと思う。問題は、ほとんど抽象的というほかはないリヴァロールの思弁が、いつから、どんな理由で神話化されてしまったかを検討することであろうが、その時間的余裕もない。それには、別の機会が設けられねばならないだろう。いまはさしあたり、明晰なといわれるフランス語にいかなる曖昧な要素が介入しうるかを示すことによって、その神話をいささかなりとも解体させるにとどめておこう。

例として、「明晰ならざるもの、フランス語に非ず」と訳されている問題の文章を引き、その意味の曖昧さを問題としてみるとどうなるか。肝腎なのは、… n'est pas *français*. のイタリック体の部分、すなわち一般に「フランス語」として日本語に移される部分だ。これは、フランス語にあっては、名詞として㈠「フランス語」㈡「フランス語」を示し、形容詞として㈢「フランスの」㈣「フランス的な」㈤「フランス人の」㈥「フランス語の」を示す単語である。この初心者なら誰でも知っている六つの意味のうち、どれを選んだらいいか。鈴木氏は、日本に流通している神話に従って㈡「フランス語」を選んでおられる。だが、それを正当化する要素は、文章それ自体には含まれていない。従って、たとえば㈣をとって、「明晰でないものは、フランス的ではない」と訳すことも可能だし、事実それが正しい解釈だとする人もいる。いずれにしても、構文の明晰さにもかかわらず文意は曖昧なのだ。その曖昧さを晴らすには、ほぼ二つの方法がある。この文章が占めている論文中の位置を確かめ、文脈から意味を決定するか、あるいはいさぎよく辞書を引いてみるかである。

そこで、まずコンテキストをたどってみるとどうなるか。その前後に語られているのは、すでにみたごとく、フランス語の構文法の「直接語順」への忠実さと、古典語や他のヨーロッパ語の転倒的構文との比較である。したがって、㈡「フランス語」を選ぶのはごく当然のことと思われる。だが、辞書にあたってみるとどうか。現代の、最も権威ある『ロベール大辞典』を引いてみると、たちまちにして事態は曖昧となる。というのは、その français の項目にはリヴァロールのこの言葉がそっくりそのまま、しかも形容詞の分類の中に引用されているからである。そしてそれは、「フランス的な性格にピタリと合致する」tout ce qui est conforme au caractère français. を意味すると記されている。とするなら、問題の文章は、「明晰ならざるものは、いかにもフランス的なものとはいいがたい」という訳に移しかえられねばならない。この解釈は、たんにフランス語の構文法ばかりでなく、論理の「直接語順」こそが理性の働きそのものを忠実に反映するという、思考の働きをも含めた㈣「フランス的な」という概念の選択をわれわれに強請しており、それは、大筋において文脈に合致しているといえよう。

次に十九世紀における最も信頼すべき『リトレ大辞典』を開いてみると、ここにも例の文章がそっくりそのまま認められるが、今度は「フランス語」という名詞の形容詞的用法として挙げられている。『十九世紀ラルース大百科辞典』の場合は形容詞である。したがって、ここでも français は名詞としてはとり扱われていないのだが、あえて日本語に訳すなら㈥「フランス語の」とするより㈠「フランス語」とした方がおさまりがいいといえるだろう。いずれにしても、同じ一つのごく簡潔な文章の、しかもその中に含まれるたった一つの単語をめぐって、権威ある幾つかの辞典が、決して明晰とは呼びがたい解釈の不統一を示していることはきわめて重要であろう。少なくとも、単一の意味の選択という点に関しては、そしてあるときは一つの文章の意味の決定についてすら、フランス語はきわめて曖昧な言葉なのである。これは、前掲の論文で大橋保夫氏も指摘されている問題であるが、フランス語は十七世紀の古典主義時代に語彙の純化という文化政策をくぐりぬけて来ているので、しかもそれは外延と内包という論理学的な水準に従い、共通項のあるものは同一の概念で示すという姿勢によって遂行された関係上、当然のことながら総対的な語彙は著しく減少したし、また一つの命題を構成する要素も、可能な限り簡潔化されたのである。したがって、単語の意味の曖昧さが、構文の明晰さと相関的に増減するという現象がフランス語を特徴づけることになる。「明晰ならざるものは、フランス語に非ず」と「明晰ならざるものは、フランス的に非ず」という二つの日本語の文章は、「語」と「的」の二語によって解釈の混同を避けているが故に、あくまで意味は明確だが、それだけ文章の構成要素は複雑になっているのだ。この点は、français の一語が英語に移された場合にも見られる現象である。

たとえば、ナポレオン一世の言葉として名高い「余の辞書に不可能の文字はない」の原文は Le mot《impossible》n'est pas *français*. であり、直訳すれば、「《不可能》という単語はフランス的でない」となっている。たぶん明治にさかのぼるのであろうこの日本語訳は、いかにも微妙なニュアンスをこめた傑作というほかないが、英語訳は、この上なく散文的な“Impossible” is not *a french word.* であり、「単語」を示す単語が一つ加わっている分だけ意味は厳密さを加え、つまり「《不可能》はフランス語の単語ではない」と誤読の余地を残してはいない。そして、その意味の明晰化の過程で、français から a french word へと文章の構成要素は複雑化している。しかも、この格言に対する『ラルース大辞典』の解釈 Rien n'est impossible aux français.「フランス人にとって不可能なものは何一つない」という比喩的な意味の拡がりをも、英語訳は失っているのだ。この français という単語の翻訳についてみる限り日本語は文学的余韻を帯び、英語は実践的価値を重視し、いずれにしても原語が持つ多義的なダイナミズム、つまりは積極的な意味の曖昧さから離れてゆく。この事実をそのまま普遍化して語ることは避けねばなるまいが、フランス語が、日・英両語に比較して圧倒的に貧弱なその語彙を、多義的な単語の使用で補いながら貧困さよりはむしろ簡潔さの印象をあたりに波及させている点はきわめて重要である。そもそも「明晰な」という日本語の単語は、意味論的にいって、頭脳とか精神とか思考とかいった単語にしか結びつかないが、フランス語の clair は、光学的な明るさから論理学的明晰性までのあらゆる曇りのなさという概念をあらわし、しかもそれ一つで、名詞、形容詞、副詞として使用されうるのだ。明るい部屋という日本語はありえても、明るい頭脳や、明るく話すなどは存在せず、そのつど明晰な、明瞭にといいなおさなければ意味は通じないだろう。今日のフランスにおける言語的、あるいは文学的な思考の特質として、しばしば言葉の多義性という点への言及が重要な戦略的意義を帯びることになるが、それは語彙の貧困という歴史的必然から由来するものであり、すぐさま日本語をめぐる論議に有効性を持ちえないことはいうまでもあるまい。単語の意味の曖昧さ、というかその多義的な意味こそが、フランス語の最も顕著な特質というべきものなのだ。そしてその特質が、一方で構文法の明晰さを保証するとともに、言葉に微妙なニュアンスを与えることになる。それ故、「フランス語」であるかも知れず、また「フランス的な」であるかも知れないリヴァロールの言葉に含まれるfrançaisは、最終的には、およそフランスにふさわしい思考、行動、形式の全域を蔽いうる表情豊かな単語と理解すべきで、「フランス語」か「フランス的」かの二者択一を迫るべき問題ではなかろうし、その品詞を決定すべく躍起となることもなかろうと思う。そもそもフランス語とは、そしてあらゆるインド＝ヨーロッパ語系の言葉がそうであろうが、まず単語があり、それがしかるべき品詞に分類されて、その分類に従って文章を構成するという過程を介して理解すべきものではなく、実際に言説として、つまり英語ならスピーチとして、フランス語ならディスクールとして言表された命題を一つの言葉のつらなり、一連の音のかたちで聞きとることからすべてがはじまるというべきだろう。そのとき、単語と呼ばれるものはほとんど存在しておらず、異なる機能によって分節化されうる単位として識別され、品詞の分類も、意味の決定も、言説の構文が反映している論理の秩序＝語順に従属するものであろう。人が口にするのは、幾つかの品詞でも単語でもなく、命題＝節としてある一つの言説なのである。これはすでに何度か触れた問題だが、フランス語とは、まず何よりも音声の連鎖としてあるもので、単語の識別を容易にする文字の綴りは、その音声を表記する二義的な手段でしかない。はたしてそれが真の言語的実践の姿であるか否かはともかくとして、少なくとも西欧における言語の概念は、話し言葉による書き言葉の抑圧の歴史の上に形成されたものであり、ソシュール以後の現代の言語学も、そうした展望の上にその学的体系を築きあげている。フランス革命以後の綴字法の統一政策は、幾人かの詩人や小説家による自己否定に近い文字へのアンガージュマンの姿勢を介して、話し言葉の暴政を徐々に揺るがしていったのだが、それが「エクリチュール」として問題化されるまでには、ほぼ一世紀半の歳月を必要としたのだ。

文字そのものから、音声を介さずに言葉を思考すること。いま、西欧はその事実の革新的意義に気づきはじめている。そして、その革新的意義が、「明晰なフランス語」というリヴァロールの神話的言辞をあからさまに破壊するかたちでしか進行しえない事実をも意識し、ほとんど絶句に近い状況に陥っている。われわれ日本人は、この絶句を共有すべきなのか、それとも共有すべきでないのか。そのことの意味を、漢字という表記法を介して探ろうとする試みが新たに始められねばならないが、いまはもう、そうしている時間がない。

III

文字と革命

機械人形とカテゴリー

火刑台上の処女ジャンヌ・ダルクの存在をなめつくす不寛容の炎がおさまって以来、その血であったものの黒い汚点の拡がりと、肉であり骨であったものの煤けた塵埃の堆積とを血なまぐさい記憶としてとどめながら、今日までノルマンディーの首府としてあり続けたルーアンと呼ばれるフランスの地方都市で、一八四〇年に十八歳を迎えた一人の青年を想像してみる。とりあえずブルジョワジーと名付けうる上昇中の階級に属するその青年は、いま手に入れたばかりの大学入学資格試験の合格免状を眺めながら、パリ大学の法学部に登録しなければならない自分の運命を、できれば避けて通りたいと思う。いささか時代遅れのロマン主義的熱狂をともにかいくぐってきたかつての文学仲間たちは、役人に、検事に、弁護士になるべく首都へと旅だってしまった。だが、自分は法律を学ぶ気がしない、と、ギュスターヴと呼ばれるその青年は逡巡する。かといって、中世いらいのゴシック様式の大伽藍に圧し潰されたようなこの街にごろごろしていてもはじまらない。そこで彼は、ともかくも旅行に出発してみる。何処へ向けてか。ピレネーとコルシカを目指してである。プロスペル・メリメやスタンダールの文学がその魅力を語ってやまないスペイン、イタリアとまでとはいかぬとも、せめてその周辺地帯にまで足を伸ばしてみる。

旅行。それは十九世紀前半のフランス・ブルジョワジーが発見した最大の快楽の一つである。もちろん、ギュスターヴの場合は、合格祝いという名目で土地の名医であった父親がその費用を負担してくれる。彼は、父の友人や兄にともなわれてノルマンディーの古都を離れ、馬車や蒸気船を乗りついでの長旅に出発する。そして、地中海の太陽と海とを未知の官能のうずきとともに発見することになるだろう。十月といえば、ルーアンの街は霧につつまれ、石だたみはいつも濡れており、教会の石壁には濃い緑の苔がはえて、乾く暇もない。だというのに、この地中海の陽光はどうか。波の透明さはどうか。大気のきらめきはどうか。ロバの背中に揺られてコルシカの灌木地帯を進みながら、ギュスターヴは世界が澄みきった光線であることに驚き、幸福だと思う。そして、大気と波とに向けておのれをくまなくおし拡げながら、その最も感じやすい部分に軽く触れながら接近してきた女性と、灼熱的な恋を生きる。一行が帰途に投宿したマルセイユのホテルでのできごとである。たぶん成熟しきった年上の女性であったろうユラリー・フーコーと呼ばれる人物との出逢いは、ギュスターヴのうちで、南仏のまばゆい輝きとしてのみ記憶されるだろう。その肖像も、性格も、身分のほども明らかにされてはいない。ただ、乾ききった大空のように、彼の若い肉体をなぶって通過していったばかりである。

だが、それだけのことであれば、誰もが青年期に体験したり夢想したりもする、旅先きでのロマンチックな恋といういかにも小説的な主題にとどまっていようが、一八四〇年に十八歳であったノルマンディーの青年が、その後、法律との縁を断って秘かに小説を書きはじめ、一八五七年に発表した『ボヴァリー夫人』によって、フランスはいうに及ばず、世界文学史の上に一つの揺ぎない名前を刻みつけたギュスターヴ・フローベールとなってしまったことで、事態はやや異なった様相を帯びてくるのだ。人は、『ボヴァリー夫人』の作者ですらなかった若年のギュスターヴの著作や書簡のたぐいをさぐりあて、これを出版し、離別後のユラリーが彼にあてた恋文までがいまでは印刷され、世界中に散りばめられてしまっているからだ。文学研究と呼ばれる残酷な視線が、ユラリーの上にも執拗に注がれる。その筆跡や、綴字までが、個人的な書簡にこめられた女性の心とともに解剖される。その結果、いかにもありきたりな娼婦との恋愛譚と見なされている初期作品の一篇『十一月』が、稚拙な小説化の試みにもかかわらず、ユラリーとの官能的な体験を告白的に語ったものであるということが今日では誰の目にも明らかになってしまった。そこに描かれているのは、心の美しい娼婦との遭遇の記録であり、孤独と不幸を共有しつつ理解しあった男女の束の間の幸福といったものだ。だが、今日『書簡集』として誰もが読みうるフローベールの手紙や、部分的に公刊されているユラリーの手紙は、『ボヴァリー夫人』の作者にとっては、十八歳のマルセイユでの遭遇の記憶が、たんに甘美な青年期の思い出ではなかった事実を明らかにしてくれる。新たに情人となった女流詩人ルイーズ・コレへの告白であるから、必要以上に執着のなさを装っているのであろう点を考慮しても、ギュスターヴは、ユラリーの教養の程度をかなり軽蔑的な口調で語っているのだ。現実生活では二度と逢う機会もなかったユラリーは、故郷に戻った青年ギュスターヴあてに、その忘れがたい官能の悦びの記憶を綿々と綴っているのだが、フローベールにとっていかにも興醒めなのは時折り金銭的な援助を頼みこんだりもする彼女の不躾けなさまではなく、あくまで教養のなさを露呈しているその綴字法の不正確さであった。要するに、彼女はまともなフランス語を書けない女だったのである。「いつでも思いだすことですが」と、フローベールはいかにも愚直な動物について語るような調子でルイーズ・コレに語っている。「あの女の人は、ある日、機械人形 *automate* のことを *otomate* などと書いてよこしたのですよ」。

いまだに保存されている手紙を読んでみると、なるほど、問題の一語の綴りは確かにフローベールが指摘したとおり間違ってはいるが、しかしそこに語られているのは、『十一月』の娼婦が口にするのとほとんど変りない真情あふるる愛の告白である。あなたに逢うまでは機械人形のように味けない毎日を送っていた私が、あなたを識ったその瞬間から、炎のようなあなたの唇に煽られて、女としての幸福に目覚め、いまは、燃えあがった官能の炎を圧し殺すてだてもないまま、むなしく思い出に生きるほかはない、といった言葉がむしろ感動的に述べられているのだ。「あなたは私にとって、創造者の霊感となられたのです」とまで書かれれば、男として、誇るべきことではないか。

だが、現実のフローベールにとって、*automate* を *otomate* と綴り違えたりする女は、揶揄と軽蔑の対象でしかない。だが、十年もたたぬ昔の自分が間違いだらけの綴りで手紙をしたためていた事実など忘れてしまったかのように、いかにも滑稽な体験談として苦笑しながら語ってみせるギュスターヴは、いささか残酷すぎはしないか。読みとるべきは手紙にこめられた心であって、たった一語の綴り間違いなど、見逃してやるわけにはいかぬものか。そんなギュスターヴの姿勢を、男のエゴイスムとして断罪したくも思うし、また、青春のロマン主義的抒情を否定せんとする強がりにすぎぬのではないかと、想像したくもなる。しかし、小説家フローベールにとって、この挿話は決定的であったようだ。というのは、一八六九年に四十八歳のギュスターヴが書きあげた『感情教育』の中に、明らかにユラリーの記憶につらなるロザネットと呼ばれる高等娼婦の肖像が描かれていて、その綴り字の不正確さがそこでもやはり軽蔑的に語られているからだ。フレデリック・モローの生涯を通じての精神的愛の対象アルヌー夫人とは対極的な点に位置して、男たちの間を泳ぎまわって奔放な愛を生きるロザネットは、モローの情人となって子供までもうける浮気女だが、彼女の教養のなさが問題となるとき、フローベールは間違いなくユラリーの記憶を発想源としている。ロザネットは、カテゴリーの一語を正確に綴れないといって登場人物の一人から軽蔑されているのだ。

「何しろあの女と私とは素姓が違うんですからね」と老嬢ヴァトナスは興奮気味にフレデリックに訴えかける。「この私は商売女ですかしら。からだを売るような真似などしますかしら。それればかりじゃあない。あのロザネットという女は、まるでものを知らない。何しろ、カテゴリー catégorie を *th* と書いたりするんですからね」。

automate を *otomate* と綴ったように、catégorie の *t* を *th* と書き違えること。それが現実生活にあっても想像上の挿話にあっても、みずから肉体を捧げる官能的で自堕落ともいえる女の特性として語られていること。ユラリーが『感情教育』のロザネットの直接のモデルだというわけではないが、ある知的水準の尺度として綴字の誤りがそこに登場している事実は四十八歳の小説家のうちに、十八歳の青年が体験した肉感的な女性との交渉の記憶が、官能と文字との奇妙な結合として生き続けていたことを証拠だてている。南仏の大気と海とはどこまでも澄みきっていた。感覚をありったけ拡張しながら自分はその透明な世界と交わった。陶酔の底で、一つの異性と合体しつくした。だが、濃霧のノルマンディーに帰りついてみると、あくまで翳りのない外界の奥に、ある濁ったもの、不純なものがまぎれこんでいる。不正確に綴られた一つの文字が、透明さを乱しにかかるのだ。そ

してその時 *otomate* が境遇と知的環境の越えがたい隔たりとなってギュスターヴをユラリーから遠ざけてしまう。この距離の意識が、三十年後の小説に *cathégorie* の挿話となって生き伸びたのである。

単語を正確な綴りで記しえなかったが故に、一人の女性が揶揄と嘲笑の対象にされてしまうというこの事実は、生涯にわたって文章の彫琢に腐心し、その推敲に骨身をけずったといわれるフローベールにとっては、至極当然のことのようにみえる。とりわけフランスという言葉の国のできごとであってみれば、何の不思議もないというべきかも知れぬ。だが、*otomate* と *cathégorie* をめぐるフローベール的関心の移行をあえて十八歳から四十八歳まで追ってみたのは、フランス人に特有と思われている言葉への潔癖さを改めて強調するためではない。そうではなく、フランスにあっては、綴りの誤りへのフローベールの執拗なこだわりよりは、ユラリーやロザネットのむしろ無知なと呼ぶべきこだわりのなさの方が、かえって普遍的な姿勢というべきであり、それればかりか、ユラリーに対して保とうとするフローベールの距離の意識が、一つの捉われた階級性を露呈しつついかにも典型的な言語状況を生きているのだという点を指摘すべく、機械人形とカテゴリーといった主題を、冒頭からくだくだしく紹介してみたまでのことだ。以後、いささかの迂路をへめぐりながら、その意味をさぐってみたいと思う。

フランス語であれ日本語であれ、一つの国語が、その国民によって正しく語られ、正しく綴られるにこしたことはあるまい。だが一国の文化は、無前提的に正確な言葉遣いを人びとの間に広めたりはしない。自然の状態にある言語は乱れているのが当然であり、言葉をめぐって正確さが語られるとき、そこにはきまって政治的=経済的=社会的な葛藤が、無言のうちに話題とされているのだ。今日の国際的状況のもとで国語を愛するといった姿勢を標榜することは、汎地球的な規模において、非在郷信仰に似た一つの抽象にすぎない。ときには、国語として課せられた言葉への憎悪が、文化的土壌の豊饒化に貢献している事実を見落してはならない。アイルランド人ジェームズ・ジョイスにとっての英語は、二律背反的な愛憎の対象であったろうし、アンチル諸島出身のフランツ・ファノンにとってのフランス語や、あるいは在日朝鮮人作家たちにとっての日本語もとうぜんそうしたものであるはずだろう。高史明の『生きることの意味』（ちくま少年図書館）やD・ラミスの「イデオロギーとしての英会話」（『展望』一九七五年二月号）などは、一国語の正確な習得を強制し、また強制された者たちのこの現象への素直なアプローチとして、手頃な証言をかたちづくっているといえる。だが、当面の問題は、国語の政治性といった命題を、権力とか支配階級とかの語彙を駆使して一般論として弁じたて、心ならずも加害者の側に身を置いてしまったものの罪の意識を、被害者たちへの程よい共感によって心理的に解消することにあるのではない。その時代的な変容をたえず吟味し分析し、修正しながら自国語を最も美しい言葉の一つに仕立てあげているといわれるフランス人たちの、その言葉への自負と愛情と信頼といったものが、考えられているほど古くからの伝統ではなく、またそうした姿勢が、今日ある神話を形成しているとしたら、その神話は当然政治的な捏造物であり、さらには神話に安住しきったことで、フランスの文化が何を失ったか、あるいはまた何を知らずにいるかを、フローベールが生きた時代に即して語ってみようと思うのだ。

フランス人がいかに自国語を愛するかの象徴的な挿話として、しばしば引きあいに出される神話的な小説がある。アルフォンス・ドーデの短篇で『月曜物語』におさめられた「最後の授業」がそれだ。普仏戦争でプロシャ領土に併合されたあるアルザスの寒村の小学校での、文字通り最後の授業の光景を、子供の目を通して語ったものである。いかにも第二次大戦前の日本知識人が感激しそうな話で、この短篇を読んだためにフランス語を学びはじめた人もいると聞くが、それがいかに神話的であるかは、言語社会学を専攻しておられる鈴木孝夫氏までが、「母国語を奪われそうになる人々の悲しみと、死んでもそれを奪われまいと決意する、自分たちの言語への愛着を見事に描き出している」として「最後の授業」に言及されている（『閉された言語・日本語の世界』新潮社）点からみても明らかだろう。だが、ドーデの短篇が神話的であればあるほど、そこに惹き起される感動が贋物であり、言語社会学的な無知に由来しているという事実を見逃してはならない。というのは、この短篇の背景となっている時代のアルザスで、フランス語はいささかも愛すべき国語ではなかったことが、言語社会学的に証明しうるからである。人は、文学にそう単純に感激してしまってはならないし、とりわけ虚構にすぎない作品の一部に基いて論議を展開するような場合は、ことのほか現実的な視線を注がねばならないのだ。第二帝政末期から普仏戦争、そしてパリ＝コミューヌにかけてのアルザス地方が、いかなる言語＝文化的状況を生きつつあり、またその状況が、フランスのいかなる言語＝文化政策の反映であったかを無視して、最後の授業にのぞむ国語教師の思いつめた表情や、圧し殺したため息や、絶句ぶりに心を動かされたりする精神は、歴史的現実を無視した抽象思考を弄ぶことしかできまい。

そこで、問題の「最後の授業」の背後にある歴史的現実にたち戻るなら、アルザス人にとってのフランス語が、高史明氏にとっての日本語、フランツ・ファノンにとってのフランス語のように、政策的に強制された他人の言葉でしかなかったことがすぐに思い起されるはずだ。なるほど、カール・マルクスの手になるという国際労働者協会総務委員会の普仏戦争をめぐるいわゆる第二宣言は、重要な要塞都市ストラスブールを首都に持つアルザスは、いわば「物的保証」としてドイツの「ヨリ狡猾な愛国者たち」によって要求された「軽蔑すべき口実」にすぎぬといっている。だが、この地方で伝統的に話され、現在も日常的に流通しているのは、一般にアルザス語と呼ばれるドイツ語系の方言であり、世界的な少数民族擁護の運動と相呼応しつつ言語学者が口にしはじめたいわゆる地方語 langues régionales の一つである。パリを中心とした極端な中央集権制で政治的＝文化的な統一を維持して来たフランスも、高度成長の経済政策が必然化する地域開発の母胎として漸く地方分権的な行政が検討され始め、その一環として、一九七一年いらい、初等＝中等教育の過程で七つの地方語の授業が実施されている。それは、バスク語、ブルトン語、カタロニア語、コルシカ語、フラマン語、アルザス語、オクシタニア語の七語であるが、それらは、いずれもフランス大革命以前のフランスで現実に話されていた生きた言葉である。十九世紀以後のフランス語の歩みは、この地方語への一貫した抑圧の歴史だということができる。一七九四年に国民公会に提出されたブロワの司教アベ・グレゴワールの報告によると、革命成就直後の時点で少なくみつもっても六百万人のフランス人がフランス語を全く理解しなかったという。総人口が二千万そこそこの時代だから、ほぼ三人に一人は地方語を話していたとみることができる。さらに、ほぼ六百万人のフランス人は長い会話に耐えられず、正確なフランス語を操りうるのは三百万人、正確な綴りで字を書けたものはさらに少ないとアベ・グレゴワールは記している。革命後の新政府にとって緊急の問題が言語統一政策であったのは当然だろう。唯一の自由の言葉としてのフランス語の全国への普及が方言の駆逐とともに進行せねばならない。それには公立の教育施設の充実をはかる必要がある。

わけても、教師養成のための師範学校の組織確立が重要である。かくして、革命暦三年の霧月二日の政令により、一七九五年に、名高いエコール・ノルマルが設立され、知的選良の生産に専心することになるだろう。フランス語による初等教育が全国的な規模で開始されたのは、これを契機としてであるにすぎない。そして、こうした統一政策に最も激しくさからったのが、辺境に位置して亡命者たちを多くかかえこんだブルターニュ地方、アルザス地方だったのである。人びとはあいかわらず地方語を話しつづけ、行政文書や通達などは地方語に翻訳されぬ限り理解されることはなかったという。戸籍法の制定、徴兵制の施行、就職上の必要といった条件がフランス語の普及にいささか貢献したとはいえ、その統一の歩みはきわめて緩慢であり、第一帝政下の統計局長グレゴワール・モンブレは、一八〇七年に、その効果が殆んどあがっていない事実を認めねばならなかったほどだ。

　言語統一政策が教育行政の面で改めて強化されるのは、普仏戦争に先だつ第二帝政期である。大革命後のそれが国家的統一の維持の第一条件であったのと比較して、十九世紀中葉におけるこうした風潮の再興は、ナポレオン三世の領土的野心や植民地拡大の夢を反映している。教師は、いかなる地方であれ、教育の場での地方語の使用が厳禁される。この政策に激しく抵抗するアルザス人たちは、二言語使用の権利獲得のために持続的な運動を組織し、特別処置としてアルザス語の授業を何とか維持するが、それも、一日に三十五分という短い時間に還元され、その授業も、フランス語で行なわれねばならなくなる。殆んどの生徒は地方語の方を遥かによく理解するのだから、効率という点からはいかにも不条理な授業形態というべきだろう。だが、アルザス地方の首府ストラスブールの学区長は、その配下の視学官に次のような手紙を送付する。「もしこの点を疎かにする教師がいたら、是非ともその名前を報告しなければならない」。（『フランス語』誌 Langue Française 第二十五号の Marc Hug の論文《La Situation en Alsace》による）

この手紙の日付が一八五九年七月十二日である点に注目しよう。独仏休戦協定の成立が十二年後の七一年なのだから、フランス万歳と黒板に書き残して沈黙する「最後の授業」の先生は、作者ドーデの意図がどんなものであれ、ストラスブールの学区長に名前を知られたくない教師の一人だったということになる。いずれにせよ、彼は、アルザス人にとっての他人の言葉を、国語として彼らに強制する加害者にほかならないのだ。だから、言語社会学的な見地から「最後の授業」を引用された鈴木氏は、氏自身がしばしば指摘される文化的な誤読に陥っておられるというほかはない。「最後の授業」から読みとるべきは、フランス語という「自分たちの言語への愛着」などではいささかもないのだ。そんなものはどのみち一つの政治的な虚構にすぎない。しかもその虚構の神話化に積極的に貢献してしまうのが、しばしば言葉の知を弄ぶ教師とか文学者といったたぐいの人間だという点こそを、アルフォンス・ドーデの短篇から読みとらねばならない。今日の日本語論の多くがどこか胡散臭いのは、その裏に、「最後の授業」の教師に似た善意の加害者性が透けてみえるからではなかろうか。

実際「最後の授業」という短篇がある種のフランス人にとってはきわめて不愉快な作品だという事実を発見して仰天したという体験談を、斎藤一郎氏が雑誌『ふらんす』(一九七五年二月号)に紹介している。パリで親交を結んだあるフランス人の夫妻から、フランス文学を学びはじめた動機などを聞かれ、氏は「最後の授業」に接した時の感激を語りはじめる。すると、妙に気づまりな沈黙が相手夫妻の顔をこわばらせる。二人はブルターニュ出身のブルトン人だったのだ。彼らは、アルザス人と同様に、フランス語によって自分の言葉を奪われた人だったのである。だから、フランス語は美しいとか、フランス人は母国語をこよなく愛するといったたぐいの言葉を、そう簡単に口にしてはならないというのが、斎藤氏の結論である。そういえば、パリ大学の日本語科の学生の一人に、日本における朝鮮人問題を研究したいという金髪の青年がいた。彼は、胸をそらせていったものだ。「だって、ぼくは、ブルトン人ですから」。その研究に目鼻がついたら、本当に自分の言葉であるブルトン語を改めて学ぶつもりだと。彼は、ブルターニュの海を思わせる深く蒼い瞳を輝かせていた。

差別としての綴字法

いわゆるロマン派の運動からはいささか距離をおいた地点に身を置きながら、繊細な翳りに彩られた抒情を描くことに秀れたロマンチックな詩人アルフレッド・ド・ミュッセが二十三歳の時に書いた三幕散文の戯曲に、『戯れに恋はすまじ』と呼ばれる傑作がある。不幸な結末に終る従兄妹同士の仲を描いたいわゆる恋愛心理劇なのだが、どんなに下手くそな素人劇団が演じてみせても、最後にはほろりと泣かされてしまうという意味で、ラシーヌやコルネイユの古典劇のそれとは異質の傑作性をこの作品は持っていると思う。その冒頭の部分でパリで学問をおさめた主人公のペルディカンがいかに優れた人物であるかを紹介する一人が、「何しろあの方の口には、それはそれは美しくも華やかな言葉遣いfaçons de parler si belles et si fleuries がつめこまれているので、その話を聞くものは何と返答すべきかほとんどその術も知らぬほどだ」という台詞がある。時代はいつのことか限定されていないが、男爵がおり、城があり、小作人たちがいるのだから革命以前の田園地帯が舞台であることは間違いない。そこで、優れた人物の資質としてみごとな言葉遣いが挙げられている点は、先に引用したアベ・グレゴワールの報告を思い起してみるなら当然のことと納得されよう。フランス語を巧みな言葉遣いで口にしうること、それが、十七世紀の古典主義時代から今日に至るまで、一つの階級的符牒であり、知的水準の証しになっていた点は、多くの人が指摘する通りである。フランス語は、何よりもまず話されるもの、それも優雅に、しかも論理的文脈からそれることなく語られるものであったし、またそうあり続けている。言葉とは、何にもまして口にされるものなのだ。ボシュエとかブルダルーとかマシヨンとかのカトリックの説教師たちが、政治史と文学史との二領域で重要な位置をしめているのは、そのためである。だが、口にされるものとしてのフランス語が持つ光栄の歴史に比較して、綴られるものとしてのフランス語のそれは、あまりにも貧しい。革命直後のフランスで、正確な綴字を実践しうるものが三百万人をはるかに下まわるだろうというアベ・グレゴワールの報告は、つまり、フランス人の七人に六人が綴字法に無関心であったことを意味している。事実、古典主義時代、啓蒙時代といういかにも輝かしい名前を持った十七、八世紀を通じて、文字の書き方は乱脈をきわめ、一六九四年に初版が刊行されたアカデミー・フランセーズの辞書にあっては、一般的な規則を制定することなく個々の単語ごとに綴りを決定したといわれている。固有名詞の場合ですら綴りは一定でなく、たとえば十八世紀の前半に生きたフローベールの曾祖父が Flobert と綴ったか Flaubert と綴ったか、その区別がきわめて曖昧なのだ。要するに、書くことは話すことにくらべて二義的な意味しか持たず、いわば嫁入りの財産としても重要さを持っていなかった。そうした状況を一挙にくつがえしたのが、すでに述べた初等＝中等教育を通じてのフランス語国語化の政策にほかならない。そしてその成果が定着しはじめたのは、一八一五年を過ぎてからのことである。アルベール・ドーザは、その『フランス語の歩み』（クセジュ文庫、白水社、川本茂雄訳）の中で、次のように書いている。

王政復古以来、十八世紀には書記と教養階級の一般の慣用において甚だ僅かの重要性しか有していなかった正書法が、勉学とりっぱな教育の印となった。大衆化することによって正書法は社会的拘束の様相を帯び、圧制的となる。

つまり、正しく書くことがフランス語にとって知的財産と見なされうることになったのは、十九世紀前半のことにすぎないというわけだ。そして、一八四〇年に十八歳であった地方都市の青年ギュスターヴは、正しく綴ることが階級的符牒となった第一の世代に属しているのである。その子弟をパリの大学に送って勉学を続けさせようとするほどの地方のブルジョワジーにとって、いまや正確な綴字法の習得が一つの知的資産となったわけだ。更にいうなら、階級的差別の新たな指標がそこに形成されたとでもしようか、とにかく、*au*tomate と *o*tomate、catégorie と ca*th*égorie をめぐる挿話は、そうした歴史的な文脈で捉えられねばならないのだ。一見、言葉への潔癖な姿勢かと思われるギュスターヴの中には、一つの政策として普及したばかりの綴字法を介して、無意識のうちに社会的抑圧に加担する加害者の姿が、その新興ブルジョワジーとしての階級意識として露呈されている。彼は、たった三代ほど昔の自分の祖先が、その姓を Fl*o*bert とも Fl*au*bert とも綴ったことを知らずに、そこに見られるのと全く同じ母音の綴りをめぐって、*au*tomate と *o*tomate の書き違いを許すことができない。現実に発音された場合は、ほとんど違いとして響くことがなく、ただ、ラテン語の知識があればこそ人がauto-と綴りうる一語へのこのフローベールのこだわりが、自国語への愛の一形態だとするなら、その愛は、明らかに捏造された政治的な虚構にほかならぬ。十八歳のギュスターヴは、この時、明らかに「最後の授業」の先生と同じ場所に立っていた。だが『ボヴァリー夫人』のフローベールは、十九世紀の中葉に至ってはじめて手で書き、目で読むものとなったフランス語を、口で語り耳で聞くフランス語の二義的な代補手段としてではなく、それ自体がものとして存在する現実とみなすことによって、絶句する先生の後を継いで、みずから階級性を露呈する言葉への倫理的責任をはたそうとする。その瞬間に、今日の言葉でいうエクリチュールが文学的地平に一つの問題として浮上する。そしてフローベールとともにエクリチュール、つまり書かれた言葉へのアンガージュマンというフランスにあっては希有の試みが企画されることになる。ロラン・バルトが、ジャン＝ポール・サルトルが、ギュスターヴ・フローベールに対して示す異常な関心も、その点から理解される。フランスはあるいは西欧一般は、みずからがかかえこんだ「文字」という奇態な代物と、書くという未知の体験を前にして大きく揺らいだのである。

　いうまでもなく、エクリチュールへのアンガージュマンという姿勢は、大革命後のフランス語国語化の一環としての、綴字法の統一という文脈の中で始めて可能となったものである。そこから、幾つかの問題を引き出すことができる。たとえば、いわゆる諸外国における綴字法の統一が、決して発音と綴りの自然な対応としてではなく、政治的な背景を持った捏造物であり、従って、しばしばわが国の漢字改革論者が口にするのと同程度の困難が、アルファベットによる綴字法の習得者にもつきまとっているのだから、日本語の標音化の試みがさして有意義とは思えないといった方向へ議論をひっぱっていくことも可能だ。鈴木孝夫氏も指摘されているとおり、漢字とアルファベットとは、本来比較の共通項を欠いているのだからそう言い切るにはある慎重さを要するが、たとえば、日本語とフランス語とを母国語として同時に話す筆者の息子は、七歳という年齢に達した段階で、まだ学校で習ってもいない「魁傑」といった複雑な漢字を、たぶんテレヴィジョンの相撲中継のおかげであろう、何の抵抗もなく読み、そして書きながら、母親の必死の教育ぶりにもかかわらず Je suis japonais.（私は日本人だ）といった簡単なフランス語の文章を書くのに、語尾のsを落したり、母音を綴り間違えたりで四苦八苦しており、明らかに、いったんその原理をのみ込んでしまった漢字の方を容易に読み書きするといった事実は指摘しうると思う。とりわけ、息子が迷いがちなのは、ギュスターヴを苦笑せしめたユラリーの誤りと同質の母音の綴り方であり、それが、フローベールの嘲笑を不当なものに思わせる一因であったかも知れぬ。

　だが、エクリチュールがフローベールとともに、言語をめぐる思考を律しはじめたことの意義は、漢字教育の効率性といった地平で解消されうるものではなく、フランス語に限らずインド＝ヨーロッパ語圏一般に見られる音声中心的な言語観そのものが現在蒙りつつある地殻変動に対し、われわれ日本人がいかに対処すべきかという問題へと議論を導くように思う。アルファベットによる綴字法の問題は、いまや、一般的な慣習や知的資産の域を大きくはみだし、それを必然化したイデオロギーそのものを批判の対象とする、反＝言語学的な思考をフランスを中心として西欧一帯に生み落しているからである。そこで、ミシェル・フーコーやジャック・デリダ、あるいはジル・ドゥルーズといった人びとの著作に見られる反＝言語学的な思考の領域で遂行される「言語」と「論理」との離脱現象を検討しながら、極東の諸国での綴字法の水準とは別の次元で、漢字が世界文化にとって果すべき役割といったものを探ってみたいと思う。その試みが美しい日本語への愛を目醒めさせるといった善意の加害者性を正当化するものでない点はいうまでもない。問題は、幾多の有意義な成果をもたらしたソシュール以後の西欧言語学が、その学的体系性の維持という唯一の目的のために、いかに言語的実践をやせ細ったものにしてしまったかという事実を、ことによったら漢字という非西欧的な一つの現実が鋭く衝きうるかも知れぬのに、それがいまだ充分果されていないことへの苛立ちなのである。

萌野と空蟬

音と訓

「日本語による中国の書字の借用は、ヨーロッパ的精神にわかりやすい言葉で定義するのがむずかしい」と書いているのは『身ぶりと言葉』(荒木亨訳、新潮社)の著者アンドレ・ルロワ＝グーランであるが、このフランスのすぐれた人類学者＝考古学者＝言語学者の指摘をまつまでもなく、アルファベットで文字を綴る伝統を持つインド＝ヨーロッパ語系の人間に、日本語における漢字の訓と音との関係を納得させることの困難は、誰もが日々体験していることだろう。たとえば、子供が小学校に入学して国語の教科書をもらってくる。そのページをパラパラめくってみただけで、妻は頭がくらくらしてしまう。自分の子供が、本当にこんな文章を平気で読むことができるのだろうか、ひらがなばかりではない。もう、カンジがこんなに並んでいる。いくら子供の頭脳が柔軟だからといっても、一年でこれだけのカンジの読み書きを憶えてしまうとはとても信じられない。だいいち、この活字の小ささはどうか。これが右にはねているか、左にはねているか、この部分が接触しているかいないのか、虫眼鏡でも持ってこなければとても判別できやしない。日本語は、日常会話の規則的な勉強によって練習していないわけでもなかった妻も、自分がいよいよ子供の言語圏から遠ざかる日の到来を前にして、すっかり不安になってしまう。そこで、受持ちの先生の御好意で教科書を一そろい手に入れ、日本製の和仏辞典をかかえての漢字の練習がはじまる。

現在の教育制度にあっては、小学校一年の段階でほぼ七十字の漢字を習う。だから子供と同じ速度で漢字を憶えてゆくには、妻は平均五日に一字を学べばいいわけだ。それは大して困難な数字ではない。何とかやってみよう。だが、五日に一字という計算が、実はまったく希望的観測にすぎなかったことがすぐさま明らかになり、妻を絶望させずにはおかない。というのも、たとえば「上」「下」の二字の図型的な対応関係に気づいて、それがすでに日常語として知っているウエとシタを示す漢字だと知り、日本語の神秘のヴェールが不意に消え去る思いがした瞬間、実はそれがジョウともゲとも読まれることを、前期と後期で二冊に分れた国語の教科書の表紙が告げているからだ。何ですって、これはウエではなくてジョウですって。それはいったいどういう話なの。そこで夫は、こちらが訓で、こちらが音であるといった、すでに何度か説き聞かせたことのある中国文字の日本的借用関係を繰り返してみる。だがそれはあまり妻を安心させるものではない。では、井之頭線と小田急線とが交錯するあの駅、あれはシモキタザワだけど、あの駅の駅名標示板にある「下」の字は、音なの、それとも訓なの。そうきかれて、妻の絶望をまじえた苛立ちがたちまち日本人の夫にも感染してしまう。「下手」はヘタだし、「下駄」はゲタだし、「下院」はカインだし、「下枝」はシズエだったなあと思い、ホテイさまのホテって文字はアザブのザブだったなあという志ん生だか誰だかの落語の一節が記憶に浮んできて、どれが訓でどれが音であるといった説明をする気がうせてしまうのだ。そうしたことがらを一つの自然として体得してゆくだろうわれわれの子供と比較して、妻はそれを徹底した不自然としか理解しえまいことが、あまりに明白であるからだ。その説明が面倒だと思われる以前に、妻が日本語についていだく不条理な実感のほうが、はるかに現実的にせまってくるのである。実際、日本語を母国語としては持たない人たちにこの過程を納得してもらうには、何か途方もない比喩でも持ってこないと話が始まらぬのだ。『閉された言語・日本語の世界』の鈴木孝夫氏の挙げられる比喩は、音と訓との関係を英語系の人間に理解させるのに、かなり有効な一面を持ってはいると思う。鈴木氏は、たとえば次のような体験を語っておられる。

たとえば英語の文章を書く際に、よく用いられるいくつかの省略記号がある。e. g. というのは、「たとえば」といって例をあげるときに使う記号である。これは、ラテン語の exempli gratia つまり「例のために」という表現の頭文字二つをとったものである。この記号を発音する場合、単にアルファベット読みにして、イー・ジーと言うこともあるが、その意味する内容を英語でいって、for example（フォア・イグザーンプル）と発音することも多い。またさらに一部の教養ある人は、e. g. を本来のラテン語に復元して、エグゼンプライ・グレイシヤとしゃれて読む。つまり e. g. と表記されることばが、ときには英語式にフォア・イグザーンプルと読まれ、ときにはエグゼンプライ・グレイシヤとラテン語読みにされるのであって、これは日本語の音訓の原理と非常に似ている現象である。

氏は「このような例は決して多くないが」とことわっておられるが、なるほどこれは便利な実例であるかにみえる。ところが、不幸なことに、ラテン語やギリシャ語教育が普遍的に行なわれていたフランス的国土で中等＝高等教育を受けているので、この例の場合は無意識のうちに心の中でラテン語の原綴を口にしてしまうという。もちろんそれは、エグゼンプライという英語式ラテン語ではなく、エクザンプリというフランス語風の発音である。そこで、次に、一見したところさらに奇想天外なルロワ＝グーランの挙げている例を引いてみることにする。『身ぶりと言葉』の著者は、冒頭に掲げた引用に続いて、フランスの読者に次のように記しているのだ。

二つの言葉（中国語と日本語——引用者）はおたがいにラテン語とアラビア語よりもはるかに隔たりがあり、中国の書字が日本語に結びつくのは、だいたい主な画像が転写すべき語の意味にほぼ似ているような切手を貼り並べて一所懸命フランス語を書こうとするのと同じようなものである。文法体系も音声表記も同時に、すべてが失われてしまう。それゆえ漢字の借用は、厳密に表意文字的な次元で行われ、日本語の音声表記は中国音を失った記号に結びついたのである。ちょうど3という記号が各国語で違った音で読まれるのと同じことである。ここではわれわれの数字と違って、借用が十個の記号について行われたのではなく、言語の音の部分を決定的に書字の外に残してしまった数千の記号について行われたのである。観念的《イデオロギー》な部分そのものも概念だけに限られ、あらゆる文法的屈折の外に置かれて、後者を説明するものは何もなかった。この欠陥を補うために日本語は、八世紀に中国語から、音声価値だけで用いられていた四十八の漢字を取って、一連の音節表記をつくり、表意文字のあいだに挿入したのだ。つまり中国語は、多次元的な要素のしくみで一漢字を形成している形象群に音声面からの説明を挿入したのにたいし、日本語は漢字から音声的な色彩を取り去って、あとからそれぞれの漢字に別な音声記号をくっつけたのである。

ヨーロッパ精神にわかりやすい言葉で定義するのがむずかしいと思われることがらについて、そう思う本人自身が語っているのだから必然的に難解たらざるをえないこの説明を読みながら、妻は何度か考えこみ、またうなずいている。だが、最終的には何かわかったような気がするという。それは、こういうことなのでしょう。つまり、サア、イソイデ、イソイデというときのイソイデを「急ぐ」と書くけれど、それは日本語による中国書字の表意的借用であって、「急」の字は、中国語ではまったく別の発音を持っているというわけなのね。そうだそうだと、いつのまにかかたわらに来ている子供が母親の日本語の進歩を祝福する。そして、「急行」のキュウというのが、その中国的な発音に近いのだと得意げに説明する。なるほど、キュウコウは「いそいで、いそいで」というわけなのね。

意味＝発音＝表記

いわゆるやまとことばが漢字の表意的借用と音声的簡易化によっていかに表記されるに至ったかの説明としては要をえているルロワ＝グーランの言葉は、しかし、中国語の音声的側面をとどめた語彙の残存と、それが可能にした造語などを考慮に入れてはいないという意味で、必ずしも充分なものとはいえないだろう。つまり、訓と呼ばれる現象を詳細に語ってはいても、音に関してはこれを完全に無視しているわけだ。だが、それにもかかわらず決して英語を理解しないわけではないし、また在日英米人たちとの会話でたえず英語を使っているはずの妻が、鈴木氏のe.g.による説明にほとんど反応を示さず、ルロワ＝グーランのそれによって理解のいと口をつかんだというのはいったいなぜであろう。おそらく、一つには英語圏と仏語圏との文化的伝統の違いというものがあるに違いない。だが問題は、日本語をほとんど知らない外国人にとってはショック療法としての効果を持っているに違いない鈴木氏の挙げられた例が、多少とも日本語を心得ており、しかも日本的な風土に暮している外国人にとっては、あまり現実的でないからである。また、ルロワ＝グーランの説明も決して現実的ではなかろうが、しかしそこには、ショック療法とは異質の論理的一貫性が認められる点も見逃してはなるまい。では、ルロワ＝グーランはいかなる点で論理的であり、鈴木孝夫氏は非論理的なのか。というよりむしろ、ルロワ＝グーランの言葉と自分の限られた日本語の知識を矛盾なく統合しえたのか。

まず、妻は、ルロワ＝グーランの説明によって、すでに夫から何度か聞かされていた言語学的な事実、つまり日本語と中国語とが、いわゆる祖語を共有することのない全く系統の異なる言語だということを思い出したのである。この事実の確認は、多くのヨーロッパ人が、そしてときには日本の大学生までが、文字と語彙の貸借関係があるというだけの理由で、日本語が中国語から分れた言葉だと信じきっている現状にあっては、まず第一に強調されねばならない。音訓の関係を説明するにあたって鈴木氏が引かれた例は、同じインド＝ヨーロッパ語系の、それもきわめて近い親族関係にある二言語間の、それぞれが音韻の上で対応関係を持った表記法の読み方の違いを、しかも知的水準や状況に応じて生じうる可能性として語っておられるにすぎないのだ。日本語と中国語との間に親族関係が存在しないという前提があるからこそ、そこに音訓という日本語独特な問題が生じてくるのだ。

それに続いて、妻は、日本語の厄介な点が、一つの記号が幾通りもの異なった読み方を持つことにあるのではないことをルロワ＝グーランとともに理解する。日本語における漢字理解の最も重要な側面は、鈴木氏が e. g. の実例によって強調しておられるような、可能なる発音の多岐性にあるのではない。e. g. をイー・ジーと読み、フォア・イグザーンプルとも読み、またイグザンプライ・グレイシアとも読みうる事実は、一つの表記が幾通りにも読みうる現象を納得させることはあっても、日本語の訓の説明にはいっさいなっていないのだ。ここで見落しえない点は、ルロワ＝グーランがいささか持ってまわって指摘しているごとく、一つの漢字が中国語として持っていた音声的価値も、文法的機能も日本語としての漢字の訓の中にはいっさい残存してはおらず、まさにそのことによって、日本語の構文法を支えることになるという点であろう。あながち中国語と日本語とが、ラテン語と英語という親族関係を持ってはおらず、かえって異質な系統にある言語であったが故に、借用された漢字によって、意味と音声と表記法との自由な戯れが日本語として可能になったという点こそを強調すべきなのである。

たしかにわれわれは、日本語の漢字に、訓読みと音読みと二つ、あるいはそれ以上の読み方があるといった言葉を口にしている。そしてその不用意な言葉が、日本語に接近しようとする外国人たちを、必要以上に混乱させることになるのだ。おそらく、ヨーロッパ的精神にとってこの上なくわかりにくいのは、その事実にあるのではない。一つの漢字が、いかなる日本語の意味と結びつき、その意味が日本語で何と発音され、その発音が表意的に借用された漢字と、漢字の表音的側面から創始された仮名とによってどのように表記されるかという点を順を追って説明すれば、その難解さはある程度は緩和されうるものである。つまり、「急」の一字は、「急行」の場合はキュウ、「急ぐ」の場合はイソグと発音されると説明すべきではなく、「急」の字に接したなら、それがまず「いそぐ」ことを意味し、「イソグ」には、現在の送り仮名の規則によるなら、「急ぐ」と表記すると説明すべきなのだ。事実、ルロワ＝グーランを読みながら妻はそのように理解したではないか。こうして訓の何たるかを納得させた上で、音の説明に入れば、技術的な困難はともかくとして、日本語の神秘といった本質的困難からは、日本人も外国人も解放されると思う。つまり、そのときヨーロッパ的精神は、日本語の漢字の読み方を論理的に納得しうる状態に達するのである。e. g. に三通りの読み方が可能であるという鈴木氏の立論は、この論理といささかも触れあうことはない。鈴木氏の方法が、現象的にみて日本語の実状を伝えているかにみえながら実はその本質とまったく無縁の実例であり、ルロワ＝グーランの説明が、その現象面には触れあうところがないかにみえながら、かえって日本語の本質に迫っているというのは、いかにも興味深い事実というべきではないか。なぜそんなことが起ってしまうのか。理由は簡単である。その著作を通じて、日本語を特殊だと信じこみたがる日本人的思考をあれほど批判され続けた鈴木氏が、こと漢字の読み方のみに限って、日本的思考に陥って、言語である限りにおいて日本語も当然そなえているはずの、意味と、発音と、表記との異質な領域の問題を混同されてしまったからである。

そもそも、訓とは、ほんらいが読み方の問題ではなく、意味の問題ではなかったか。「明」は「明暗」の場合はメイと読まれ、「明るい」の場合はアカるいと読まれると解説しはじめるのではなく、「明」はまず「あかるい」ことを意味し、そして「アカルイ」は「明るい」と表記されうると続けるのが、論理的な筋道というものではないか。その過程を納得した上でなら、一つの漢字の幾つかの読み方が語られても混乱は起るまいと思う。

しかし、われわれにとって重要な問題は、実は外国人にいかに漢字を教えるかといった点にあるのではない。たしかに日本人は、鈴木氏の述べておられるごとく漢字による「音訓相違の言語習慣」によって豊かなことばの世界を生きてはいる。そしてその事実は、さらに多くの局面から強調されねばならないと思うが、実はそうした習慣に恵まれているはずの日本人自身の言語体験そのものが、日本語の漢字には幾通りもの異なった発音が可能だという外国人の驚きと同じ風土に浸りきって、今日、訓の音声化ともいうべき現象を助長しつつある点が問題なのである。訓の音声化に加担する人びとは、ほとんど無意識のうちに、日本語における意味と、発音と、表記とのサイクルから逸脱して、漢字を音訓二つの読み方が可能な音標記号としてあつかってしまうのだ。つまり自分の名前を漢字で表記しては面白がる外国人たちが、音訓を無視して得意げに選びとった文字の配列に似た現象が、日本人によっても何ら矛盾なく生きられているのであり、その訓の音声化という今日的な状況をめぐっては、一冊の小説まで書かれているほどなのである。いうまでもなく、大岡昇平氏の傑作『萌野』がそれである。

野の火＝萌える野

『萌野』という二つの漢字のつらなりが想起させるイメージは、まことに美しい。だがそれを何と読めばいいのか。モヤと読むのだという。だが、日本語の慣習は、「萌野」をモヤと読むことを許さない。「野」をヤと発音することには何ら抵抗はあるまいが、「もえる」意の「萌」をモと発音させることは不可能である。だから、萌えるような野というイメージの美しさにもかかわらず、「萌野」という文字をモヤと読めというのは、例の日本語の乱れいがいの何ものでもない。そうした苛立ちを表明するのは、この書物を手にする読者である以前に、作家の大岡氏自身である。ニューヨークに暮す大岡氏の長男夫妻が、新たに誕生しようとする二人の子供のために、名前として「萌野」を用意し、しかもそれをモヤと読ませるのだと知ったとき、作者とほぼ同身大の「私」は、「字面としては悪くなく、『大岡萌野』は一つの風景画を構成している」とは思うが、「しかし『萌野』を『もや』とは『湯桶』読みとしても無理である」と断言する。そして、こう続けているのだ。

戦後の言語改革の結果、漢字を国語一音の表示と見なす傾向が生れているのを私は知っている。「萌」を「もえる」「もえ出る」の「も」と考える世代に息子夫婦はいるのである。「有見」と書いて「ゆみ」と読ませた例を知っている。しかし親父は古風な改革反対論者なのである。

初孫の誕生を待ちつつ数日間滞在したニューヨークの街で、肉親や他人と交わり、絵画や芝居に視線を向け、極東の一地域で進行中の戦争への関心を深夜版の新聞紙面にさぐり、微笑し、疲労し、苛立ち、また安堵しもする「私」の内的体験を綴ったこの作品の美しさについては、別の機会に触れてあるのでここでは繰り返さない。ただ、「現代の漢字の読み方の痴呆的変化」の一典型が、初孫の名前として用意されている事実をどうしてもうけいれがたく、酒のいきおいもあって、「萌野なんて低能な名前のついた子は、おれの孫じゃない」とまで言ってのけた「私」である大岡氏自身が、紀行文の形式を借りたこの小説の題に、その「萌野」の二語を選んで「もや」とルビまでふっている事実の感動的なさまは、改めて強調しておきたい。では、それはどんなふうに感動的なのか。孫の誕生という事実の前に、息子への心理的こだわりを捨てた父親の姿が素直に語られているからか。それが感動的でないこともあるまい。だがドイツ留学から帰った少壮医師の森林太郎に『於母影』などと気取ってみせることを許した日本文学が、ほぼ半世紀後に、レイテ島から『野火』を持ち帰った三十歳すぎの大岡昇平によって新たな生を生きはじめた事実を想い起してみるなら、精神において鷗外に似た漢字との戯れを演ずる大岡氏の令息が、まさにイメージにあっては父君の「野の火」に通じる「萌野」を無意識のうちに選んでいる事実は、それ以上に感動的である。『野火』の作者の孫が、「萌える野」を意味するイメージを名前として持つこと。しかもそれが、『野火』によって象徴される「戦後日本」の言語状況を如実に反映していること。つまり、「漢字の読み方の痴呆的変化」こそが、息子による父親への最大の、そして決して意図的ではなかろうオマージュを可能にしている点が、この上なく感動的なのである。そして、こうした思いもかけぬ感動が可能である点に、真の日本語の問題が隠されているのだ。しかも、ほんらいであれば犯してはならない慣習上の過ちと思われていたものが、どれほど伝統的な日本語を内側から支え、豊かな表現力とイメージを保証していたかという事実に、いま一度思いを致してみる必要がある。

たとえば時枝誠記の『国語学原論』に引かれている名高い「ウツセミ」の例を想起してみよう。時枝博士は、その「文字論」を構成する「文字の記載法と語の変遷」の項目に、次のように書かれた。

「ウツセミ」は現身の意であるが、これを「空蟬」と表音的に記載した結果、理解に際してはそれが表意的のものと考へられ、従つて「空蟬の世」は、人の一生の義より転じて、蟬の脱殻の如き無常空虚の世の義となり、更に「空蟬の殻」の如き語が生まれるやうになつた。

日本語を語ろうとするものの必読文献にみられる文章だから、何もいまさら説明めいたものは必要あるまいと思われるが、ここに無知と誤解から生じた日本語の豊かな増殖ぶりの跡を認めうる点に誰も異存はあるまい。現身（うつしみ）なる語の意味と音声との表記法との多様な戯れが、一方で日本神話の構造的理解に通じ、また他方で、西欧形而上学の今日的崩壊過程へと向けるわれわれの視線を鍛えうる役割をも担っているというきわめて啓発的な論文が、坂部恵氏の『仮面の解釈学』（東京大学出版会）におさめられているから、興味のある方はそれを参照されたい。ここではただ、『万葉集』の「うつせみ」が「空蟬」「虚蟬」の現身と誤って表意的に解釈され、奈良時代にはこの語に含まれてはいなかった「はかなさ」の意味が、平安朝以後の日本語に定着したという『岩波古語辞典』の説明を繰返し、誤解が発揮しうる言語的活力と、文化的創造性の一面を指摘するにとどめておこう。そして、「萌野」にも、それに似た力が秘められていると思うのだ。

美しい日本語?

ところで、今日ときならぬブームを呼んだといわれる日本語論なるものの実態に触れてみた場合、その多くが、概していかがわしく、刺激に欠け、貧しい饒舌の反復にしかなっていないのは、その著者たちが、正しい日本語、美しい日本語というありもしない抽象と戯れ、あえて日本語とも呼ぶ必要もあるまい日々の言語体験をいささかも生きてはいない点に由来すると思われる。言葉が乱れ、規則から逸脱し、正統性を失ってゆくとき、そこに何が起るか、そしてそのとき起りつつあるものから、その現在を生きつつある者自身が何を吸収してみずからの言語体験をいかに鍛えてゆくことができるかという視点が、現代の日本語論の著者たちには完全に欠落しているのだ。そして『萌野』の大岡昇平氏には、その視点が、瑞々しいまでに感じとれるのである。

かりにそんなものがあっての話だが、現在のわが国には、正しく美しい日本語を、書き読み、話す機会を病理学的に、文化的に、政治的に奪われた人びとが少なからずいる。正しく美しい日本語を標榜する者たちは、彼らが口にしたり口にできなかったりする日本語を、他人に迷惑になり法律にも違犯しているストは認められないというのと全く同じ論法で排斥していることになるのだ。いまに見ているがいい。この種の論者たちは、違法ストを攻撃したその舌の根も乾かないうちに、憲法改正などと口にするに決まっている。もちろん、現行の憲法が正しいとか、ここ数年来の国鉄ストが正しいとか、そんなことが問題なのではない。重要な点は、言葉が規則でも規範でもないという事実だ。言葉は生きているなどと言えば粗雑な比喩の援用とそしられもしようが、少なくとも、言葉が真に言葉として機能している瞬間は、正しさとか美しさは言語的な場に浮上してはこない。また、一つの漢字の読み方にすべて通暁することが、正しく美しい日本語へと至る道ではない。日本語がしゃべれない、一つの日本語の単語の意味をまだ知らないという理由で奪われた言葉もまた、貴重な言語的な場を構成する。欠語、沈黙、錯誤を、ただ耳に聞えなかった、正しくは響かなかったといって言語的な場から無意識に放逐する人びとにとっての美しい日本語がおさまるだろう輪郭が、いかに弱々しく貧しいものとなろうかは、たやすく想像することができる。『日本語のために』(新潮社)の丸谷才一氏なら、すべからく日本語を役人の手から奪回して、文学者の手に委ねよ、とでもいうのだろう。だがそれにしても、何という退屈な美しさであることか。人は、言語学など信じてはならぬように、文学など信じてはならない。言葉は、役人はいうに及ばず、言語学者や文学者の視線がとうてい捉えることの不可能な逸脱や畸型化を日々生きつつあるのだ。

いうまでもなかろうが、言葉への言語学的アプローチ、文学的なアプローチを頭から否定するのはこれまたばかげた話である。日本語なら日本語という一言語の隠れた構造をさぐったり、その思いもかけぬ機能ぶりに身をさらすことで、われわれの言語活動の実態に迫ろうとするのは決して無駄ではない。だが、言葉というこの錯綜した矛盾と葛藤の場にとって、言語学も文学も、その活動のほんの一側面しか明らかにしえないのだという認識は失ってはなるまい。そこには、病理学的＝政治的＝文化的なさまざまな理由で、言葉がまとわねばならぬ虚言や自家撞着、あるいは言葉たることの拒絶があるのだ。たとえば、原爆が炸裂した日本の一都市で敗戦を迎え、その後三十年たってから、日本のプロ野球の第一人者となった韓国籍の左打者のことを多くの人が知っている。その左打者が、その原爆都市で初めて試合をするというので、正しく美しい日本語を話しはしない高齢の朝鮮半島出身の母親が観戦に来た。その母親のまわりで、息子の左打者に対する面罵の言葉が浴びせられる。母親は、どうするか。頑迷に日本語を口にすることを拒否するだろう。新聞や雑誌が伝えている限りを再現するほかはないこの母親の沈黙、それが美しく正しい日本語として耳に響かなかったからといって、そこに言葉が生きられていないと誰がいうのか。もちろん、その高齢の韓国女性の身になって、同情を表明したり、罵倒した連中になりかわって詫びの言葉を投げかけることが、言語的な場を構成するというのではない。また、沈黙こそが、最大の抵抗であるなどというのでもない。ただここでは、音訓の日本語的慣習の説明だけではどうしても蔽いつくせない生きた言語的な場が確かに存在し、そうしたものを語ろうともしない今日の日本語論が、必然的に抽象たることを逃れえないという現実を語ってみたいまでのことである。そして外国人による日本語という現象が、こんにちわれわれにとって貴重な問題となっているのは、それによって諸外国へ日本文化が広まり、日本理解が深まろうという功利的な理由が背後にあるからではない。彼らの日本語を介してわれわれが実践しうる言語活動が、ちょうど「萌野」の一語に接した大岡昇平氏がそうであったように、矛盾と葛藤に充ちた混沌へとより一層近づき、規範からの逸脱を誤りとして排除することのない豊かで創造的な肯定の場を獲得しうるからである。現在において、正しく美しい日本語を話し書くことは、日本人たることの正統性の保証ではいささかもないのだ。それは、言葉が意識と肉体とに働きかける豊かな攪拌作用から視線をそらせ現実を抽象に置き換えようとする醜い延命策でしかあるまい。しかも、醜く、貧しい日本語と遭遇することによってさえ、われわれは自分自身にふさわしい何かを発見できるのである。日本語が乱れた乱れたといって顰め面をしてみせるのが退屈きわまりないのは、そうした理由による。

出産を間近にひかえた入院中の妻が、深夜の陣痛にこらえきれず、無理にたのんだ当直医に来てもらったときのことだ。東京の、日本語しか通じない病院である。日本についてほぼ一年後だったから、妻の日本語はむしろつたないものであった。だが、夜中にわざわざ来てくれた医師に向って、詫びの言葉をいうつもりで、彼女は痛みをこらえながら何度も何度も、ゴメンクダサイマセーを絶叫したという。真夜中の病棟に、玄関さきで訪問者が口にする言葉が奇妙なアクセントで響きわたったわけだ。後になって、妻は赤面してこの挿話を物語るわけだが、看護にあたってくれた人たちによれば、ほとんどの女性は、こんな場合にもっともっとわけの解らぬ言葉を口ばしるのだそうだ。妻の場合は、むしろずばぬけて立派な日本語だったという。何のことはない。まだ、音や訓の存在すら知らぬ外国人の女性が、正しく美しい日本語を話していたわけだ。そしてそのゴメンクダサイマセーから数時間後に、われわれは、日本語とフランス語とを同時に母国語として持つ男の子の両親となったのである。

海王星の不条理

ママをさがしに

これから電車に乗るのであと二十分ほどで家に帰りますといった母親からの電話をうけると、子供は、そこでとり交わされたフランス語の対話をかいつまんで日本語に訳し、さあ早く駅までママをさがしに行こうと父親をせきたてる。じゃあ、一緒に迎えに行くか、と、腰をあげると、子供は On va la chercher. とフランス語でせきたてる。その文章をそっくり日本語に移しかえれば、彼女をさがしに行くとなるのだ。日頃、子供が口にする日本語のいいまわしには、どこといって不自然なところもみあたらないが、時折りこうした語彙の直訳が不意に口をついてでてくる。それは、ある単語を、最初にフランス語で憶えたか日本語で憶えたかの違いによって見られる現象で、決してすべての日常会話がフランス語の直訳調になるわけではない。だが、さがしに行くの場合は、明らかに出迎える、呼びに行くを意味するフランス語の chercher が、日本語を侵蝕しているとみるべきであろう。このフランス語の単語は、目的語として、人間と物とをともにとることができ、見当たらぬものなどをさがす意味にも使われるので、そのイメージが日本語の、しかも生きた人間を目的語としてとる場合にも子供の言語中枢を支配してしまうのだ。それに、この表現は、しばらくフランス語で暮したことのある人なら、かならず無意識のうちに何度か口にしているはずだ。じゃあ、六時におたくまでさがしに行きましょうといった按配に、日本語にあっては意味論的に畸型の言いまわしを、平気で口にしているのである。もちろん、そのことで日本人としての自己同一性が失われてしまうわけでもない。六時にさがしに行ってからみんなで日本料理を喰べたりもするからである。したがって、父親は息子の誤用をあまり几帳面に指摘したりはせず、二人して駅の踏切りのところまで、妻であり母親である一人のヨーロッパ女性をさがしに行く。日本人の仲間と電話で待ち合わせの時刻などを打合わせている時など、子供は、じゃあ二時に駅まで迎えに行くからと、正確に口にしているのだから、ここで彼にさがしに行くといわせたものは、直前の母親とのフランス語の会話の心理的余韻だと考えるべきだろう。実際、大岡昇平氏のニューヨーク滞在記『萌野』にも「バスを取る」という言いまわしが出てくるが、これも、ホテル住いの小説家にとっての直接の心理的環境としての英語の to take が、そのまま直訳されているのだと思う。

これと同じような現象が、子供の語るフランス語にも観察されるのは当然であろう。事実、彼の母親との対話には、かなりの頻度で avant という単語が挿入される。子供同士の会話での、ほら、この前さあ、とかいった表現の前が、いささかの意味論的＝文法的な変貌を蒙って口にされるのだ。avant-garde アヴァン・ギャルドを前衛と訳すのだから、それはあながち間違いとはいえぬのだが、正しいフランス語の文脈にあっては、普通は、動詞の時制や別の副詞が用いられるべきところなのだ。ところがわれわれの子供にあっては、近い過去、遠い過去のいっさいが avant の一語で代表されてしまう。そして、今では妻までが、その表現に何の不自然も感じなくなってしまっている。autrefois かつてとか、il y a une semaine 一週間前にといった言葉は日仏両語で知っているはずなのに、ほら、さあ、この前にさあ、といったいささかの心理的せきこみがフランス語における時制や副詞の微妙なニュアンスをとび越えて、ついつい直訳的な avant を口にさせてしまうのだ。そしてそれがいささか畸型的であっても、言わんとすることは充分に理解できるので、母親も思わず見逃してしまう。ところでこの理解するという言葉は、フランス語に訳せば se rendre compte de（正確なイメージを思い描く）となるはずだが、今世紀に入ってから英語の to realize の直訳として、本来はその意味が含まれていないはずの réaliser が濫用され始め、今ではこの上なく頑固な反英語論者までが平気でそれを理解するの意味で使っているのだから、この種の現象は決して個人的な水準にみられる例外ではないというべきだろう。公用の書類や商取引き、あるいは広告のスローガンからいっさいの英語を追放することに決めたというフランスが、この種の英語の侵蝕にどう耐えうるものか。いずれにせよ、われわれの息子が時折り口にする avant は、それが誤用であることを知らぬわけではない彼自身とその両親とによって、わが家ではフランス語としての市民権を獲得してしまっている。あらゆる家庭には、そこだけで通用する幾つかのいささか尋常さを欠いた言いまわしが代々受けつがれてゆくものである。文字で書き記す場合には、この家庭的な慣用無視は自然に修正されて、子供も、さがしにゆくとか avant とか綴ったりはしない。もっとも、その現象を、筆を握るとたちまち反省的意識が働くからだなどと説明して辻褄をあわせるのはやめにしよう。いずれゆっくり時間をかけて考えてみる機会もあろうが、ここではさしあたり、音声言語と文字言語とは、それぞれ違ったやり方で人間の言葉を支えているのだとのみ記しておくにとどめたいと思う。

食卓の精子

ところで日本語とフランス語とをともに母国語として育ったわれわれの子供の言語生活は、二言語併用といういかにも素気ない言語学的術語があてられるさして珍しくもない現象である。この術語の直訳的な響きが自然さを欠いているためか、一般にはむしろ英語のバイリンガリズム bilingualism、あるいはフランス語のビランギスム bilinguisme のほうが通りがよい。「二」「双」「複」などを意味するラテン語の bis を語源に持つ接頭語バイやビがついているので二言語併用が訳語として選ばれたのだろうが、しかしおたくのお子さんは二言語併用ですかなどとは誰も口にしたりはしない。妻が外国人で子供が日本の小学校に通っていることを知ると、じゃあ、バイリンガルというわけだなと、みんなが英語かフランス語でいう。たぶんそれは、二言語併用という現象が、それじたいとして日本的現実ではなく、きまって漢字に訳されねば気がすまない哲学用語のように、欧米的な抽象概念でしかないからかも知れない。どんな書物をみても、二言語併用とか二重言語生活とか、いずれにせよそれが子供の日々の言語体験をさし示すにはあまりに非日常的な言葉が並んでいるばかりだ。たまたま、バイリンガルといった英語を知らない人の場合は、日本語もわかるのですかのごとき表現が口にされるのだが、奇妙なことに、フランス語もわかるのかとはあまりたずねられたためしがない。母親が外国人だと、その子が外国語を理解するのは当然だと思われているのだろうか。

だが、まあそんな話はこの際さして重要ではない。問題は、二言語併用であれ、バイリンガルであれ、あるいは日本語もであれ、とにかく母国語を二つ持って生まれたわれわれの子供の場合、必ずしも日本語とフランス語が同等の資格で共存しあっているわけではないという点である。多くの文献にもそう書かれているし、幾つかの体験談もそう証言しているように、同じインド＝ヨーロッパ語系の二国語の併用に比較して、日本語とフランス語のように系統の異なる二つの言葉を母国語として持つ人間にあっては、なかなか完全な併用には達しがたいという点であろう。われわれの場合とよく似た言語環境にあるお子さんを持たれるブロック＝サカイ夫人がある座談会で発言しておられるように、子供は確かにフランス語と日本語を母国語として話してはいるが、その併用ぶりは、「どっちも外国語じゃない」という消極的なかたちで定義されうる程度というのが実態ではないかと思う。だから、日々の生活で見たり触れたり感じたりする対象を離れ、その語彙が抽象的、科学的な用語にまで拡がりだす時期になると、知っている単語の数の不均衡がかなり顕著なものとなりはじめる。そして、その不均衡をわずかなりとも修正しうる場合が、夕食のテーブルなのである。

たとえば母親とプラネタリウムに行ってきた晩、子供は、食事の手をふっと止めて、カイオーセイはフランス語で何といったっけと父親の顔をのぞきこむ。水星から始まって土星のところまでは、太陽系の惑星の名を彼は日仏両語で憶えこんでいる。でも、カイオーセイはまだ知らない。待ってくれよ、天王星、海王星、冥王星のカイオーセイかい。子供はそうだとうなずいている。妻もまた、この機会を利用して日本語の語彙をふやそうと、夫の口から洩れるはずのフランス語を待ちうけている。ところが、父親であり夫でもある者は、子供が口にした日本語に対応するフランス語を即座に口にすることができない。思わず沈黙して記憶をさぐってみるが、それらしい語彙は何ひとつ浮かびあがってはこない。天体観測に熱中した少年時代を持っているわけではなく、また、土星より遠くにまたたく惑星など、なぜか不運で存在感が希薄な気がして、はじめからそのフランス語の名称など憶えてはいなかったのだ。すると不意に、ネプチューンじゃないのと妙に自信なさげに子供がたずねるではないか。父親は、虚をつかれていささかうろたえつつも、そうだそうだ、Neptune が海王星だ。ネプチューンというのは、海の波間に住む神さまのことだと答える。そして妻に向っては、やや遅ればせながら、カイオーセイのカイは海、la mer だ。オーは王様で le roi、セイは星で l'étoile なのだと音と訓の関係を説明する。かくして、子供がふと口にしたネプチューンの一語が、父親の名誉を救ったことになる。だが父親は、その一語を耳にする瞬間まで、知識としては知っていたローマ神話の海を支配する神のイメージを、これも知識としては心得ていたはずの惑星の遥かなまたたきと結びつけてみたことなど、一度たりともなかったのだ。なるほどそうだ。海王星は、フランス語でネプチューンいがいの何ものでもない。そういわれてみれば、あたり前の話ではないか。ネプチューンという音の響きが喚起するイメージがいったん海と結びついてしまえば、あとはもう簡単である。安堵する父親は、テンノーセイは天界をつかさどる神だからウラノス Uranus、メイオーセイは冥界をつかさどる神だから、これはプルートン Pluton。ウラノスにネプチューンにプルートン。これをまとめて憶えておきなさい。一週間の曜日の呼び名に選ばれていないというだけの理由であらかじめ記憶から排除してしまっていた惑星の名を、いかにも自然な落ちつきを装って、日仏両語で家族に説明する。もちろん、星の名前の一つ二つを知らなかったからといって、別だん不名誉な話ではあるまい。事実、子供と一緒になって辞書にあたってみることだって、ないわけではない。だが、フランス古典主義時代の悲劇作家ジャン・ラシーヌ Jean Racine の代表的な五幕韻文の戯曲『フェードル』*Phèdre* で英雄テゼ Thésée が口にする「そうだ聞け、海の魔神《ネプチューヌ》よ聞け」という十二音節の詩句をすっかりフランス語でそらんじている人間が、その海の魔神と海王星とを同じ一つの音の響きとして記憶しえなかったことが絶望的に思われ、父親はどぎまぎしたのである。息子のやつめ、ネプチューンが海王星だなどと、どんな連想から思いついたのだろう。テゼの子供のイポリートを冥界へと送りこんだ海の魔神の挿話も知らぬくせに、何だって不意に父親をあわてさせたりするのか。

だが、子供の夕食の座における好奇心は思いがけぬ無知をあばきたてることで父親をどぎまぎさせるだけとは限らない。説明はいかにも容易な語彙でありながら、とっさにはその翻訳がためらわれるような単語を話題にすることもあるのだ。たとえば、Comment dit-on en japonais, spermatozoïde? といきなりきかれたら、いったいどうするか。ファウル・チップを捕手が捕りそこねた場合、ツー・ストライク後にはノーカウントになるのはなぜかといった他愛ない質問に続いて、子供は、いかにもすがすがしい表情で、スペルマトゾイッドは日本語の何にあたるかとたずねているのだ。両親は、まるで小鳥か草花の名前のような正確さで口にされた言葉の響きに、思わず顔を見合わせる。だが、別に、困惑しきった沈黙がわれわれの唇を麻痺さしてしまったわけではない。というのも、つい最近弟が生まれたばかりの仲間の家で午後を過してきたところなので、息子が赤ん坊の話をきりだそうとしているのはすぐにわかったし、また彼はフランス語の子供向けの図解百科の「人体」篇で、男女の生殖器の違いやその発育ぶり、そして愛のしかるべき段階でかわされる性戯、さらにはその際に演ずべき精子の役割りもすでに知っているのだから、われわれは思いもかけぬ不意撃ちに戸惑ったわけではないのだ。ただ、日本語で書かれた類似の書物は、何とも詳細に人体のメカニスムを図解し説明していながら、人間の肉体が愛にふさわしくその表情を変え、異性と一つになろうとする欲望をはらみ持つという点には堅く口をとざしているので、スペルマトゾイッドなるものの存在をフランス語では自然にうけいれてしまっていた子供が、音として響く場合には日本語のセイシよりもはるかに存在感の濃い一語を、食卓で口にしたことが両親をいささかためらわせたというわけだ。これには、誰だってびっくりするに違いない。

だが学術用語めいた律儀さで分節化される一連の音声も、子供にとっては、カイオーセイ以上の興味をよびおこしたりはしない。ごく日常的な、語彙上の不均衡を修正せんとしているまでである。そこで父親は、その無邪気さを曇らせまいと一いきに言ってのける。スペルマトゾイッドか。それは、セイシだ。精子。セイはまだならっていないだろうが、シはコドモの子だ。スペルマトゾイッドは、日本語でセイシというんだ。その説明にすっかり満足したものか、子供は、フランス語の図鑑で得た知識に従ってそれがごく微細なものだと示すかのように、親指と人さし指とを開いて片目の前であわせてみせ、へーえ、セイシね、とうなずき、すぐさま話題を変えてしまう。日本史年表によると、どこどこの何さんのうちの誰は、プロコフィエフよりも二年前のメイジ二十二年生まれなのにまだ御健在だとか、ドビュッシーはブンキュウ二年生まれだとか、ほっとした母親に向って彼女が理解しえない年号を西暦に換算してみせ、もうセイシなどはどうでもいいといった按配なのだ。あとになって、あまりにあっさりしすぎてはいまいかと妻が心配になるほど、子供の興味は素早く性の領域を離れてゆく。それでは、あまりに淡白というものではないか。八歳という年齢にふさわしいこだわりが、その精神を捉えてもよかったのではないかと、妻はいぶかしげに自問自答している。もっと旺盛な好奇心を示すのが普通だと思う。ところが、うちの子はどうか。新たな生命がどんなふうに母胎に宿るかといった疑問に思いをめぐらすといった様子もみせず、スペルマトゾイッドがセイシだと聞かされただけで、すっかり安心しきっている。なにをいまさらそんな話をといった妙に解脱しきった晴れやかさで、性からメイジだのブンキュウだのの年号談義に移行してしまう。このあまりの自然さは、どこかしらある自然さの欠如と通じあっているのではないかしら。妻は、まるで自分の子供が算数のテストで悪い点でもとって帰ってきた日のように、気がかりでならない。いくらなんでも、コンプレックスが不足しすぎているというのである。

実際、性をめぐって自然であることが何なのかは、誰ひとり知るものはない。われわれも、自信をもってフランス語版の「人体図鑑」を子供に与えたわけではないのだ。だが、性などありもしない虚構だとでもいいたげに性器不在の「人体図鑑」を刊行しているこの国で、しかも電車に乗れば、性器そのものが粗雑に図解された週刊誌に読みふけっている上品そうな御婦人が隣にすわっていたりするこの時代に、セイシだのスペルマトゾイッドを何のこだわりもなく口にしてしまう少年を育てて行かねばならぬことが、妻には不安なのだ。絵本で犬と犬とが接吻しているといった些細なことで、エッチ、エッチとさわぎたてる子供たちを遠くから観察し、そのエッチなる俗語の由来を夫から聞かされる妻は、愛と性とをめぐる奇妙な日本的不均衡に何が何だかわからなくなってしまうのだ。いったい、どうして犬の接吻がヘンタイと呼ばれねばならぬのか。もちろん、子供たちは意味もわからぬままに、どこかで聞きかじった魔法めいた符牒を状況にあてはめ、エッチ、エッチとさわぎたてることが嬉しいのだろう。だが、はやり言葉特有の意味の希薄化を考慮に入れたにしろ、それが変態だとは、いくら何でもひどくはないか。しかも、セイシやスペルマトゾイッドには、何の反応も示しはしない。その不均衡を理解することが、いかにも困難だと妻はいうのである。

制度と苛立ち

いうまでもなく、こうした妻の戸惑いには充分の理由がそなわっている。それは、何もヨーロッパ人の母親の指摘をまつまでもなく、映画や文学における検閲制度の、その古色蒼然たる時代錯誤ぶりを嘲笑するだけではとてもたちうちできない堅固な性の虚構化作用の現存ぶりによって、日々実感せざるをえない事態だというべきだろう。だが、実は問題はその点にあるのではない。というのも、理由のある戸惑いは、人を混乱させ、苛立たせることはあっても、不安に陥れることはないからだ。妻が心から不安になりはじめたのは、エッチとスペルマトゾイッドをめぐる羞恥心と大胆さとの奇妙な行き違いに直面したからではない。そうではなくて、子供が寝てしまってから、はたして彼がヘンタイのヘンとタイという漢字を知っているかどうかを確かめようとして、コクゴの教科書を開いた瞬間に、妻は理由のない不安に襲われたのである。つまり、それを確かめる手だてが存在しないのだ。教科書ばかりではない。学年別に新たに習う漢字の表が売られていて、その一枚を買い求めた妻はそれを自分の部屋の壁にはりつけているのだが、そこでの漢字の配列を視線で追いながら、いかなる順序も存在していないことに気づいて、すっかり途方に暮れてしまったのである。何ですって、この表には順序ってものがまったくそなわっていないの。ないことはないだろう。たぶん、習った順序に並んでいるんだ。習った順序ですって。じゃあ、それを忘れてしまったら、始めから終りまで、全部見てみなければならないの。そういうことだ。その、そういうことが、妻にはおよそ信じられない事態なのである。それなら一体、あの無理して憶えたアイウエオとかアカサタナとかは何のためにあるのかしら。五十音順というのは、じゃあ、何のことなの。ヘンタイが anomalie（異常）だと教えてくれたあの和仏辞典の項目は、アイウエオ順に並んでいたのではなくって。あれが五十音順だとしたら、なぜ漢字の表も、それに従ってはいないのか。縦に読んでも、横に読んでも、何ら必然性のない配列をしているのは、いったい何故なのか。実際、妻にいわれるまでもなく、表の上の漢字は、ただ無秩序に、子供が習得すべき数だけ、雑然と並んでいるばかりで、そこに一つの秩序を見いだすことは不可能というほかはない。そして、この無秩序が、妻の想像を越えているのだ。理由のない不安に襲われて、彼女は苛立つ以前に改めて意気阻喪してしまう。ヘンタイだのスペルマトゾイッドをめぐる戸惑いなど、それにくらべれば不安と呼ぶには値いしない。そしてその不安を解消するためには、われわれはいま一度、日本語のおさらいをやり直さねばならぬのだ。しかも、日本語の復習は、いささかも不安の解消に役だたぬばかりか、かえって不安をつのらせることにしか貢献しない。というのも、一応は表音文字と呼ばれるアルファベットで音声を綴字に写しとるヨーロッパ的言語観からすれば、漢字は、あくまで無秩序という秩序しか体現していないと思われるからだ。

まず、日本語にあっての漢字は、それ自体としては単語ではない。それは、音であり、意味である。音の側面は、確かに五十音順に配列しうるし、また意味の部分も、それなりに五十音に配列することができる。つまり、ヘンタイのヘンは、ヘンでありまたカワルでもあるわけだ。だが、ヘンでもあり同時にカワルでもある記号を、どう秩序づけるのか。さらに子供たちは、音と意味、つまり訓とを同時に習うのではなく、ある漢字は音を、ある漢字は意味を習うのだから、それを五十音順に並べることは何の意味もない。というより、むしろ混乱を招くばかりだ。たとえば、いわゆる国語辞典のたぐいは、音と訓とをすべて網羅している。つまり、単語が、音訓の読み方の別を考慮することなく、無秩序に、五十音順に並んでいるにすぎず、だから、同じ一つの漢字を含む単語が、いたるところにちらばっているわけだ。これは、漢字で書かれた人の名前を五十音順に並べたときに起る奇妙な現象を思い起してみればすぐに納得できる。同じ「井」の字で始まりながら「井上」と「井村」とは、「猪俣」や「伊吹」や「今井」によってへだてられ、決して並ぶことがないのである。表記法としての漢字は、いかなる論理的順序にも従ってはいない。つまり音声的秩序を救おうとするなら、意味の統一は放棄せねばならない。意味による秩序を救おうとすれば、音声的秩序は逆に放棄される。そのとき、漢字を秩序づける唯一のものは、その形態的な側面にすぎない。つまり、画とか部とかの、漢和辞典的な配列があるばかりなのだ。ただし、これは小学校の低学年では教えられていないし、また、外国人にはとても理解しがたい筆の動きが漢字の形態的要素を構成している。と、まあ、日本人にとってならごく当り前の事態を説明してゆくうちに、妻の不安は絶頂に達する。何ですって、漢字の配列を形態によって秩序づけるのですって。まさか。あの複雑な線だの、点だのが、本当にそんな秩序を構成しうるのか。そんな秩序は、自分にとっては無秩序と何の違いもありはしないと妻は嘆息する。夫もまた、語れば語るほど、妻の表音文字的な思想の堅固さに絶望的なものを感じはじめる。要するに、ヨーロッパ人にとっては、言葉とは何よりもまず声であり、音声であって、アルファベットと呼ばれる文字は、その音声を視覚化する一つの道具でしかないのだ。そしてあらゆる単語は、綴字の代行する音声的秩序に従ってどんな場合も正当な配列法を保証されている。人間の声帯が同時に二つの音を発することが不可能で、そのつど決って一つの音しか発しえず、だからその直線的な音声のつらなりを、それに応じた文字のつらなりによって綴ることで成立する表音文字的思考が、記号としての漢字が潜在的に担う複数の音の可能性を前にして戸惑うのは当然のことであろう。そして、そうした思考に馴れ親しんだものたちが、言葉を音声としてしか捉ええないというのも、理解できぬではない。しかし、彼らが、言葉の秩序とは、音声の秩序だとのみ考えることは、決して正しくはない。事実、われわれは、むしろそうした秩序を抽象的にしか受けいれてはいないのだ。というより、順序という発想そのものが、唯一無二の正統性を持つとは信じえない世界に住まっている。妻の不安は、そのような無秩序が、なお世界として機能している事実を前にして、はじめて不安である自分を意識したというべきかも知れない。実際、ブンキュウ何年とメイジ十何年の場合だって、それぞれの元号を知っていない限り、どちらが歴史的にいってわれわれの時代に近いのか彼女にはまったくわかりはしない。ところが子供にとっては、ブンキュウがメイジより前なのはいまや絶対的な事実となってしまっている。それが西暦に馴れ親しんだものにとっては、途方もない無秩序だと思われるのだが、しかし妻を不安がらせているのは、その点にあるのではない。数字の序列からすれば機械的に前後関係が明らかになるはずの歴史の流れが、ブンキュウだのメイジだのと呼びながらもそこに間違いなく定着されているかにみえる事態を前に、妻は改めておののいているのである。

ヘンタイの変が、文字としてはカイオーセイの海、セイシの子とのあいだに序列的秩序を構成しはしないということ。つまり、音としての側面からアイウエオ順に並べてみても、それは漢字としての本質的な秩序とはなりえていないこと。そしてアルファベット的表音文字の思考からすれば不条理と思われるその事実が、実に不条理でも何でもなく、かえってまぎれもない現実として生きられているということ。それは、ある種の日本人たちによって、しかるべき時代に、日本的思考の不合理性のあらわれとして繰り返し批判され、表音的秩序の優位とそれへの従属が語られてもきたものだ。だが、それはいまだに圧倒的な現実として生きられ、無秩序とは異なるある秩序におさまりかえっている。そしてその秩序とは、いつの世にもあとをたたない復古論者が口にする日本の伝統などとは無縁の、あるいはその水準を遥かに超えた、しかしこれまで人類が思考することを無意識のうちにこばんできた言葉そのものの生命ともいうべきものにほかならない。それは、ながらく表音文字だと信じ込まれていたアルファベットが、実はそれぞれの音素といささかも正確に対応しあってもいない綴字法によって支えられた体系にすぎぬという点に、ようやく西欧が気づきはじめている事実との関係で論じらるべき、きわめて今日的な現象なのである。いささか粗雑に図式化してしまえば、ヨーロッパ的な知がみずからの思考そのものが、声による文字の抑圧が捏造した一つの「制度」にすぎなかったという事実に意識的となるまで、ギリシャ時代から西暦二十世紀までの時間を必要としていたということになるだろう。

では、彼らは、綴字の音声への従属という、普遍的でも何でもない思考を、いったいなぜ、唯一の思考形式だなどと信じてしまったのか。その錯覚を正当化すべく捏造されたもろもろの制度、それは神学であろうし、形而上学であろうし、また民主主義でもあろうし、サイバネティックスでもあろうが、そうして自分自身の顔を化粧していった西欧なるものが、いま、その化粧法のメカニスムに含まれる制度的な側面に苛立ちはじめたのである。いわゆる西欧の没落などといった文脈とは異質の領野に展開されるその苛立ちを介して、われわれは、漢字と呼ばれる不条理な現象があたりに波及させうる刺激の磁場を、政治的＝文化的にとらえなおしてみなければならない。その際、あの退屈な日本的精神主義者には、彼らが多かれ少なかれ身にまとっている西欧的思考の制度的抑圧構造への盲信ぶり故に、しばし黙ってもらうほかはない。

皇太后の睾丸

ミシブチンの記憶

どうしてこんなものが現代の日本文学に生まれてしまうのか、わかるといえば妙にわかるような気もするし、またわからないとなるともう徹頭徹尾わからない途方もない作品の一つに『欣求浄土』（講談社）と題された短篇連作があるが、そこにおさめられた「土中の庭」の中で、作者の藤枝静男氏は、昭憲皇太后と睾丸との奇妙な結びつきから語りはじめている。

「金剛石も磨かずば／珠の光は添わざらん」の二行を冒頭に持つ御歌を小学校時代に女の先生から習って、地久節の日に合唱していたという記憶が語られているから、話は大正の一時期にさかのぼるのだが、作者とほとんど等身大の主人公である章は、「珠の光は……」の「たま」を「金玉のことであると一人合点で思いこんでいた」。そこである日、少年章は「父ちゃん、なぜ女が金玉を磨くだかえ」と訊ね、父親から「なによ馬鹿を言うだ」とさとされる。「しかし後々まで、不合理とは知りながらも、章の脳裡には、裾の長い洋服に鍔広の帽子をかぶった皇太后陛下が、どこかで熱心に睾丸を磨いている光景が残った」と作者は続ける。「今でもこの歌を思い出すたびに（ごく微かにではあるが）同じ映像の頭に浮かぶことを防ぎ得ないのである」。

この「どこかで」がどこであるのか、また「熱心に睾丸を磨く」というその磨きかたがどんなものであるのか、たとえば人目を避けて孤独にたった一つの睾丸を金属のやすりにでもかけているのか、それとも紫の絹の衣で荘重な儀式ばった身振りで衆人注視の壇上ででも磨いているかは作者とて知りえまいが、とにかくその荒唐無稽なイメージは、ある鮮やかさをもって読者に共有される。「ごく微かにではあるが」という留保が、この映像の途方もない現実感を助長している。「こういうことを書いて何を言おうとするわけでもない」とぶっきら棒に結ぶ藤枝氏は、やはり同じ年齢のころの自分が、父親から「蒙求」と「孝経」の素読の手引きをうけたときの記憶を続けて記している。「ときおり父が『子曰ク』という個所を煙管の雁首で押さえながら『師の玉あ食う』と発音してみせて、厭気のさしかかった章を慰めるようなふうをしたことを、無限の懐しさで思い起こすことができる。多分、父はかつての貧しい書生生活のなかで、ある日そういう読みかたを心に考えつき、それによって僅かながらでもゆとりと反抗の慰めを得たのであったろう。そしてその形骸を幼い章に伝えたのであろうと想像するのである」。

藤枝文学においてその父親のイメージがまとっている鮮烈な抒情、そして愛と呼ぶにはあまりに寡黙なその言動につつまれて藤枝少年が過した大正期の東海地方の風景といったものの美しさについては、すでに度々書く機会を持ったので、もう繰り返すにはおよばない。『藤枝静男著作集』も刊行され始めたので、まさに「毅」の一語がこの作者のために存在しているとしか思えない文章に、じかに触れていただくことにする。と、ここまで書いてきた瞬間、机上の電話が鳴って、受話器のむこう側から、遂に藤枝さんに確定しましたというはずんだ声が鼓膜をふるわせる。本年度の谷崎潤一郎賞が、藤枝静男氏に決定したというニュースを、親しい編集者の安原顯氏が知らせてくれたのである。われわれは、こんなとき誰もが口にする祝福の言葉をかわしあってたがいの喜びを確認しあうのだが、しかしその喜びには、どこかがっかりしたような調子がただよっている。すでにその名声が高まっているとはいえ、これを機に、あれほど絶版が続いて読むのがむずかしかった藤枝文学が、とうとう読者の前にいかにもたやすく投げだされてしまうことを、二人してそれと口にはせずに惜しんでいるようだ。

そうか、藤枝氏が谷崎賞を受賞されることになったのか。まるで年甲斐もない恋文のような藤枝静男論を発表したばかりのころ、安原氏の後について行って一度だけお逢いしたことのある藤枝氏に心からの祝福をささげながらも、これでは何かでき、す、ぎ、ているような気がする。この一文を『欣求浄土』の「土中の庭」の冒頭の挿話から始めたものの、残りがどんなふうに書きつがれ、どんなふうに書き終るのか、不意にわからなくなってしまう。藤枝氏にならって、「こういうことを書いて何を言おうとするわけでもない」と書き記し、しかしいつとはなしに一篇がいかにも「毅」の字にふさわしく書きつがれてゆく言葉を絶ち切るといった芸当はどうもできそうにない。いったい、どうすればよいか。

　とりあえず、昭憲皇太后の睾丸にたちもどらねばならぬ。そう、この光景は、その不条理なとりあわせにもかかわらず、あるいはむしろそれ故に、読む意識をある途方もない懐しさの領域へと引きずってゆく。それは、われわれ一人ひとりにとって、言葉が言葉たり始めようとする一時期の、曖昧な薄暗がりといった世界である。その薄暗がりがほぼ何歳で始まり、いつごろまで続くものかはわからない。だが、大人たちが頭の上で交わしあっている言葉の中に、自分の知っている単語のほうが増えていって、ときに二つか三つ、意味のわからない言葉が謎のように挿入されるといったその時期にあっては、誰もが「金剛石も磨かずば」の歌に似た一人合点の勘違いの体験を持っているはずだ。そして、後にその誤りが正されてからも、当初の勘違いが「ごく微かにではあるが」生き伸びたりするものだ。たとえばその後に獲得しえた漢字の知識によって「シャベルで掘る人／鶴嘴で掘る人／道普請の工夫さん／一生懸命働く」と再現しうる奇妙な歌を戦時下の幼稚園で声をはりあげて何度もおさらいをしていた少年にとって、銃後のまもりを強調するものであったのだろう「道普請《みちぶしん》の工夫さん」の一行は、セーヨーケンとかマツモトローとかに類する西洋料理屋の一つミシブチンで働くコックさん以外のものでありえようはずもなかった。それだから、白く長いとんがり帽子を頭の上で揺さぶりながら甲斐甲斐しく働く何人ものコックたちが、シャベルやツルハシで何やら大きな鍋をかきまわしている光景が、今日に至るも心のかたすみにごく曖昧ながらも消えずに残っている。そしてその少年は、それからほぼ二十年後、日米安全保障条約の発効した日本を離れた異国の地で、そのミシブチンのコックさんたちに出逢って感動に身をふるわせるのだ。それは、パリの大学食堂と呼ばれる雑然たる空間でのできごとである。三年という歳月を昼夜きまってそこで食事をすることになった二十年後の少年は、時折り扉の向う側にちらちらとのぞく巨大な調理室の、その巨大な鍋のまわりを行きかう白い装束の男たちの姿こそ、ミシブチンのコックにほかならないと実感したのだ。だから、すでにかなりの年の青年になっていた日本人の少年は、フランスの首府に幾つもあるたがいに似かよった薄暗い空間で、千篇一律の単調な献立をゆっくり咀嚼しながら、ミシブチンの歌の旋律を幾度となく反芻していたものだ。

藤枝氏にならって「次手《ついで》に言うと」、このミシブチンの少年の頭脳は、ゾケサなるもののイメージをもありありと思い描くことができる。「明けてぞ今朝は／別れ行く」という『蛍の光』の最後の一行に含まれる強意の助詞「ぞ」の用法を理解しえなかった少年は、なぜか佐渡のような島の顔をした「ゾケサ」という植物めいた動物が、何頭も何頭も、朝日に向ってぞろぞろと二手に別れて遠ざかってゆく光景を、卒業式の妙に湿った雰囲気の中で想像せずにはいられないのだ。ゾケサたちは、たぶん彼ら自身も知らない深い理由に衝き動かされて、黙々と親しい仲間を捨てて別の世界へと旅立ってゆくのだろう。生きてゆくということは、ことによると、こうした理不尽な別れを寡黙に耐えることなのだろうか、可哀そうなゾケサたちよ。

シノチミヨと制度

昭憲皇太后が睾丸を磨くはずがないように、ミシブチンのコックがシャベルやツルハシで料理の味つけをしたりはしない。誰も孔子の金玉を喰うものがいないように、ゾケサの運命を嘆いたりするのもありえないことである。だがわれわれは、言葉が自分にとってどうやら言葉の輪郭におさまるかおさまらないかといった曖昧な一時期の、この妙になまあたたかい世界の表情をそう簡単には放棄できずにいる。その薄暗さの中で起った言語体験は明らかに一つの錯誤であり、成熟した大人の言語体験の前には愚にもつかない勘違いとして笑いとばされるべきものではあろう。しかしそのときかたちづくられた諸々のイメージは、いかに歪曲され畸型化されたものであろうと、あるいはそうしたものであるが故に、「ごく微かではあるが」生き延びながら、その後の言語体験を何らかのかたちで操作している。つまり、この曖昧な薄暗さと比喩的に語ってきた言葉の幼年期は、実は曖昧でも薄暗くもなく、それじたいとしては鮮明に体験されているのである。また、それが途方もない懐しさとして想起されるとしたら、それは、昭憲皇太后やミシブチンのコックたちがもはや回復しえぬ距離の彼方へと姿を消しているからではなく、まさにまぎれもない現在として、日々の体験と境を接して揺れているからではないか。

だが、藤枝静男氏の『欣求浄土』におさめられた一篇の玉や皐丸の挿話をここで持ちだしたのは、この種の幼年期の勘違いを特権化して、それこそ詩の源泉だ、文学の核心だなどと言いはりたいからではない。また、正常な知識の獲得によって誤謬として打捨てることの可能なこうした体験に固執する姿勢を、理性の圧政に猛々しく反抗する非理性＝狂気の誇り高い勝利として、顕揚しようとするのでもない。そうではなく、むしろわれわれの日々の言語体験は、知識と無知、正確さと誤謬、理性と非理性、正常と狂気といった、ただもううんざりするほかはない二元論そのものを遥かに超えた豊かな混沌としてあるはずなのに、あたかも、それが知識による無知の充塡、正確さによる誤謬の修正の場であるかに事態が進行してしまった点を指摘すべく、昭憲皇太后の皐丸やミシブチンのコックの懐しさに言及しているのだ。懐しさとは、幼時体験のみに許された特権ではない。誰もが、いまこの瞬間、懐しさに囲繞されて暮しているのだ。だが多くの人は、その懐しさの日々の更新をなぜか自分にふさわしからぬ仕草として無意識にふり払おうと躍起になる。この世界で、いまこうしている瞬間にとび交っている言葉という言葉に向って自分を旺盛におしひろげてみるなら、誰もがきまって昭憲皇太后の皐丸やミシブチンのコックに出逢うはずである。たとえば日本語の知識が充分でない妻は、たまたまテレヴィジョンの歌謡番組の一つで耳にしたシノチミヨなる不可解な一語の前でうろたえ、動詞なのか名詞なのかすら判別できず、文章か単語かの区別すら明瞭でないその音のつらなりに向けて、あれこれ想像力を飛翔させてみる。シノチミヨとは何か。もちろん、夫にもその判別を依頼する。ほら、人生の不幸はすべて自分が引きうけよう、みだりに絶望はしまいが、この世には絶望が確かに存在する。その事実を感情を殺して歌ってみせましょうといった女歌手がいるでしょう。それが歌っている曲の最後で口にされるのがシノチミヨなのよ。シノチミヨ。歌詞の残りの部分はおおむねわかる。ところが最後のシノチミヨだけはさっぱりわからない。何か北の方の港の名前とか、ちっとも自分の方を振り向いてくれない男への、あきらめのこもった怨みの言葉ではないかと妻はいう。夫は、たとえば「死の君よ」、「血の道よ」といった可能性を示唆してみるが、妻は納得しない。ちがうちがうそんな散文的な呼びかけではなく、もっとうちにこもった感情か、もっと広い世界の暗い表情のはずだと彼女はいう。「いのち見よ」とも違う。「血の染みよ」でもない。となると何のことかわからない。実際に聞いてみようとしても、今度は不思議とその歌手が登場しない。たまたま彼女が歌っているというので、妻の部屋まで駆けていって耳をこらすと、これは確かにシノチミヨいがいの何ものでもない。日本人である夫にとっても、それはまさしくシノチミヨと響くのだ。そんな奇怪なことがあってもいいものか。以後、われわれ夫婦のあいだでは、シノチミヨが一つの特権的な符牒となった。わけのわからない話を聞いたりすると、ああ、これはまたみごとなシノチミヨではないかとささやきあって笑うのだ。そしてそのとき二人の頭脳には、それを歌った女歌手の表情が、まるで、この音のつらなりを表記する漢字か何かのように浮んでくるのである。のちに、それが歌の題『命火』を含んだ「いのちびよ」という一句であると知れてからもこの歌手の顔は、われわれにとっては一つの表意文字であり続けたのだ。

たとえばあなたは、いまこの書物の言葉を読みつつあるそのときに、地球上で発されつつある声という声、書かれつつある文字という文字を聞きそして読む感覚をそなえていたとしたら、そしてそうした声か文字の任意の一つを選択しえたとするなら、たちどころに幼児の暗がりにまどろむ意識となりはてるだろう。世界には、無数のミシブチンやシノチミヨが充溢しているのだ。だがあなたは、たまたま日本人であったという理由で、日本語の世界の中に自分自身を保護しようとする。それがあなたにとっての自然だと思い、安心してこの日本語のつらなりを読み続けようとする。あるいはいい加減うんざりしてこの書物を放りだしてもいいわけだが、いずれにせよ、この同じ瞬間に、自分を日本人だとは思ってもいない人間たちが、かなり限られた領域のことではあっても日本語を話し、かつ読みつつあることを、日本人だと思っている人間が日本語とは似ても似つかぬあまたの日本語を話し、かつ読みつつあるという事実と同様にやがては修正さるべき束の間の逸脱だとあなたは思いがちなのだ。あなたは、日本人が日本語を読み、かつ話すという事実を自然だと信じ込み、それとは意識されずに選択された不自然とは認めないに違いない。たしかに蓋然性という点からすれば、いま、大部分の日本人が日本語で話し、かつ読んでいることに間違いなかろうが、そうでない残りの部分、つまり日本人でありながらも日本語を話さず、読んでもいない人たちや、逆に日本人でないにもかかわらず日本語で話し、読んでいる人たちは、決して不自然さの中に仮りに身を置いているわけではない。余儀なくそうしているのであれ、あるいは自分から進んでそうしているのであれ、その理由はともかくとして、割合からいえば確かに少数者であるに違いないこの残りの部分の存在を無視したばあい、二十世紀の地球はたちどころに地球として機能しなくなるはずであり、その意味で、それは不自然とはほど遠い一つの現実にほかなるまい。だから、いま、この日本語のつらなりを日本人として読んでいるあなたは、決して自然さに保護されているわけではなく、選ばれた不自然を自然であるかに思いこんでいるに過ぎない。選択された不自然を自然だと信ずることへの確信を、ここではとりあえず「制度」と呼んでみたいが、この「制度」が、懐しさの訪れようもない世界へと人びとを閉じこめてしまうことはいうまでもない。「制度」は、それ自体として余白も陥没点も持たない充足しきった空間である。無知のまわりには、知識へと向う強烈な磁力が働いている。誤謬の前には正確さが立ちはだかって正確さへの道を告げる。理性は、非理性を訓育する。正常は狂気を哀れに思う。しかも、こうした二元論をどこまでも堅持すべく、ときに狂気の祭典、非理性の反乱、誤謬の顕揚、無知への郷愁といった儀式をすら「制度」は計画し現実に演出したりもする。そして、いたるところで懐しさの可能性が絶たれてゆくのだ。懐しさとは、知識でも無知でもなく、正確さでも誤謬でもなく、理性と非理性、正常と狂気といった差異そのものを無効にする徹底した曖昧さにほかならぬからだ。そして、そこでは何ものも決定的には選ばれずまた排除されることもない懐しさの世界にあっては、昭憲皇太后の睾丸もミシブチンのコックも、それじたいとして一つの現実なのである。すでに述べたごとく、それが懐しいのは、そうした現実が幼年期の言語体験に特有のあの失われた時に属するからではなく、それが、いまこの瞬間にわれわれのまわりに氾濫していながら、そこから視線をそらすことを一つの自然として選択してしまっているが故に、懐しいのだ。懐しさとは、欠落を惜しむ心の湿りけではない。それは、まごうかたなき現実としてありながら、その現実を触知する術を奪われたものの無力感にほかならない。

志賀直哉の自由

ところで日本を遠く離れて暮す日本人が、その越えがたい距離の意識ゆえに日本を懐しく思い、日本語が自分にとってかけがえのない何ものかであると信ずるに至るといった事態がいかにも胡散臭いのは、一時的に奪われた状態にすぎない欠落を一つの絶対的な選択であるかに錯覚しているからだ。外国から日本を見直す、あるいは国際的視点からの日本の再評価といったしばしば口にされる言葉が白々しいのは、捏造された欠落への湿った郷愁のみにその発想の源を得ているからである。一時的にせよ自分が馴れ親しんだ環境から離れて暮すことのはがゆさ、苛立たしさ、頼りなさといったものをやがては克服すべき錯誤の時間としかうけとめず、それがいかにいかがわしいものではあれ、いかがわしいなりに自分の生きるべき現実とは見做すまいという視点に立脚するこの種の日本再発見の試みは、かつては日本で正しく美しい日本語が話され、書かれていたと理由もなく信じ込み、今日の日本語が乱れたの無茶苦茶になったのといって顔をしかめてみせる連中と同様に、懐しさを距離の彼方のみに捏造し、懐しさを「ごく微かではあるが」日々更新することの中に確かめられる言語体験から目をそむけてしまう。もちろん、時代とともに目まぐるしく表情を変える言葉のその誇らしげな先端に絶えず波長をあわせておけというのではない。言葉が好んで埋没するいかにも安易な流行の渦に即応することで、懐しさの更新が可能となるのではない。そうではなく、あらゆる時代がまといもしよう妙に晴れがましい言葉たちのまばゆい衣裳の底に、決してその限界を人目にさらしもしなければその核心へと人を誘うこともない言葉の不気味なうねりをさぐりあてる作業をおこたり、そこに正しさと誤りのみを指摘することしか知らぬ「制度」的な思考には、懐しさの日々の更新が禁じられているということなのだ。欠落があったらそれを充塡せねば気がすまず、是が非でも無知を知識で置き換える身振りが言葉に親しむことだと信じている連中は、昭憲皇太后の睾丸をありえない現実として否定せずにはおかぬだろう。彼らは、言語の習得を、徐々に無知の領域を離れて知識の秩序に近づいてゆく過渡的な過程としか見做さず、誤謬を追放した正確さの保証する世界に身を落ちつけることが成熟だなどと信じ切っている。だが、言葉の限界もまたその核心とやらも誰ひとり目にしたものはないのだから、そんな成熟が一つの抽象でしかないことはいうまでもない。しかし、その抽象という名の不自然を自然と思いこむ「制度」的思考の力は、何ともしぶとくあたりにはびこり続けているのだ。

たとえばここに、日本語なるものをめぐって書かれた二冊の書物がある。丸谷才一氏の『日本語のために』と、鈴木孝夫氏の『閉された言語・日本語の世界』がそれである。だが、いま改めてこの二冊の著作を問題にするとしたら、それは、いわゆる日本語論的風潮なるものの時ならぬ隆盛がこの二冊に端を発しているからではない。それなりの評価に値いする小説家と言語学者の手になるものであるだけに、この二つの著作には傾聴すべき幾つかの創見がちりばめられている。が、共感すべき点も多々あるし、また反論せずにはいられない部分をも含むという意味でならごくありきたりなあれやこれやの書物に類似したどちらかといえば興味深い二冊の書物にすぎないだろう。だが、いま改めてこの二冊に言及せずにはいられないのは、丸谷氏と鈴木氏とが、ある決定的な一点で、懐しさに背を向ける姿勢を共有しているからにほかならない。そしてその決定的な一点とは、昭和二十一年四月号の雑誌『改造』に発表された、志賀直哉のいわゆる日本語放棄論をめぐる姿勢である。志賀直哉の議論じたいは有名なもので、ここで改めて要約するまでもないと思うが、「四十年近い自身の文筆生活で」痛感されたという日本語の「不完全」と「不便」から解放され、戦争のない文化国家として発展するためにも、「文化の進んだ国」の言葉であるフランス語を国語として採用すべきではなかろうかという提案がそれである。この戦争直後の志賀の言葉をめぐって、丸谷氏は「無茶苦茶な議論で、馬鹿につける薬はないとどなりつけたくなる」といい、鈴木氏は「真面目に扱う必要のある、近代の日本人の国語観を典型的に示した重要な論文」と見做してはいるが、両氏はいずれにせよ志賀の見解を全面的に否定するという共通点を持っているのだ。丸谷氏は、志賀の文章に力がなく、それは無知に安住した「無責任な態度」で書かれているからだといい、鈴木氏は、論理的脈絡が曖昧で、いたるところに表現主体の位置をぼかしてしまう表現がみとめられるといい、要するに、こうした発想と思考では、かりにフランス語で書いたにしても、「ろくな文章はできるはずがない」（丸谷氏）し「あいまいで支離滅裂な主張になることを私は疑わない」（鈴木氏）と述べられている。つまり、丸谷氏と鈴木氏とは、ほとんど同じ理由で、志賀の主張は誤っており、論理の一貫性を欠いていて、それ故に正しく美しい日本語とはなりえていないというのだ。

たしかに、志賀直哉のフランス語国語論は、ある信じがたい言葉からなっている。そこ美しいフランス語といった神話がいかには無知が醜く露呈し、論理は脈絡を欠いている。美しい、、、、、フランス語といった神話がいかに政治的に捏造されたものかという点は、すでにここでも触れてきたはずだ。もちろんわれわれは、志賀直哉とともにフランス語を国語として採用すべしなどとは間違ってもいいはしない。だがこの志賀の言葉たちは、間違ってはいないと思う。日本が志賀直哉の提案に従わずフランス語を採用しなかったという点ではたしかに間違ってはいようが、この志賀直哉の主張は、ほとんど荒唐無稽で論理からも知識からも途方もなく逸脱しているのだ。『暗夜行路』の著者が「フランス語」についていだいているイメージは、ミシブチンのように、ゾケサのように、シノチミヨのように、ありえないものへの不条理な夢の光景にほかならない。そしてその不条理な夢の光景を、言葉で生き言葉で死ぬわれわれは、まごうことなき現実としてうけいれてしまう。だからそれは、正しさと誤りとを超えて、絶対的に間違ってもいなければ正しくもないのだ。欠けていた知識を補ってやった程度では、とても修正しえぬ逸脱ぶりなのである。たとえば、戦後の同じ一時期に書かれた桑原武夫氏の、「俳句第二芸術論」といった展望が持っている計測可能な間違いと比較してみた場合にその逸脱ぶりはいっそう明らかになってくるだろう。桑原氏は、「制度」的な知識の配合を誤ったのである。志賀の場合は、「制度」を超えた地点で宙を迷っているのである。それは、言葉が言葉たりはじめようとする薄明の一時期で幼児が捉えられる現実としての夢に似て、輪郭を欠きながらも鮮明な体験というべきものだ。志賀が、文化的に高度だと信ずるフランス語を国語として夢想することは、実はほとんど何も夢想していないのと同じことである。ただ、そこから逃れえないことを実践によって知っているだけに、「制度」としての「日本語」と「国家」としての「日本」とに対する苛立ちに捉えられ、その「制度」が「制度」として機能しえない理想境を「フランス語」として思い描いてみたまでのことだ。それは、できればこうありたいと願う理想的境地へと漸進的に接近せんとする夢ではなく、ある絶対的な自由への性急な夢にほかならない。幼児期の夢というより、むしろ動物の意識を思わせる暗さと明るさの共存がそこにはみなぎっている。日本語であろうとフランス語であろうと、言葉とは、存在にとって必要不可欠であると同時に、それがあってしまうことをどうしても認めたくない何物かとして絶えず存在をおびやかしにかかる邪悪なる環境でもあるのだ。人は、話し、書き、読むことによって死ぬ。その事実をあっさり虚構化し、正しく美しい日本語を夢みて暮すことの抽象を前にした場合、志賀直哉の荒唐無稽ぶりは圧倒的な現実感を帯びてくる。それは、昭憲皇太后の睾丸のように、知識と無知、論理と非論理とをたちどころに崩壊せしめてしまう。飽きたからでも、厭けがさしたからでも、不便だと思うからでもなくそれを無上に快適な環境として住みついているが故に、あるとき「日本語」ならざるもののさなかで目覚めてみたいと思う書く人の夢。そうした夢への無感覚な魂は、「制度」にしがみつくことしか知らない。志賀の支離滅裂は、事実、その無知と論理的脈絡の欠如とによって、丸谷氏や鈴木氏といった批判者を

「日本語」と呼ばれる「制度」に閉じこめ、みずからは限界も核心も人目には触れぬ言葉のうねりのただなかにはればれと蘇生する。その時、志賀は、途方もない懐しさと距離なしに接し合っているのだ。この懐しさを欠いたあらゆる「日本語論」は、抽象的な知的饒舌として、あらかじめ崩壊すべき宿命をかかえこんでいる。

仕掛けのない手品

指の動きの謎

あれはいったいどういうおまじないなのかしらと、あまりに仕掛けが単純なのでかえってどこにどんなタネが隠されているのかわからなくなってしまう手品を前にしたときのように、なかば途方に暮れ、なかばだまされることの快感に浸りながら妻が怪訝な面持ちで首をかしげたのは、彼女が外人教師として出講しているある国立の女子大学が、翌週から夏休みに入るという最後の授業があった日の夕食後のことだ。かねてつきあいのある日本人の女性の何人かから、その学校の生徒たちはみんな度の強い眼鏡をかけ、おかっぱの髪をふり乱して勉強するユーモアのセンスを欠いた真面目な女子学生ばかりだと聞かされ、いささか恐れをなして出かけて行った教室の雰囲気があらゆる予言に反して実に明るく、誰もが近代的センスにあふれたお洒落をさりげなく実践する聡明な学生であることにすっかり感激し、能の舞台は退屈なものですとか、オサシミは気味が悪いでしょうとか、歌謡曲は低俗だからお勧めできませんといった、あらかじめ事態の否定的な側面を強調することからはじめる日本人の消極的ディスクールにまたもや裏切られてしまったと述懐しながらも、その否定的な側面の強調が約束する幸福な驚きを享受しえたことで、妻はまたしても東京での生活のリズムの恒常性を確認したわけだ。要するに、粗茶とか粗品とか、つまらぬもんですがとかいった言い廻しが許す期待の増大ぶりを改めて確信するに至ったと妻はいうのだが、タネも仕掛けもありませんという手品の話は、粗茶や粗品のレトリックとは直接の関係を持っていない。それに、国立の女子大学というイメージは、今日の日本人においてさえ二十年は昔のものがそのまま生き延びていて、それすらが当時の現実とはかけ違ったものであったろうから、度の強い眼鏡だのおかっぱ髪だのは無知が捏造する神話にすぎず、日本的否定のレトリックとはほんらい無縁のものであったかも知れない。が、とにかく妻は、あらかじめ思い描いた消極的なイメージのおかげで、何とも快い一学期をその学校で過しえたわけだ。そして、休暇直前の最後の会話の授業を、その明るくて聡明な学生たちにちょっとしたゲームを演じさせることでしめくくったのだという。手品が妻を驚かせたのは、そのゲームの最中である。

ゲームというのは、これまた単純なものである。クラスを半分にわけ、学生たちに二列に並んでもらう。そして両方の列のはしの二人に一つの文章を示す。声をたてずに読んだその文章を、二人は別々に次の人の耳もとでささやく。それを次から次へと伝えて行って、最後の人が改めて紙に書き移す。そこにどんな歪曲と捏造と記憶違いと誤解とがまぎれこんでいるかを原文と対照しながら勝敗を決する。こんな誰もが知っているだろう遊戯を、妻は一つのフランス語の文章を使ってやってみたわけだ。文意の理解と、聴きとりの能力と、発音の正確さとがそれでためされる。結果は決して悪いものではなかったと妻はいう。だが、そのとき彼女は奇妙な発見をした。耳もとでささやかれた文句を次に伝えようとする時、ふと記憶が曖昧になったり自信を失ったりすると、多くの学生が目をつむって、右手の人さし指を膝の上で動かしている。それが、一人や二人じゃあない。なかには、宙に何やら模様でも描くように、右手をふるわしている人もいる。あれはいったい何なのかしら。しかも彼女たちは、その手品のような指の動きによって何かを確信しえたといった具合に、急に晴れやかな表情になって停滞していた言葉の伝達を不意に活発にする。そこには、一つのリズムが刻まれている。あれは、いったい何なのかあなたには理解できて。妻は、一瞬、自分には理解できない秘密の指話法のような記号体系をみんなが共有していて、すべては指の動きによって伝わり、隣の人の耳もとに唇を寄せる仕草が、単なる体面をとりつくろう儀式ではないかと思ったほどだという。あの指の動きはいったい何なのか。さあ、この手品のタネを解いて頂戴。

妻の怪訝そうな表情がタネ明しへの期待に無邪気にほころぼうとするのを目にしたとき、これに似た瞬間を自分は何度か体験したはずだという意識が、不意に十年前のパリの大学都市の部屋の光景をよみがえらせる。そう、あそこでもこれに似た体験が生きられたはずだ。何度もその部屋に遊びに来ていたフランス人の仲間の一人が、8ミリ映画を投影するために殺風景な壁にはっておいた一枚の画用紙にそれとなく視線をおくりながら、ある日、いかにも自分の無知を恥じるといったおずおずとした調子で、もしよかったら、あの白い長方形の装飾品の宗教的な意義を説明してくれと申しでたものだ。それはたとえば、きみの家族の信仰を象徴するとか、ある世界観への確信とかいったものではなかろうか、と口にしながら、何とかこちらの説明をあらかじめ方向づけようとする相手の自信なさそうな態度に接すると、手品のタネをあかすのがあまりに残酷な仕打ちと思われたほどだ。こちらはといえば、突然の奇想天外な想像力の戯れに引きこまれ、しかもそこに描きだされるイメージのあまりの貧しさに呆然とするほかはなかったのだ。なるほどそのごく他愛もない画用紙は、そこに映写されるイメージの輪郭を鮮明に仕切る目的で、黒いゴムテープによって周囲を縁どられており、死とか虚無とかのイメージをよびさまさぬでもない。しかしそれにしてはあまりに儀式性に欠け、あらゆる審美趣味を否定しきった他愛なさが露呈してはいまいか。だから、壁にうがたれた長方型の余白の形而下的意味を遠まわしに説明しながら、その直前まで二人の間に交わされていた適度に知的な会話のいっさいが、むなしい言葉の廃墟へと崩れ落ちてゆくのをどうすることもできなかったと記憶している。たった一枚の画用紙が、「禅」の国から来た男の部屋の壁にはられていたというだけのことで、このフランス人にとってそれが捉えがたい謎へと変容してしまったかと思うと、東西文化の知的交流などといった代物はどだい怪物じみた畸型の絵図へとおさまるほかはあるまいが、まあそれはそれとして、世の中には泣くことも笑うことも禁じられた悲喜劇が間違いなく存在するという確信を持ちえたことは、あるいは貴重な体験であったかもしれない。

不可視の黒板

妻が国立の女子大学の教室で立ち合うことになった手品のタネが、これに類するごく他愛もないものであったのはいうまでもない。そこには、文字通りタネも仕掛けもなかったわけだ。おそらく、日本人は手さきが器用だといった神話の無意識的記憶が、この学生たちの理解しがたい指の動きに触発されて妻の内部によみがえり、指話法といった奇抜な想像へと導いたのであろう。日本について十年このかた、そんな魔術師めいたコミュニケーションの手段が日常的に実践されてはいないと知っているはずの妻が、どうしてこんな妄想をいだいてしまうのか。いやいやそれは、指話法なんかではない。手品のタネを明かすもなにも、そこには仕掛けなどまるでありはしないのだ。想像してみるに、きみの学生たちは、たぶんそうした指さきの動きで伝えるべき文章の単語の綴りをなぞり、それを発音と結びつけていたのだろう。たとえばやや複雑な計算を暗算でやらなければならないときなど、よくそんなふうにするじゃあないか。ぼくたちは、うっかり忘れてしまった漢字の一つを思い出そうとするときなど、見えてはいない文字の形態をそれとなくなぞりながら、何とか視覚的記憶を筆さきにおびき寄せようとする。彼女たちも、そうした儀式をそれぞれが孤独に演じていたわけだ。どうしても憶えていなければならない文章の音声のつらなりを、文字の綴りを宙に描く指の動きによって活性化させていたのに違いない。だから、その指の動きは、意志を伝達する魔術めいた身振りじゃあなく、まあ、いってみれば自分自身の意識と無意識との葛藤を調整する記憶術の一つなんだと思えばいい。もちろん、そこにはタネも仕掛けもないわけだ。

まあ、何ですって、と、妻はこの説明そのものが新たな手品だとでもいわんばかりに驚きの表情を浮かべる。何ですって。あの手の動きが言葉を支えていたんだとあなたは仰言るの。単語の綴りをなぞりながら、それを発音と結びつけていたんですって。それが、一種の記憶術だなんて、とても信じることはできない。指さきを膝がしらや宙で揺りうごかしているうちに、見えてはいない文字が浮かびあがってくる。それこそ、魔術よ。どうしてそんなことが可能なのかしら。タネも仕掛けもございませんという話をしたはずなのに、妻にとってはそんな夫の説明が、ただもう嘘としか思えない。そりゃあわたくしだって、やや曖昧なフランス語の単語の綴りを思いだそうとすることはある。でも、と妻は続ける。でも、そんなとき、視覚的記憶にうったえて人さし指を揺り動かしてみたことなんか、ただの一度もありはしない。ここではtが二つ続くのか、それとも前の母音の上にアクサン符号がくるのか、そう頭の中で思い出そうと努力するだけだ。それが駄目なら、あとはもう、他人にきくか、辞書をひくしかない。あなたは、フランス語の綴りをおぼえるときも、そんな魔術めいたやり方をなさったの。その問いをめぐって、夫は正確な記憶を持ちあわせてはいない。しかし、視覚的な形態がフランス語の単語の綴りの習得にあたって、かなりの比重を占めていたはずだという漠たる意識はある。アルファベットをたて続けに読みあげられてそれを即座に書き記すといった抽象的なやり方を前にするとややたじろぎ、その単語が一連のイメージを結んだ場合には、妙に安心することができたような気がする。それだけに、一度憶えこんだ綴りをすっかり忘れてしまうことは、あまりないように思う。

事実、妻は、やや複雑な単語の綴りを日本人である夫にたずねることがしばしばある。そんなとき、その綴りをたちどころにアルファベットの組みあわせとして口にすることはできないが、それこそ見えてはいない文字を記憶の中でなぞりながら、ゆっくり読みあげることは可能である。それは、不可視の文字として、どこかに刻みこまれているのだ。夫にとって、外国語の単語とは、この痕跡を視覚化することによって獲得されてゆく。妻にいわせれば、それが魔術であり、タネも仕掛けもある複雑な手品だということになるのだろう。だが、日本人がアルファベット表記による外国語の綴りを憶えることにかけてかなりの正確さを誇りうるという現実は、おそらくその手品によって証明できるように思う。

われわれは、筆の動きをともなった一連の図型のようなものとして、単語の綴りをどこかしらに視覚的に刻みつけている。そしてその魔術的な記憶術を、漢字の習得の過程で身につけているのではないか。

そんな痕跡が刻みつけられる便利な場所のことなど考えてもみなかったという妻は、いまや、手品のタネがその見えない黒板のようなものにあることを納得する。しかし今度は、その不可視の黒板のありかが、新たな謎となって彼女を悩ませることになる。ことによると、パリの自室の壁にうがたれていたあの長方形の余白が、文字の痕跡とやらが刻み込まれていた黒板なのだろうか。その宗教的な意義をたずねたフランス人の挿話を改めて聞かされた妻は、思いきり笑って見えない黒板の模索をいったん宙に吊る。可哀そうに、その人、タネを明かされてとても悩んだんじゃあないかしら。しかし、いま新たに悩みはじめたのは、見えない黒板だの、文字の痕跡の視覚的記憶だなどと口にして妻を説きふせた夫の方である。はたして、そんなものが本当にあるのか。あるとするなら、いったいどこを捜せばいいのか。

漢字と仮名

精神神経科学を専門に研究しておられる神戸大学の山鳥重氏がいわゆる失読失語症なる症状群に下された見解は、ある程度、この夫の悩みを解消しうるものに思われる。もちろん、「映像としての漢字」（雑誌『エピステーメー』一九七六年三月号）という刺激的な論文を発表された山鳥氏は、見えない黒板だの痕跡の記憶だのの粗雑な比喩を使ってはおられないし、それはより高度の精神医学的＝生理学的な仮説といったものなのだが、そこでの山鳥氏は、日本の失読失語症の患者が、欧米で観察される例症とはいささか異なり、「漢字と仮名で読みの能力に解離が認められる」と注目すべき事実を指摘しておられる。つまり、日本語において特徴的な漢字と仮名の入り混った文章を読ませてみると、「漢字がわりあいよく〝読める〟のに、仮名は読めない」というのだ。

例えば、漢字仮名混りの文を読ませると、漢字のみを拾い読みするのである。文全体の意味はとれないことが多い。しかもこの時の読み方をみていると、漢字の読みは早い。早くて正しいこともあるが、早くて間違っていることもある。いずれにしても早い。例えば、「学校」を「教室」と読んだりする。また、文脈に無関係に読む。「インフレ国」を、インフレをとばし、「国」だけを「クニ」と読んだりする。仮名は、漢字と対照的に自信のない読み方で、遅く、間違いばかりである。一分も二分も考えて、なおかつ一つの字が読めない。

漢字の読みが早く、しかも近縁のものと取り違えられたり、音読みすべきところを訓読みしたりするのは、漢字という形態的に強いまとまりを持ち、強く意味を担っている語が、本来の音韻的な読まれ方でなく、視覚的印象のみによって直観的に読まれているためであり、仮名が特に読みにくいのは、仮名が第一義的に音韻をあらわすものであるため、漢字の如き視覚による直観的読みができないからであろう。音節の聴覚映像「ア」なら「ア」と、文字の視覚映像「あ」とがうまく連合しないのである。(前掲誌、一六五頁)

論文のこの部分で問われているのは一貫して読みであり、書きについてはまったく言及されていないが、こうした症状の患者にみられる視覚的側面と聴覚的側面との分離現象は、きわめて重要であると思う。それは、大脳生理学の分野でさらに究明さるべき何とも意義深い問題であろうが、いまそれを、ごく日常的な次元に引き降ろしてみるなら、漢字には漢字なりの記憶のシステムがあって、それが表音文字の記憶のシステムと明らかに異なっているという、誰もが体験によって漠然と感じていたことがらが、ある程度、大脳生理学的な知見と一致しているといえるだろう。いわゆる失読失語症患者は、ほとんどの場合、左大脳半球頭頂葉下半部が病巣によって冒されているという。アルファベットによる表記法のみを「文字」と断ずる欧米の研究者は、その事実から、その部分を視覚言語の中枢と考えたが、漢字は読めてしまう患者の存在は、そうした即断に異をとなえる。たしかに瞳を介しての視覚映像の成立はその大脳部分においてであろうが、またそこで聴覚映像との統一が成立しもするのだが、しかしその領域の障害は従来信じられていたように、「視覚言語中枢を破壊する」というより、「文字についての視覚映像と聴覚映像との連合を困難にする」とすべきだというのが、失読失語症に関する山鳥氏の見解である。この「連合の困難」をめぐって、フランス語で育った妻と日本語で育った夫とは、おそらく対極的な点に位置しているのだろう。そしてわれわれ日本人は、表音文字的言語環境での綴字の問題を、ある程度、漢字の訓読み的技法の側へ引き寄せてしまっているのだ。国立の女子大学の生徒たちの指さきの動きは、明らかにその事実を立証している。そしてそれを手品としか見てなかった妻の驚きもまた、彼女にとってはごく自然なものであったのだ。そしてその夫が、見えない黒板の上の痕跡といった大雑把な比喩を使いたくなったのも、まんざら魔術師めいた発想とはいえないだろう。

こうした事実は、われわれを幾つかの言語的な思考へと導いてゆく。たとえば、ここでは詳述しえないが、仮名がやさしく漢字がむつかしいといった常識化した偏見を改めて考えなおすこともできようし、書ける書けないはともかくとして、小学校の低学年からもっと多数の漢字を読ませることが、決して児童の知的負担を意味しないといった視点を改めて強調してみたい気もする。情報システム工学の視点から漢字の形態性を考察された東大の渡辺茂氏の『漢字と図形』（NHKブックス、日本放送出版協会）によると、われわれが「漢字仮名まじり文を読む速度は、驚くほど速く、一秒間に一〇字ぐらいは軽く読みとばしてしまう」というのだから、「人間の視覚と記憶力の特性を、もっとも巧妙にシステム化した漢字仮名まじり文」の持つ利点を、初等教育段階からより本格的に開発しないでいる理由は見当らないはずだ。

だが、いまここでの主要な関心事は、日本語の持つ何とも便利な一面のみにひたすら固執することにあるのではない。またその表記システムの利点と欠点とを秤にかけて、未来への展望を正確に予測するといったことが問題なのでもない。いわゆる「言語」なるものが、文字や表記法などにはいささかも従属することのない「音声」的な現象であり、「声」こそが言語的思考の真の対象であるとする視点がここ数年来の西ヨーロッパを支配し、たんに言語学者ばかりにとどまらずあらゆる「知」の領域でそうした「音声」中心的な姿勢が共有され、それが二十世紀的な文化を輝かしく統禦しているときに、漢字仮名まじり文の持つ利点を説くことが、汎地球的な規模でいかなる意味を持ちうるかに自覚的であることが問題なのだ。いわゆる「日本語論」の閉域が超えられねばならぬのはそのためであるが、その超えかたが、広い国際的な視野のもとに自国の文化を再考するといったものでないことはいうまでもない。これまで何度か触れたように、国際的という呪文めいた符牒は、人を文化の帝国主義にしか導きはしないのだ。あらゆる国際主義は、侵略主義の別名でしかない。では、その侵略は何によって遂行されるか。「音声」によって、きわめて隠微なかたちで遂行される。妻が国立の女子大学で学期の最後に行なった遊戯は、そうした帝国主義的侵略の一つなのである。といっても、そこでの「仏語中級」という授業が、かつて帝国主義的な植民地支配に加担し、いまなおその経済的＝文化的な形態を巧みに維持しつつある「フランス語」の普及に貢献しているが故に、帝国主義的なのではない。問題は、アメリカの帝国主義的な経済侵略に加担してしまうが故に、あらゆる英語教師は有罪であるといった単純なはなしではないのだ。そうではなく、あらゆるインド＝ヨーロッパ語系の言語がそうであるように、「フランス語」という「音声中心」的な思考を、ゲームという他愛のないかたちで日本の女子学生に課したが故に、それは国際的な侵略主義なのである。そして、妻の目には手品としか映らない彼女たちの無意識の指の動きこそが、「音声」的帝国主義への無意識の抵抗なのだ。その抵抗が、いわゆる国際的な潮流に逆行するものである点は言を俟たない。では、この無意識の国際主義への抵抗は、その孤独な身振りからいかにして解放されるか。それが、「音声」優位の国際的な言語論的潮流に対して、「漢字」という文字優位を説くことで解消されるといった単純な事態ではない。では、どうすればいいか。

音声の帝国主義

「文字は言語ではないという西欧人の文字観」という一節の中で、『閉された言語・日本語の世界』の著者の鈴木孝夫氏は、オットー・イェスペルセンやブルームフィールド、さらにはJ・B・キャロルという欧米の代表的な言語学者の学説を紹介しながら、「音声以外は言語ではないとする立場は、以上のように今世紀前半の世界の言語学上のいわば通念であり、言語研究の前提でもあったのだ」と述べておられる。その上で、「すべての種類の文字表記が話し言葉の代用品であり、文字とは言語の単なる受動的な影のようなもの、つまり文字は本来的な言語の外側にあるという考え方には賛成しかねる」と、おそらくわれわれ日本人が漠然と感じている気持を代弁しておられる。これは、はなはだ心強い味方を得たものだと、人は一瞬うれしくなる。また、それと同時に心から心配にもなる。というのは、「文字も言語そのものである」といった誇らしい宣言が数ページ後になされるには、この書物の言語的知識があまりにも貧弱だからである。実際、そんな宣言が可能であれば、われわれ日本人はどんなにか幸福であろう。だが、多くの人は、いわゆる言語の問題がそれほど単純素朴なものでないことを知っている。だから、鈴木氏の希望的観測に心情的に同調しながらも、この種の書物にありがちな科学者の信じがたい杜撰さに、あらためて驚くことから始めねばなるまい。

言語学には素人のわれわれでも驚かずにはいられない第一の杜撰さ、それは鈴木氏が、「私の見るところでは、いかなる言語も、ひとたびなんらかの文字表記を持つようになり、そしてある程度の時が経つと、その言語は文字表記が原因で、それがなかった場合には考えられない具合に変化して行くものである」という視点を提示し、その変化を立証する実例を列挙されてゆく時に認められる。ここでの鈴木氏は、あくまで「音声言語」が「文字言語」に先立って存在したという前提で議論を進めておられるが、その科学的根拠は何かなどと改まって問いたくはないにしても、まさか言語学者の鈴木氏がイェルムスレウのいわゆる「グロセマティック」を知らないはずはないので、それはとりあえず科学的な選択であると理解し、出発点における氏の立場が、「今世紀前半の世界の言語学上のいわば通念」と同じものであると考えておこう。つまり鈴木氏は、明らかに「文字言語」に先立って形成されていた「音声言語」が、こんどは「文字言語」の影響で変化したことを立証せんとしておられるわけだ。いささか心配にならぬでもないが、氏が列挙される変化の実例を見てみるとどうなるか。人はほとんど自分の目を疑わずにはいられない。というのは、その変化なるものを、「綴字発音」、「語源俗解」、「同音衝突」の三つの区分にしたがって説明する鈴木氏が挙げておられる例が、いずれも「単語」とその「発音」、あるいは「意味」との間に生ずるずれにすぎぬことが明らかになるからだ。なるほど、そんなことであれば、どこにもある話ではないか。綴字による音声的な歪曲の事実など、百年も昔にダルメステーテルによって指摘されているし、ソシュールもその畸型的現象に言及しているはずだ。しかしそれにしても、「言語」の変化と呼ばれたものが、たかだか「単語」のそれも「固有名詞」の読み方変化にすぎなかったとは、まるでブルームフィールドより一世紀以上も前の言語観でブルームフィールドを攻撃しようというわけではないか。「今世紀前半の世界の言語学上のいわば通念」にしたがえば、「言語」とは、「記号」の構造的な体系であり「単語」の集積とは理解されていない。その構造的な体系を、言語活動という人類に普遍的な側面からみるにせよ、具体的な実践の場からながめるにせよ、「単語」の「意味」や「発音」の変化は、そのものとして、「言語」という構造的な体系を変化させたりはしない。たとえばこれは鈴木氏の挙げておられる例だがイギリスの地名 Daventry がデイントリと発音されようがダヴェントリーと発音されようが、英語の「文法」にも「統辞論」にもいかなる変化もないし、京都の地名深草が「ふこうさ」と読まれようが「ふかくさ」と読まれようが、日本語の「文法」にも「統辞論」にもいかなる変化も生じはしない。つまり、「綴字」に「発音」が依存するかにみえる例として鈴木氏の挙げられた実例は、「言語学」的にいって、「言語」の変化を証明する能力を欠いた実例なのである。それは、「語源俗解」や「同音衝突」の場合の例も同様であり、こうした誤謬が「言語学者」によって犯されるというのは、ほとんど信じがたいというほかはない。ただ、その間の事情を推察すれば、鈴木氏が、英語の language と word との区別をきわめて日本的に混同されたということがあるのかもしれない。あるいは、word の変化が必然的に language を変化させるという確乎たる理論があるのかも知れないが、その点は、「言語学」の素人であるわれわれにはわからない。いずれにせよ、イェスペルセンやブルームフィールドが使用している意味での「言語」が、鈴木氏の論証によって、文字表記をその内部にとりこむことがないことだけは確かである。

しかし、鈴木氏のいかにも杜撰な「文字」顕揚の試みを嘲笑することが重要なのではない。また、大学の教授なり研究者なりが、英語の language と word といった基本的な単語の意味をとり違えるといった現象を介して、日本の言語的環境の曖昧さを改めて指摘することもさして重要ではない。問題は、鈴木氏のような専門家でも、「音声」的帝国主義の真の恐ろしさにいまだ無自覚であるという点にあるのだ。この「帝国主義」は、鈴木氏の思い描かれるほど容易に打破しうるものではない。それにはまず、「文字言語」がはたして「音声言語」の表記法にすぎないかどうかから疑ってかからねばならず、また、その疑いが西欧にあってはあらゆる歴史の瞬間を通じて、かつまた政治的＝経済的＝文化的なすべての領域において、一貫して宙に吊られたままで、遂にはその疑いなどまるでなかったかのような神話が、とりわけ「言語学」に突出するかたちで定着してしまったという点を、見きわめねばならない。つまり「言語」とは、神話的な「制度」であり、その神話の安易な批判は、かえって神話の構造を強固なものとすることに貢献してしまうのである。そして、「制度」の向う側までつきぬけるには、鈴木氏の思考はあまりに「制度」的すぎるのだ。今日の西欧には、その神話的「制度」に苛立ちながら、鈴木氏以上の緻密さで「文字」の問題を非＝「制度」的に思考している人たちが何人もいる。彼らは、鈴木氏のごとき安易な「文字」の顕揚が「言語」の「制度」化に包み込まれてしまうことを身を切られるような体験として知っているから、「音声」帝国主義の神話そのものの厚みの中へと自身をまず埋没させることから始めている。たとえば『グラマトロジーについて』のジャック・デリダがそうした一人だが、その試みがいかなる困難に遭遇したかは、翻訳（『根源の彼方に』足立和浩訳、現代思潮社）もあるし、筆者自身も別の機会に詳述しているので（『フーコー・ドゥルーズ・デリダ』朝日出版社）、ここではあえて触れずにおこう。さしあたっては、鈴木氏がいささか杜撰な議論によって立ち向った「音声中心主義」なる言語観が、その外見的な与しやすさにもかかわらず、どれほど強固な神話体系をかたちづくっているかを考えてみなければならない。それには、氏が「今世紀前半の世界の言語学上のいわば通念」と呼んだ「音声言語」中心の言語観が、プラトンのギリシャ以来、西欧なるものの別名にほかならなかったことを思い起してみる必要がある。つまり「音声」の帝国主義は、民主主義と同じほどの昔から、絶えることなく神話的「制度」たり続けていたのである。ジャック・デリダの指摘をまつまでもなく「音声中心主義」は、「ロゴス」の帝国主義として西欧を支配し、今日、ほとんど汎地球的な規模で人びとの思考を犯しているものなのだ。いうまでもなく、「音声中心」的な言語観に異をとなえたのは、鈴木氏がはじめてではなく、時枝誠記のいわゆる「言語過程説」の総体は、その批判の上に基礎を置いている。しかし、時枝博士の批判は、このヨーロッパ言語学的潮流を「すべて、自然なものを、真実なものとする十八、十九世紀のローマン主義思想」に源を持つものと理解し、その視点がプラトンまで及ばなかっただけ、「制度」を撃つ力を欠いている。いまや、その「制度」の恐ろしさについて語らねばならない。

声と文字の神話

いわゆるプラトニスムなるものが、ごく通俗的な意味あいにおいて、叡知的なるものと感覚的なるものを区別したことは誰もが知っていよう。「文字」とは、『パイドロス』のプラトンにとっては、その感覚的なるものにほかならず、魂に真理を告げる「声」の叡知的な側面を技術的に代補する悪しき有限性そのものである。それは不自然な人為的媒介であって、「ロゴス」の現前から人の目を遠ざけてしまう。このような視点は、アリストテレスにもうけつがれ、書かれた語が、魂の状態を無媒介的に象徴する「音声」のそのまた象徴にすぎぬという地点にまで遠ざけられる。こうした形而上学的な「音声」の優位は、魂と肉体という神学的な二元論と結びついて、「文字」を一貫して「音声」より低い位置に陥れ、スコラ的中世に至って、記号をその叡知的な側面と感覚的な側面との結合として捉える思考を完成することになる。今日の構造主義的な言語観は、こうした「記号」の二元論的統一の上にはじめて可能となったものといえるだろう。ブルームフィールドも、イェスペルセンも、今世紀の初頭、ごく大ざっぱにいうなら、スイスの言語学者フェルディナン・ド・ソシュールが、「意味するもの＝能記」すなわち「音声」、および「意味されるもの＝所記」すなわち「概念」の統一として再編成した形而上学的＝神学的な言語観の中に住まっているのであり、構造主義や機能主義的な「音声中心主義」は「今世紀前半の世界の言語学上のいわば通念」である以前に、西欧なるものの歴史を貫く神話的な「制度」だったのだ。かかる思考の「制度」にあっては、「文字」という外部の悪しき技術は、「言語」の内的で自然な秩序を乱す疾病の源として、絶えず軽蔑され、叡知的なるものへと向う内部の魂を媒介する感覚的物質として、不純なるものと見なされてきたのだ。結局のところ、「文字」は「言語」の頽廃でありまた堕落でもあり、かりにそれが思考の対象とされるにしても、二義的で派生的な役割を強調する否定的なものとしてであった。そしてこうした潮流は、『言語起源論』のジャン＝ジャック・ルソーによって、過激なまでに近代的な姿をとる。すなわち、ルソーは、「文字」こそが人類を堕落させた「文明」という悪の元兇にほかならないが、にもかかわらず今日のわれわれが「文字言語」の使用を放棄しえないとするなら、「音声」は最も忠実な表音的アルファベット文字にそれを限定すべきだとしている。すなわち、ヘーゲルによって、数ある「文字」の中でも最も悟性的なものと判断されたアルファベットが、ルソーによって、その政治的＝経済的な悪を容認しつつもより少なく堕落的なものとして選ばれているのだ。

悪としての「文字」、病気としての「文字」。こうした「文字」への蔑視は、だから、ギリシャ以来、二十数世紀にわたって西欧を支配しつづけた形而上学的＝神学的な思考の根源に横たわっている概念なのであり、したがって、その形而上学的＝神学的な思考を根柢からくつがえそうとすることなく「文字」を復権させることは殆ど不可能なのである。決して形而上学的でも神学的でもないはずの文化人類学者レヴィ＝ストロースは、彼が接しえた南米の「文字」を持たないインディアンの部落が、「文字」が導入された瞬間から階級的分化と経済的搾取の何たるかを知るに至ったと記しながら、「文字」を悪しき疾病と断ずるルソー的な視点を、二十世紀にふさわしく再編成している。レヴィ＝ストロースの構造論的な人類学が、言語の「音韻論」的な思考にその基盤を持っているのは誰もが知る通りだ。

こうしてプラトンからレヴィ＝ストロースに至るまで発展する「音声中心的」な言語観が、はしからはしまで現実的なものであったとはとても思えない。だが、とても真実とは信じられない話が『パイドロス』から『構造人類学』まであきることなく反復されてきたという事実は、それを嘘だと断ずるにはいささか気がひけるほどの現実感をともなった確信をかたちづくっている。だからわれわれは何ものかがそうした思考を背後から統禦していたと予想させずにはいられないのだ。その何ものかが、神話的「制度」というものであろう。そして、いまや西欧においてもあらゆる分野で始まっているこの神話的「制度」の解明をわずかな言葉で要約することは不可能であろうし、また、その解明はおそらく明治以後の日本を解体する作業ともつながってこようから、みずからの条件そのものの分析として、いわば言葉の崩壊を代償としてしか遂行されえない文字通り決死の作業たらざるをえないだろうが、ここで指摘しうる確かなことは、かりに日本の言語観が「文字中心的」であるとするなら、その「文字中心主義」なるものも、必然的に神話的「制度」たらざるをえないという事実のみであろう。それを遂行するには、別の機会、別の視点、別の方法が必要とされるからである。

「音声中心主義」的な西欧の神話的「制度」が何を基盤として機能しつづけているかをめぐっては、これまで何度も触れる機会があった。それは、「差異」と「同一性」にもとづく、排除と選別の体系として機能していたことを思いだそう。真実と誤謬とは、それなくして語ることは不可能な概念だし、民主主義と呼ばれる代表制度も、それを欠いたら機能はしまい。弁証法と名付けられたものも、それが客観論的なものであれ唯物論的なものであれ、「差異」と「同一性」を前提としない限り思考の座には浮上しえまい。こうしたものは、いずれも「音声」の帝国主義の数ある変奏の一つにすぎない。そして今日、いわゆる第三世界であれどこであれ、もちろん日本はいうに及ばず、この地球に、その侵略に無疵である土地は存在しない。排除と選別の体系はいたるところで機能している。「声」のつらなりによって顕在化される「言語」の構造は「声」の直線的な配列によってその同時的共存をそのつど否定する。そのありさまは、二人の王者の共存が不可能であるのと同様である。カーターとフォードがいかに友情あふれる言葉を交換しあってみたところで、排除と選別の体系は残酷にその一方を大統領に任命する。民主主義とは、「声」の帝国主義にふさわしく、その残酷なる選別装置として機能するほかはない。われわれが選挙にあたって投票する一票は、英語でもフランス語でも、文字通り「声」（voice, voix）と呼ばれていはしまいか。ああ、われわれは、何と怖ろしい世界と交渉を持ってしまったのだろうか。われわれが一般に外国語と呼んでいる英語とは、フランス語とは、何と陰惨な「制度」であろうか。それは、戦争を日常化しながら、部分的な投獄と部分的な暗殺とに子供たちを順応させる「制度」ではないか。だが、真に驚くべきは、こうした陰惨にして残酷な「制度」が、陰惨とも残酷とも思われずに人びとに共有されてきたというその神話的な呪縛作用であろう。われわれ日本人も、無意識にその神話によって呪縛されているのだ。真の「言語論」とは、その呪縛の解明へと向うものでなければならないし、そのような「日本語論」は、まだ始まってさえいない。呪縛されたものがその呪縛について語ること。それはいったいいかにして可能か。そんなとき、「漢字」の訓読みの効用を説くといったぐらいのことが何の意味もないことは、あまりに明らかであろう。それこそ、「制度」の言葉で「制度」を語ることにほかならぬからだ。われわれにできることは、「制度」そのものの内部で、タネも仕掛けもない手品によって「制度」を途方に暮れさせるという試みを、いたるところで実践してゆくことぐらいだろう。だが絶望的なのは、何がその単純な手品であるかを誰も知らないことだ。そして、それがわかってしまった瞬間に、手品そのものがたちどころに「制度」化するという世界にわれわれは住まっているのだ。それ故、人は、どこに身をひそめているのか感知しがたいいくつもの手品に時空を貫いて通底しあう可能性をたえず維持しておくという宙吊りの姿勢に耐え続けねばならない。存在を疲労と窒息へと導くこの宙吊りの姿勢を放棄しないこと。生とは、その困難な中間地帯での仮死の漂流ではないか。「制度」を途方に暮れさせる手品とは、この仮死が享受する瞬時の祭典なのだ。それは、いま、どこにも起ってはいない。そしていつでもなくどこでもないところに、夢を超えたできごととして生きられるはずのものなのだ。仮死の祭典とは、きまって人を不意撃ちすることで「制度」を戸惑わせるものだろう。それを「批判体験」と呼びたいと思うが、いまはもうそうしている暇がない。

終章

わが生涯の輝ける日

ムッシュー・ルルー・ペラニョー

わが生涯の輝ける日といったものを挙げろというなら、躊躇なくあの日のことをお話しするわ、と、妻はその顔を文字通り輝かせていう。あのころの思い出は、もう記憶の底で曖昧に溶けあって鮮やかなイメージを結びがたくなってしまっているけれど、あの日のあの瞬間ばかりは、いまだに、まばゆいまでに輝かしい光景として心のどこかに失われずに残っている。実際、すべてが輝いていた。わたくし自身も、まるで経験したこともない明るさをあたりに波及させつつ輝いていた。そんなことが許されるとは思ってもいなかった軽やかさで、わたくしは輝きにつつまれて新たに開けた世界へと踏みこんで行った。つまり、言葉という未知の世界へ。

その輝かしい体験の舞台となったのは、フランスの公園ならどこにもある、ごくありきたりな人形芝居の小屋である。何度も足をはこんだことのあるその小屋へ、ある日、いつになく華やかな衣裳を着せられて、彼女自身もお洒落をした母親の手に引かれてつれて行かれた。小学校に入る前だったから、まだ五つか六つの時だったに違いない。下僕が大きな丸太棒で何度も何度も主人をなぐりつけたりするマリオネット芝居をみながら、わたくしはいつも指をかむほど興奮したものだ。ところが、妙にめかしこんでその小屋に近づいて行ったとき、きょうは何かいつもと様子が違うと子供心にも気がついた。その日は、特別の催しとして、子供たちの詩の暗誦のコンクールがあったわけなの、と、妻は甦った記憶にいささか興奮しながら説明する。文楽にくらべてみればあまりに他愛ない動きをする人形たちにかわって、その日は、自分たち幼い観客が演技をしなければならないわけ。一瞬、母にだまされたという思いに、全身の血が失せてゆく心地がした。見馴れた小屋の粗末な造りが、急に敵意にみちた装置に変容してしまったかのようだ。うしろをふりむくと、母が、幾人かのつきそいの母親たちに交って、いつもとは違った顔つきをしている。すべてが遠のき、わたくしを保護してくれるものはすっかり姿を消してしまった。ほかの子供たちがどんなふうに詩を暗誦したかは、まったく憶えていない。ただ、快い興奮の場であった人形芝居の小屋が、自分のまわりで残酷な裏切りの空間へと刻々変貌して行くときのあの迷子のような情けなさだけは忘れようがない。泣き出すのをこらえるのが、やっとだった。

とうとう、わたくしの番になってしまった。司会役の人形のしわがれた声にうながされて、わたくしは無数の顔に向って立った。裏切られた、裏切られたという思いに、顔という顔がことごとく醜く見えたほどだ。本当に、人間の顔が、あれほど醜く、無意味で、よそよそしく見えたことはなかったと妻はいう。すべてが輝きはじめたのは、その瞬間からなのよ。わたくしは、その醜く無意味な顔たちに向って、知らぬまに声を投げかけていた。黙っていたら、自分もその醜く無意味な顔にのみこまれてしまうと思ったからかしら。ほとんど無意識のうちに、一連の言葉が口をついてでていたの。まるで催眠術にかけられた人のように、わたくしは暗誦しはじめていた。それは、母から意味もわからぬままに暗記させられていたラ・フォンテーヌの『寓話詩』の一つ、「狼と羊」だった。自分でも、なぜ「狼と羊」を朗読しているのかはわからない。もちろん、無理に思いだそうと努力したりはしなかった。ただ、言葉に導かれるままに、一定のリズムに乗って、その詩を顔に向って投げかけていただけだ。そうしたら、不意に拍手が沸き起って、もうそれ以上は続きがないことを知らされたわけ。嬉しげに微笑んでいる母の顔を横目で見ながら席に戻っても、拍手が続いている。そして、いつのまにか、あたりが光り輝いているのを発見しておどろいたという次第。わたくしが一等賞に選ばれてしまったのよ。ごほうびの筆箱をもらいに司会の人形のところまで進みでたとき、自分が妙に輝いているような気持になった。わたくしを見ている顔は、もう、さっきのように醜くも、無意味でもなくなっている。その顔が、わたくしの発散する明るさで、急にいつもの人間の表情をとり戻したのだろうか。

あたりに氾濫する輝きにつつまれた六歳の自分は、そのとき、はじめて言葉が自分のものになったと思ったと、妻は、その遥かな視線を夫の上に戻してしみじみと述懐する。弱気で、引込み思案だった一人の少女は、彼女が人形芝居の小屋にみなぎらせた声のつらなりによって、言葉という世界に踏み込む契機を見出したのだ。

ところで、と、妻はいささかはにかみながら言葉をそえる。ところで、未知の輝きをもたらしたその「狼と羊」という詩の意味は、彼女には何一つわかっていなかったのだという。題名の「狼と羊」le Loup et l'Agneau さえが、六歳の少女にとってはルルーペラニョーという一連の無意味な音のつらなりでしかなく、だから彼女は、その詩をLelou Pélagneau という人のことをうたったものだと深く信じこんでいた。ルルー・ペラニョーさんという人がどこかにいて、きっと、いつか、その親切なおじさんが、退屈な午後の夕暮どきかなにかに、とんとんと玄関のドアーをノックしてくれるのではないか。そんなふうに漠然と考えていた。ことによると、あの孤立無援の人形芝居の小屋で、わたくしはルルー・ペラニョーさんに向って援けをもとめていたのかも知れない。だが、そのルルー・ペラニョーさんは、わたくしに何やら妙な詩を暗誦させるたびごとに母の口からその名が洩れたラ・フォンテーヌさんとは、いったいどういう関係にあるのだろうか。母は、ことあるごとに、美しいとか、たぐい稀れなとかいう形容詞をつけてその人の名を呼んでいたけれど、わたくしは、無類の美男子であるかも知れぬラ・フォンテーヌさんよりも、親切そうなルルー・ペラニョーおじさんの方が、なぜか好感が持てた。遊んでもらうにはペラニョー氏に限る。そう信じこんでいた。いまでも、あの輝かしい光りにつつまれて、泣きだしそうなわたくしを援けてくれたムッシュー・ルルー・ペラニョーの顔を想像することができると妻はいう。それは、その後、文学史の教科書のページに発見したラ・フォンテーヌの顔よりも、ずっと親しげな顔だ。学校にあがって、リエゾンと綴字法との関係を習い、ルルー・ペラニョーさんなどどこにもいないのだと理解がいってからも、退屈な日の午後には、よく、その親切なおじさんのことを考えたものだ。夫は、そんな話を聞きながら、ルルー・ペラニョー氏にほとんど嫉妬に近い感情をいだかずにはいられない。と同時に、公園のかたすみの人形芝居の小屋で、未知の輝きとともに言葉の世界へと踏みこんで行った六歳の少女が、ペラニョー氏がノックするはずの扉からは遠く離れた国で一児の母となり、その子供が学校から戻ったことを告げる幼い声が、フランス語には訳しがたいただいまの一語を彼なりに Voilà! といい換えたかたちで扉の向う側に響く瞬間を待ちつつ午後の時間を過しているのかと思うと、複雑な気持にとらえられもする。いま、そのルルー・ペラニョーさんが東京に出現し、かつて六歳であった少女が、いま、無意識のうちにヨーイショとかドッコイショとか口にしながら分別ゴミを通りまで運びだしている姿に接したら、何というであろうか。

記号を超えた遭遇

日本の幼稚園や小学校の低学年で、詩の暗誦やそれに類する教育が行なわれていないことを、妻はしきりと不思議がっている。ラ・フォンテーヌに相当するような詩人が、日本にもいないわけではあるまい。それなのに、子供たちは詩の朗読をならう以前に、詩のごときものを作らねばならない。国語のワーク・ブックや両親向けの手引きを夫がフランス語に訳すのを聞きながら、感じたことを、自然に表現させることが肝腎だといった注意書きに、すっかり驚いてしまう。彼女は、子供に自然さなどが可能とは思われていない国で教育された人間なのである。おそらく、子供には自然さが禁じられていると頭から信じこむことは、子供の反応は何でも自然なはずだと思い込むことと同様に正しくはあるまい。それはそうかも知れないと妻もうなずく。しかし、詩でも散文でもかまわない。いわゆる古典と呼ばれる文章を頭からたたきこまれ、意味もわからぬままに暗記することなしに、どうして言葉への道が開かれうるだろう。そう口にする彼女の心には、もちろんルルー・ペラニョー氏の記憶がよみがえっているに違いない。そして、かつての文学少女であり、ヴァレリーやアンドレ・ジッドの最盛期に青春を送り、比較的早い時期からフランスの古典の手ほどきをした彼女の母の教育法は、フランスにおいては決して特殊なものではなかった。フランス語教育とは、何よりもまず古典文学の暗誦からはじまるのが伝統的なかたちなのだ。ところが、われわれにとっての小学校とは、「文字」を習う場所であるという意味で幼稚園とは違ったものであったはずだ。学校にあがったら「字」を習う。「漢字」を、そして「仮名」を習う。筆順を習う。その過程において、子供の自然さが介入する余地はない。六歳の少女が、意味もわからずにラ・フォンテーヌを暗記したように、日本の子供たちは、ひたすら、「文字」を習う。字が書けること。漢字が読め、漢字が書け、自分には無縁と思っていた新聞や雑誌の中に、思いもかけぬ親しいことがらが記されているのを発見するのは限りなく刺激的な経験だ。それは、きまって大人がむいてくれるものと信じこんでいたリンゴの皮が、自分にもむけるとわかったときの世界の変貌ぶりに似ている。おそらく、妻が忘れえずにいる生涯の輝ける日の体験に似たものを、夫は、祖父に買ってもらった講談社の絵本の裏表紙に、自分自身の手で名前を書きこんだ瞬間の記憶として持っている。だが、その記憶は、奇妙なことに、従姉の手つきをまねながらはじめてリンゴの皮をむいた日の記憶とも溶けあっているのだ。はじめて泳げた日、はじめて自転車に乗れた日。そんな記憶ともまじり合って、言葉で世界を変容せしめた体験のみが特権的な位置を占めているとはどうも思えないのである。その理由は、おそらく、「文字」を書くといういとなみが、世界と向いあった孤独な体験であり、あの、六歳であった妻の前に並んでいた醜く無意味な顔の存在を必要としていないからだろう。それは筆の動きを統禦する腕にしても、文字の形態を記憶する意識にしても、ひたすら自分自身の内部にとどまっていて、他者の介入を怖れ、その介入にさからおうとする意志を媒介とすることなく実践しうる行為だからに違いない。そしてそのことの意味はかなり重いと思う。それは、どうしてか。

声による言語的世界への越境が他者の存在を必要とし、文字によるそれが孤独ないとなみであるという点は、それをそのまま、西欧における社会的環境の濃密な現実感といった問題には還元しえぬ側面をはらんでいる。たしかに、日本という環境にあっての他者の存在感は西欧と比較して希薄であったろうし、それが「文化」的にいってまったく無意味な現象とは思えない。他者のまぎれもない現存ぶりが、主体なるものの確立と同時に、その客観化にも貢献するであろうことは容易に想像できる。いわゆる近代的自我なるものの形成も一般にはそんなふうに理解されており、日本における個人意識の不分明なありさまを、そこから説明する人も跡を絶たない。だが、主体の確立やら客観化などは、実はそう信じられているほど重要な問題ではないのだ。かりに西欧的な近代の意識なるものがあるとするなら、それは、他者との絶えざる交渉によって模索される個体の自己同一性なる概念そのものが、実は個体の空洞ぶりを隠蔽し、忘却させるための大がかりな虚構の構築の試みでしかなかったことを自覚しはじめる歩みと理解されねばなるまい。ルネッサンスの自由人は、神から解放されて裸の世界と向いあったと人はいう。ところが、神は生き続けたのである。形而上学的な真実として、二十世紀に至るも神は生き続けているのであり、主体の確立も、その客観化も、その生き延びた神によって手あつく保護されているのだ。そして、もしニーチェのいうごとく本当に神が死んだのだとしたら、それと同時に主体もまた死んでいなければならないはずだ。だが、形而上学的な真実は、いまなお主体を保護しつづけている。たとえばそれは、言語学という名の知の体系がそれだ。すでに何度か触れえたように、声の学、音声言語の構造解明の試みがそれである。

なぜ、言語学は、ソシュールによって二十世紀にふさわしく再編成された後も、なお「音声言語」のみをその分析の対象として選んだか。その理由は、あらゆる言語的現実のうちで、「声」のみが、それを口にする本人とそれを聞きとどける者とに同時に現前するからではなかったか。そして、形而上学とは、この「現前」を欠いた場合に、思考しえないものとなってしまう。その点から、古代ギリシャ的であると同時にヨーロッパ中世的でもある、あの「記号」の概念が二十世紀に甦ったのではなかったか。だとするなら、他者とは、主体の確立と客観化に不可欠な要素というより、「言語学」を現前の形而上学に帰従せしめる口実として必要だったのではないか。他者なるものの存在を恰好の隠れみのとして、「言語学」は、まるで研究室の中での実験を思わせる抽象的な意味作用の理論を現前の地平に描きあげたのではないか。だが、言語的実践において重要なのは、「記号」がいかにして「意味作用」を示しうるかを普遍的に体系化することにあるのではない。いかなる瞬間に、どのような場所で、「記号」ができごととして生きられるかが重要なのである。一つのリンゴの皮との遭遇。一台の具体的な自転車との遭遇。海の波との遭遇。自分自身の名前である漢字との遭遇。それはいずれも、生涯の輝ける日として反復される生の体験にほかならない。そして同時に死をも含んだ体験でもあるそのできごとは、「記号」の体系としての「言語」をはるかに超えている。それはちょうど、みずからの輝きによって、ありきたりな人形芝居の小屋と醜く無意味な見物人の顔とを消滅せしめた六歳の少女をつつみこんだ事件のように、音声的「記号」を超えて言葉そのものへと人を誘う体験なのである。そのとき、言葉とは、秩序だの規範などとは無縁の、およそのっぺら棒な環境にほかならず、そこには発言者の自己同一性などが問われる場は残されてはいない。人はただ、稚い指さきとリンゴの皮との信じがたいまでに円滑な触れ合いに似た快感をもって、顔もなく名前もない言葉の表層をまさぐるまでのことだ。美しい日本語も正しいフランス語もそこからはすっかり姿を消してしまっている。それは、甘美であるとともに、またこの上なく残酷な体験でもある。まぎれもない生の汪溢に身をまかすことは、そこにみなぎっている死を確実に自分のうちにとらえこむことでもあるからだ。人は、病気に冒され、あるいは不慮の事件によって死ぬのではない。読み、書き、話すことを通じて、日々、なしくずしに死と馴れ親しんでゆくのだ。そして、生涯の輝ける日に体験する「言語」を超えた言葉との遭遇は、言葉によるなしくずしの死から人を解放する貴重なできごとなのである。それは、死とより深く戯れることで生を実感する甘美にして残酷な体験にほかならない。その体験を、失われた時間の彼方にまさぐることで満足せず不断に反復しようとする試みをかりに「自由」と名付けよう。われわれが、いま「言葉」を生き、「言葉」を生きつつある自分を思考せずにはいられないのは、「言葉」がその「自由」から最も遠く、また最も近い環境にほかならぬからだ。「自由」とは、到達すべき世界でも獲得さるべき状態でもなく、生きらるべきできごとである。その生きらるべきできごととしての「自由」を、人はかつて革命の一語で呼んでいたのだと思う。このできごととしての「自由」へと向けて存在をおし拡げるためにも、人は、「言語学」的な「記号」の概念にとらわれてはならないし、また、「記号」がそうであるように、言葉による世界との遭遇も普遍的な伝達の機能に還元されてはならないのである。

「記号学」を「言語学」に従属させ、それを統合することにもなる「音韻論」的な秩序は、たしかに二十世紀の初頭いらい、あらゆる知的な分野で輝かしい成果を挙げることに成功してはきた。そのいっさいが無駄であったとは思えないし、充分に刺激的な試みも少なからずあるだろう。だが、われわれがなしくずしの生の浪費によって快く死を忘れてゆくことをせず、生のさなかで死をはらみ持つ蘇生を体験するとき、その体験は、「言語学」的な秩序には統禦されえない荒唐無稽な「記号」との遭遇として生きられている。そしてその時、荒唐無稽の「記号」には、自己同一性などいっさいそなわってはいないし、音韻論的な差異など識別しうる要素も一つとして含まれてはいないはずだ。自転車の車輪が大人の手によって支えられていなくても倒れずに回転しはじめる瞬間、自分の軀が大人の腕にかかえられることもなく水の表面に浮かぶ瞬間、コミュニケーションとは、その不均衡から均衡へと走りぬける運動にほかならない。それは、世界に満遍なく配置された「記号」群を差異と同一性にもとづいて排除し、選別することで明らかにされる「意味作用」とは根本的に異質の体験であり、均衡がたえず新たな不均衡へと滑り落ちることで生を支える不断の葛藤なのである。

今日、言葉を思考することに何らかの意味があるとすれば、それは、言葉によって言葉を語りながら、決して言葉の触れえない余白だの陥没点でふと目覚めうる瞬間が確実にあるからだ。人は、誰しもその生涯の輝ける日を持っているのだ。そしてその言葉の余白なり陥没点で、ある晴れがましさとともに目覚めるには、「声」であれ「文字」であれ、特別な言語的な近道は存在していない。六歳の少女であった妻は、彼女をつつみこんでいた環境にふさわしく「声」によって体系としての言語を超えたのだ。その輝かしさは、思わぬ喝采をうけたことの晴れがましさというより、死をはらみ持った生の燃焼からきたものであろう。いずれにしても、妻がその後に獲得したフランス語の綴字法も、発音上の規則も、またラ・フォンテーヌをめぐる知識も、あの親切なルルー・ペラニョーおじさんの訪れをおしとどめることはできなかったのである。そのルルー・ペラニョー氏に、いかなる自己同一性もそなわっていないことは、いうまでもあるまい。

あとがき

ここに『反＝日本語論』として読まれた書物は、その筆者の書こうとする意志とはほとんど無縁の場で書きあげられてしまったかのような言葉たちからなりたっている。こうしたことがらを一冊の著作にまとめようとする気持はなかったし、いまなおその気持はきわめて希薄である。「序章」にあたる「パスカルにさからって」は、筑摩書房刊行の月刊誌『言語生活』のために、編集部の淡谷淳一氏のおすすめに従って、一回限りのつもりで執筆したものである。それが直接の契機となり、同誌に以後三回ほど、また青土社の月刊誌『現代思想』に「ことばとことば」として十二回ほど、そのつど今度こそこれで終りだと口にしながら書き続けてしまった。編集を担当された筑摩書房の久保田光、持田鋼一郎の両氏、ならびに青土社の三浦雅士氏には、いまこうして書物のかたちをとろうとしている言葉たちの生誕を感謝すべきなのか、それともうらみがましい気持を捧げるべきか知らない。こうした方々とお逢いしているうちに、何か自分の言葉がかすめとられてしまったというのが実感なのである。その意味で、この『反＝日本語論』は、奇妙なやり方でいまも筆者の意識を刺激しつづけている。自分ながら、何か夢のようにできあがってしまった書物なのである。その夢のような体験をともかくもこうしてくぐりぬけたとき、その夢をはじめから終りまで見まもって下さった淡谷淳一氏には、医師に捧げるべき患者の謝意を受けとっていただければと思う。久保田氏、持田氏、三浦氏に捧げうるのも、やはり夢から醒めた患者の謝意である。

こうした方々の立ち合いのもとに、書くまい書くまいとして書いてしまった言葉は、これまで筆者が書こう、書こうとして書いたものより、遥かに好意的な反響を読者の方々のうちに惹起することができた。雑誌掲載中から、あるいは直接的に、あるいは間接的に批判をお寄せ下さった方々には、こうして一冊にまとめたことでそのお気持に応ええたかどうか。しかし、これに類する文章はもはや二度と書くまいという意志だけは、夢から醒めたいまも消えずに残っている。この意志が、今後、どのような夢と遭遇するのであろうか。なお、「終章」の「わが生涯の輝ける日」は、覚醒の後に夢を摸倣しつつ書きあげられたものである。

一九七七年三月七日

ちくま学芸文庫版あとがき

わたくしの書いたものとしてはごく稀なことだが、『反＝日本語論』は著者自身の予想を遥かに超えて、多くの方々に読んでいただくことができた書物である。思いもかけず読売文学賞を頂戴しえたほか、いまなおこの書物に言及して下さる方も少なくなく、中国語にも訳されているのだが、何しろ三十二年前に刊行された書物なので、現状とそぐわない記述もいくつか含まれており——「シルバーシート」なる座席の呼び方はすでに存在していない——、いまならこうは書くまいと思えた箇所も一つや二つにとどまらない。例えば、当時は、韓国と往来することがいまほど簡単なことではなかったのだが、そこには、それなりの歴史性があらわれていると思い、あえて書き改めることはせずにおいた。このたび「ちくま学芸文庫」におさめるにあたり、そうした細部を現状に即したかたちで書き改めず、訂正を最小限の語句にとどめたのは、一九七〇年代後半の日本の言語的な状況に対する証言としての側面を維持したかったからである。

ここでの主要な登場人物は「日本語」——あるいは「フランス語」——ではなく、あくまで「言語」である。それは、わたくしたちをとりまいている環境としての言葉にほかならず、日本でその国の国語を使って日常的に生活しているかぎりはほとんど意識にのぼらず、いたって見えにくい環境なのだが、それをわたくしたちが生きる——あるいは生きそびれる——一瞬をどう見きわめるかがここでの主題といえるかもしれない。「わたくし」ではなくあえて「わたくしたち」といったのは、ここに登場するさまざまな固有名詞——ロラン・バルトやその『S／Z』、等々——のほかに、著者にとっての「妻」と「息子」と指示された人物も姿を見せており、それはいまなお「妻」と「息子」であることをやめてはいないからである。三十二年前の「妻」と「息子」がなおそのままの呼称として語られていることは、この二人にとってははた迷惑な話かも知れないが、一九七〇年代後半の日本の言語的な状況に対する証言者としての二人には、感謝を遥かに超えた複雑な気持ちを捧げたい。

最後になってしまったが、「ちくま文庫」版収録の「あとがき」に記した四人の方々に改めて三十二年後の御礼の心をおくりたいが、今回編集を担当された筑摩書房編集局の天野裕子さんにも、それに劣らぬ感謝の思いをおくらせていただく。

二〇〇九年五月三十一日

著者

ちくま文庫版解説　二つの瞳

シャンタル蓮實

少女だったころ、私はしばしば絵筆を握る父の前に立たされました。娘時代の私を描いた父の肖像画の一つは、いまも夫の仕事机のかたわらに置かれていて、幼なかったころのことを思い出させてくれるのですが、イーゼル越しに注がれる画家だった父親の視線を、私はいつも不思議なものに思っていました。

父の視線は、決して私の顔にじっと注がれることはありません。その瞳は、ときおりちらちらとこちらに送られてくるだけで、それを私は、キャンバスの上に置かれる絵筆のタッチのようなものと感じていました。それは動く視線であり、そのいくつものタッチが絵画を完成へと導くのです。

幼いころから、私は、あるものをじっと見つめればそれを深さに於て捉えることができると思っていました。町で出会ったりする人々の中で特に私の興味を惹く顔を、私はいつでもじっと見つめ続けたものです。そうすることで、世の中のことが理解できると錯覚していたのです。この癖はいまも変っておりません。電車の中などで乗客の一人に強く惹きつけられたりすると（それは幼児であったり、老人であったりしますが）、思わずその真正面に座ってしげしげと見つめてしまう。父親と市電に乗っていたとき、そんなに他人を見つめるものではないと、何度も忠告されたことを思いだします。

私にとって、何かをじっと見つめることは、愛することの同義語のように思われていました。少女時代に得たそうした習慣へのノスタルジーが残っているのでしょう。ほんの一瞬、ちらりと視線を送ることは、愛情を欠いたよそよそしさにつながるようにいまでも思ってしまいます。

日本人である私の夫は、そうしたノスタルジーを共有しているとは思えませんでした。いったん私に注がれたその瞳は、こんどは私ではないさまざまなものの上を揺れ動き、時折りまた私の上に戻ってくる。それは、私を世界の中に位置づけようとする視線の動きだと私には思われました。ところが、一緒に外出して戻ってきてから、私がじっと見つめたものの話をすると、夫は、「ああ、ぼくも全部見ていたよ」といいます。事実、夫は私の見たものと同じものをしっかりと記憶にとどめていました。集中的な視線に対して、一瞬の包括的な視線というものがあるのでしょうか。

これが、日本人である夫の特質なのか、それとも彼独特のものかはにわかには断じられません。でも、少年時代に撮られた夫の写真を初めて見たときに感じた奇妙な印象はいまも忘れずに残っています。

それは、幼い彼が、腹ばいになって、頬に肱をつき、何やら書物に読みふけっている横顔の写真でした。日本語の本が上から下へという視線にふさわしく印刷されていると理論的には知っていましたが、この写真を見るまで、それを実感することはなかったのです。私の記憶に残っている母のイメージは、ベッドの背に身をもたせかけて目の前に視線を落し、メトロノームのように左右に視線を走らせている光景です。少年時代の夫のような姿勢は、私にとっておよそ読書とは異質のものだったのですが、私の日本での生活は、こうした異る視線に馴れて行くことにほかなりませんでした。

先日電車の中で、とても私の目を惹く光景に出くわしました。それはごく普通の母親と男の子に見えたのですが、その少年は、いささか自閉症気味のところがあったのでしょうか、ことあるごとに母親の手を引き、「顔見て、顔見て」と母親の視線が自分に注がれることを求めています。愛する肉親から注がれる視線を独占せずにはいられない何かが少年にあったのでしょうか。この光景を眺めながら、私は、少女時代の私自身の視線の特徴を思い出してしまいました。

私たちは、あまりカメラを肩に下げて旅行する習慣を持っていませんが、時折り、夫と私とが撮った写真を見くらべて見ますと、二人の視線の違いがよくわかります。夫の写真では被写体は、あたりの風景に調和したかたちで位置づけられている。私の撮った写真では、被写体が周囲から切り離されている。ここにも、包括的な視線と集中的な視線とがはっきり出ているように思います。それは、ときどき夫の見せる、あの聞く視線ともいうべきものかもしれません。私の話に相槌をうつとき、彼は、私を見つめるのではなく、話している私を受け入れようとするかのようにやや瞳を伏せ、身を傾けているのです。私は、小津安二郎の映画で真正面から相手を見つめる人物たちが、どれほど現実とは遠いかを日本に来て学びました。私は、二人の関係が維持されていることを示す小さな視線のタッチでとりかこまれることの意味を知ったのです。それはことによると、幼い私が、画家である父親の前にモデルとして立っていたときに感じた視線なのかもしれません。

私は、日本に来て、凝視とは異なる視線の使い方を学びました。それは、送られてくる雑誌類の中から、夫の書いている部分を即座に見わける視線です。目次に目を通す前に、パラパラとページをめくってみる。すると、活字の配置や漢字と仮名の割合、といったものから、すぐに夫の文章が載っている雑誌かどうかわかるのです。それは、『反゠日本語論』のもとになる文章がある雑誌に連載されていたころに出来あがった習慣です。私も包括的な視線をとうとう手に入れたのでしょうか。

本書は一九七七年五月一九日に筑摩書房より単行本として刊行され、一九八六年三月二五日にちくま文庫に収録されたものである。

点と線から面へ
ヴァシリー・カンディンスキー
宮島久雄 訳

抽象絵画の旗手カンディンスキーによる理論的主著。絵画の構成要素を徹底的に分析し、「生きた作品」の構築を試みる。造形芸術の本質を突く一冊。

ザ・ヌード
ケネス・クラーク
高階秀爾／佐々木英也訳

古代ギリシャで成立以来、人間的な経験を強く喚起させたがゆえ文明の表象になった裸体像。その流れを包括的に跡づけ、創作の本質に迫る名著。

名画とは何か
ケネス・クラーク
富士川義之 訳

西洋美術の碩学が厳選した約40点を紹介。なぜそれらは時代を超えて感動を呼ぶのか。アートの本当の読み方がわかる極上の手引。（岡田温司）

官能美術史
池上英洋

西洋美術に溢れるエロティックな裸体たち。そこにはどんな謎が秘められているのか？ カラー多数！ 200点以上の魅惑的な図版から読む珠玉の美術案内。

残酷美術史
池上英洋

魔女狩り、子殺し、拷問、処刑――美術作品に描かれた身の毛もよだつ事件の数々。カラー多数。200点以上の図版が人間の裏面を抉り出す！

美少年美術史
池上英洋
川口清香

神々や英雄たちを狂わせためくるめく同性愛の世界。芸術家を虜にしたその裸体。カラー含む200点以上の美しい図版から学ぶ、もう一つの西洋史。

美少女美術史
池上英洋
荒井咲紀

幼く儚げな少女たち。この世の美を結晶化させたその姿に人類のどのような理想と欲望の歴史が刻まれているのか。カラー多数、200点の名画から読む。

グレン・グールドは語る
グレン・グールド／
ジョナサン・コット
宮澤淳一 訳

独創的な曲解釈やレパートリー、数々のこだわりにより神話化された天才ピアニストが、最高の聞き手を相手に自らの音楽や思想を語る。新訳。

造形思考（上）
パウル・クレー
土方定一／菊盛英夫／
坂崎乙郎訳

クレーの遺した膨大なスケッチ、草稿のなかからバウハウス時代のものを集成。独創的な作品はいかにして生まれたのか、その全容を明らかにする。

造形思考（下）
パウル・クレー
土方定一／菊盛英夫／坂崎乙郎訳

運動・有機体・秩序。見えないものに形を与え、目に見えるようにするのが芸術の本質だ。ベンヤミンをも虜にした彼の思想とは。（岡田温司）

ジョン・ケージ著作選
ジョン・ケージ
小沼純一編

卓越した聴感を駆使し、音楽に革命を起こしたケージ。本書は彼の音楽論、自作品の解説、実験的な文章作品を収録したオリジナル編集。

ゴダール　映画史（全）
ジャン＝リュック・ゴダール
奥村昭夫訳

空前の映像作品「映画史 Histoire(s) du cinéma」のルーツがここに！　一九七八年に行われた連続講義の記録を全一冊で文庫化。（青山真治）

増補 シミュレーショニズム
椹木野衣

恐れることはない、とにかく「盗め！」。独自の視点より、八〇／九〇年代文化を分析総括し、多くのシーンに影響を与えた名著。（福田和也）

ゴシックとは何か
酒井健

中世キリスト教信仰と自然崇拝が生んだ聖なるかたち。その思想をたどり、ヨーロッパ文化を読み直す。補遺としてガウディ論を収録した完全版。

卵のように軽やかに
エリック・サティ
秋山邦晴／岩佐鉄男編訳

音楽史から常にはみ出た異端者として扱われてきたサティとは何者？　時にユーモラス、時にシニカルなエッセイ・詩を精選。（巻末エッセイ　高橋アキ）

湯女図
佐藤康宏

江戸の風呂屋に抱えられた娼婦たちを描く一枚のミステリアスな絵。失われた半分には何が描かれていたのか。謎に迫り、日本美術の読み解き方を学ぶ。

グレン・グールド　孤独のアリア
ミシェル・シュネデール
千葉文夫訳

鮮烈な衝撃を残して二〇世紀を駆け抜けた天才ピアニストの生と死と音楽を透明なタッチで描く、最もドラマティックなグールド論。（岡田敦子）

民藝の歴史
志賀直邦

モノだけでなく社会制度や経済活動にも美しさを求めた柳宗悦の民藝運動。「本当の世界」を求める若者達のよりどころとなった思想を、いま振り返る。

英文翻訳術　安西徹雄

大学受験生から翻訳家志望者まで。達意の訳文で知られる著者が、文法事項を的確に押さえ、短文を読みときながら伝授する、英文翻訳のコツ。

英語の発想　安西徹雄

直訳から意訳への変換ポイントは、根本的な発想の転換にこそ求められる。英語と日本語の感じ方、認識パターンの違いを明らかにする翻訳読本。

英文読解術　安西徹雄

単なる英文解釈から抜け出すコツとは？　名コラムニストの作品をテキストに、読解の具体的な秘訣と要点を懇切詳細に教授する、力のつく一冊。

〈英文法〉を考える　池上嘉彦

文法を身につけることとコミュニケーションのレベルでの正しい運用の間のミッシング・リンクを、認知言語学の視点から繋ぐ。（西村義樹）

日本語と日本語論　池上嘉彦

認知言語学の第一人者が洞察する、日本語の本質。既存の日本語論のあり方を整理し、言語類型論の立場から再検討する。（野村益寛）

文章表現　四〇〇字からのレッスン　梅田卓夫

誰が読んでもわかりやすいが自分にしか書けない、そんな文章を書こう。発想を形にする方法、〈メモ〉の利用法、体験的に作品を作り上げる表現の実践書。

反対尋問　フランシス・ウェルマン　梅田昌志郎訳

完璧に見える主張をどう切り崩すか。名弁護士らが用いた技術をあますことなく紹介し、多くの法律家に影響を与えた古典的名著。（平野龍一／高野隆）

論証のルールブック〔第5版〕　アンソニー・ウェストン　古草秀子訳

論理的に考え、書き、発表し、議論する。そのための最短ルートはマニュアルでなく、守るべきルールを理解すること。全米ロングセラー入門書最新版！

概説文語文法　改訂版　亀井孝

傑出した国語学者であった著者が、たんに作品解釈のためだけではない「教養としての文法」を説く。国文法を学ぶ意義を再認識させる書。（屋名池誠）

文章心得帖　鶴見俊輔

「余計なことはいわない」「紋切型を突き崩す」等、実践的に展開される本質的文章論。70年代に開かれた一般人向け文章教室の再現。（加藤典洋）

ことわざの論理　外山滋比古

「隣の花は赤い」「急がばまわれ」……お馴染のことわざの語句や表現を味わい、あるいは英語の言い回しと比較し、日本語の心性を浮き彫りにする。

知的創造のヒント　外山滋比古

あきらめていたユニークな発想が、あなたにもできます。著者の実践する知的習慣、個性的なアイデアを生み出す思考トレーニングを紹介！

新版 文科系必修研究生活術　東郷雄二

卒論の準備や研究者人生を進めるにあたり、何を身に付けておくべきなのだろうか。研究生活全般に必要な「技術」を懇切丁寧に解説する。

たのしい日本語学入門　中村明

日本語を見れば日本人がわかる。世界的に見ても特殊なこのことばの特性を音声・文字・語彙・文法から敬語や表現までわかりやすく解き明かす。

英文対訳 日本国憲法

英語といっしょに読めばよくわかる！「日本国憲法」のほか、「大日本帝国憲法」「教育基本法」全文を対訳形式で収録。自分で理解するための一冊。

知的トレーニングの技術〔完全独習版〕　花村太郎

お仕着せの方法論をマネするだけでは、真の知的創造にはつながらない。偉大な先達が実践した手法から実用的な表現術まで盛り込んだ伝説のテキスト。

思考のための文章読本　花村太郎

本物の思考法は偉大なる先哲に学べ！　先人たちの思考を10の形態に分類し、それらが生成・展開していく過程を鮮やかに切り出す、画期的な試み。

「不思議の国のアリス」を英語で読む　別宮貞徳

このけたはずれにおもしろい、奇抜な名作を、いっしょに英語で読んでみませんか――『アリス』の世界を原文で味わうための、またとない道案内。

さらば学校英語
実践翻訳の技術　別宮貞徳
英文の意味を的確に理解し、センスのいい日本語に翻訳するコツは？　日本人が陥る誤訳の罠は？　達人ベック先生が技の真髄を伝授する実践講座。

裏返し文章講座　別宮貞徳
翻訳批評で名高いベック氏ならではの文章読本。翻訳文を素材に、ヘンな文章、意味不明の言い回しを一刀両断、明晰な文章を書くコツを伝授する。

ステップアップ翻訳講座　別宮貞徳
欠陥翻訳撲滅の闘士・ベック先生が、意味不明の訳を斬る！　なぜダメなのか懇切に説明、初級から上級まで、課題文を通してポイントをレクチャーする。

漢文入門　前野直彬
漢文読解のポイントは「訓読」にあり！　その方法はいかにして確立されたか、歴史も踏まえつつ漢文を読むための基礎知識を伝授。（齋藤希史）

精講漢文　前野直彬
往年の名参考書が文庫に！　文法の基礎だけでなく、中国の歴史・思想や日本の漢文学をも解説。漢字文化の多様な知識が身につく名著。（堀川貴司）

考える英文法　吉川美夫
知識ではなく理解こそが英文法学習の要諦だ。簡明な解説と豊富な例題を通して英文法の仕組みを血肉化させていくロングセラー参考書。（斎藤兆史）

わたしの外国語学習法　ロンブ・カトー　米原万里訳
16ヵ国語を独学で身につけた著者が明かす語学学習の秘訣。特殊な才能がなくても外国語は必ず習得できる！　という楽天主義に感染させてくれる。

英語類義語活用辞典　最所フミ編著
類義語・同意語・反意語の正しい使い分けが、豊富な例文から理解できる定評ある辞典。学生や教師・英語表現の実務家の必携書。（加島祥造）

日英語表現辞典　最所フミ編著
日本人が誤解しやすいもの、英語理解のカギになるもの、まぎらわしい同義語、日本語の伝統的な表現・慣用句・俗語を挙げ、詳細に解説。（加島祥造）

日本の昔話(下)　稲田浩二編

ほんの少し前まで、昔話は幼な子が人生の最初に楽しむ文芸だった。下巻には「かちかち山」など動物昔話29話、笑い話123話、形式話7話を収録。

増補 死者の救済史　池上良正

未練を残しこの世を去った者に、日本人はどう向き合ってきたか。民衆宗教史の視点からその宗教観・死生観を問い直す。「靖国信仰の個人性」を増補。

ラーメンの誕生　岡田哲

中国のめんは、いかにして「中華風の和食めん料理」へと発達を遂げたか。外来文化を吸収する日本人の情熱と知恵。丼の中の壮大なドラマに迫る。

神話学入門　大林太良

神話研究の系譜を辿りつつ、民族・文化との関係を解明し、解釈に関する幾つもの視点、神話の分類、類話の分布などについても詳述する。（山田仁史）

アイヌ歳時記　萱野茂

アイヌ文化とはどのようなものか。その四季の暮らしをたどりながら、食文化、習俗、神話・伝承、世界観などを幅広く紹介する。（北原次郎太）

異人論　小松和彦

「異人殺し」のフォークロアの解析を通し、隠蔽され続けてきた日本文化の「闇」の領野を透視する。新しい民俗学誕生を告げる書。（中沢新一）

聴耳草紙　佐々木喜善

昔話発掘の先駆者として「日本のグリム」とも呼ばれる著者の代表作。故郷・遠野の昔話を語り口を生かして綴った一八三篇。（益田勝実／石井正己）

新編 霊魂観の系譜　桜井徳太郎

死後、人はどこへ行くのか。事故死した者にはなぜ特別な儀礼が必要なのか。3・11を機に再び問われる魂の弔い方。民俗学の名著を増補復刊。（宮田登）

江戸人の生と死　立川昭二

神沢杜口、杉田玄白、上田秋成、小林一茶、良寛、滝沢みち。江戸後期を生きた六人は、各々の病と老いをどのように体験したか。（森下みさ子）

フーコー・コレクション
（全6巻＋ガイドブック）
ミシェル・フーコー
小林康夫／石田英敬／松浦寿輝編
20世紀最大の思想家フーコーの活動を網羅した『ミシェル・フーコー思考集成』。その多岐にわたる思考のエッセンスをテーマ別に集約する。

フーコー・コレクション1
狂気・理性
ミシェル・フーコー
小林康夫／石田英敬／松浦寿輝編
第1巻は、西欧の理性がいかに狂気を切りわけてきたかという最初期の問題系をテーマとする諸論考。〝心理学者〟としての顔に迫る。（小林康夫）

フーコー・コレクション2
文学・侵犯
ミシェル・フーコー
小林康夫／石田英敬／松浦寿輝編
狂気と表裏をなす「不在」の経験として、文学がフーコーによって読み解かれる。人間の境界＝極限を、その言語活動に探る文学論。（小林康夫）

フーコー・コレクション3
言説・表象
ミシェル・フーコー
小林康夫／石田英敬／松浦寿輝編
ディスクール分析を通しフーコー思想の重要概念も精緻化されていく。『言葉と物』から『知の考古学』へ研ぎ澄まされる方法論。（松浦寿輝）

フーコー・コレクション4
権力・監禁
ミシェル・フーコー
小林康夫／石田英敬／松浦寿輝編
政治への参加とともに、フーコーの主題として「権力」の問題が急浮上する。規律社会に張り巡らされた巧妙なるメカニズムを解明する。（松浦寿輝）

フーコー・コレクション5
性・真理
ミシェル・フーコー
小林康夫／石田英敬／松浦寿輝編
どのようにして、人間の真理が〈性〉にあるとされてきたのか。欲望的主体の系譜を遡り、「自己の技法」の主題へと繋がる論考群。（石田英敬）

フーコー・コレクション6
生政治・統治
ミシェル・フーコー
小林康夫／石田英敬／松浦寿輝編
西洋近代の政治機構を、領土・人口・治安など、権力論から再定義する。近年明らかにされてきたフーコー最晩年の問題群を読む。（石田英敬）

フーコー・コレクション
フーコー・ガイドブック
ミシェル・フーコー
小林康夫／石田英敬／松浦寿輝編
20世紀の知の巨人フーコーは何を考えたのか。主要著作の内容紹介・本人による講義要旨・詳細な年譜で、その思考の全貌を一冊に完全集約！

マネの絵画
ミシェル・フーコー
阿部崇訳
19世紀美術史にマネがもたらした絵画表象のテクニックとモードの変革を、13枚の絵で読解。フーコーの伝説的講演録に没後のシンポジウムを併録。

ちくま学芸文庫

反《はん》＝日本語論《にほんごろん》

二〇〇九年七月十日　第一刷発行
二〇二二年六月二十日　第四刷発行

著者　蓮實重彦（はすみ・しげひこ）
発行者　喜入冬子
発行所　株式会社　筑摩書房
東京都台東区蔵前二―五―三　〒一一一―八七五五
電話番号　〇三―五六八七―二六〇一（代表）
装幀者　安野光雅
印刷所　中央精版印刷株式会社
製本所　中央精版印刷株式会社

ISBN978-4-480-09224-3 C0195